## 东南学术文库
SOUTHEAST UNIVERSITY ACADEMIC LIBRARY

# 大学英语教学的生态学阐释
## 一项基于学生生态位的研究

The Ecological Interpretation of College English Teaching
A Research Based on the Student's Ecological Niche

李 晨 著

东南大学出版社
·南京·

图书在版编目(CIP)数据

大学英语教学的生态学阐释：一项基于学生生态位的研究/李晨著. —南京：东南大学出版社，2022.4
 ISBN 978-7-5766-0060-5

Ⅰ.①大… Ⅱ.①李… Ⅲ.①英语—教学研究—高等学校 Ⅳ.①H319.3

中国版本图书馆 CIP 数据核字(2022)第 050501 号

● 本著作获得东南大学高水平专著出版计划资助及中央高校基本科研业务费专项资金资助(项目号：2242018S20040)

## 大学英语教学的生态学阐释
Daxue Yingyu Jiaoxue de Shengtaixue Chanshi

| | |
|---|---|
| 著　者： | 李　晨 |
| 出版发行： | 东南大学出版社 |
| 社　　址： | 南京市四牌楼 2 号　邮编：210096　电话：025-83793330 |
| 网　　址： | http://www.seupress.com |
| 经　　销： | 全国各地新华书店 |
| 排　　版： | 南京星光测绘科技有限公司 |
| 印　　刷： | 南京工大印务有限责任公司 |
| 开　　本： | 700mm×1000mm　1/16 |
| 印　　张： | 18.25 |
| 字　　数： | 347 千字 |
| 版　　次： | 2022 年 4 月第 1 版 |
| 印　　次： | 2022 年 4 月第 1 次印刷 |
| 书　　号： | ISBN 978-7-5766-0060-5 |
| 定　　价： | 85.00 元 |

本社图书若有印装质量问题，请直接与营销部联系。电话：025-83791830
责任编辑：刘庆楚　责任印制：周荣虎　封面设计：企图书装

# 编委会名单

主 任 委 员：郭广银
副主任委员：周佑勇　樊和平
委　　　员：（以姓氏笔画为序）
　　　　　　王廷信　王　珏　龙迪勇　仲伟俊
　　　　　　刘艳红　刘　魁　江建中　李霄翔
　　　　　　汪小洋　邱　斌　陈志斌　陈美华
　　　　　　欧阳本祺　袁久红　徐子方　徐康宁
　　　　　　徐　嘉　董　群
秘　书　长：江建中
编务人员：甘　锋　刘庆楚

# 身处南雍　心接学衡

——《东南学术文库》序

每到三月梧桐萌芽,东南大学四牌楼校区都会雾起一层新绿。若是有停放在路边的车辆,不消多久就和路面一起着上了颜色。从校园穿行而过,鬓后鬟前也免不了会沾上这些细密嫩屑。掸下细看,是五瓣的青芽。一直走出南门,植物的清香才淡下来。回首望去,质朴白石门内掩映的大礼堂,正衬着初春的朦胧图景。

细数其史,张之洞初建两江师范学堂,始启教习传统。后定名中央,蔚为亚洲之冠,一时英杰荟萃。可惜书生处所,终难避时运。待旧邦新造,工学院声名鹊起,恢复旧称东南,终成就今日学府。但凡游人来宁,此处都是值得一赏的好风景。短短数百米,却是大学魅力的极致诠释。治学处的静谧景,草木楼阁无言,但又似轻缓倾吐方寸之地上的往事。驻足回味,南雍余韵未散,学衡旧音绕梁。大学之道,大师之道矣。高等学府的底蕴,不在对楼堂物件继受,更要仰赖学养文脉传承。昔日柳诒徵、梅光迪、吴宓、胡先骕、韩忠谟、钱端升、梅仲协、史尚宽诸先贤大儒的所思所虑,求真求是的人文社科精气神,时值今日依然是东南大学的宝贵财富。给予后人滋养,勉励吾辈精进。

由于历史原因,东南大学一度以工科见长。但人文之脉未断,问道之志不泯。时值国家大力建设世界一流高校的宝贵契机,东南大学作为国内顶尖学府之一,自然不会缺席。学校现已建成人文学院、马克思主义学院、艺术学院、经济管理学院、法学院、外国语学院、体育系等成建制人文社科院系,共涉及6大学科门类、5个一级博士点学科、19个一级硕士点学科。人文社科专任教师800余人,其中教授近百位,"长江学者"、国家"万人计划"哲学社会科学领军人才、全国文化名家、"马工程"首席专家等人文社科领域内顶尖人才济济一堂。院系建设、人才储备以及研究平台等方面多年来的铢积锱累,为东南大学人文社科的进一步发展奠定了坚实基础。

在深厚人文社科历史积淀传承基础上,立足国际一流科研型综合性大学之定位,东南大学力筹"强精优"、蕴含"东大气质"的一流精品文科,鼎力推动人文社科科研工作,成果喜人。近年来,承担了近三百项国家级、省部级人文社科项目课题研究工作,涌现出一大批高质量的优秀成果,获得省部级以上科研奖励近百项。人文社科科研发展之迅猛,不仅在理工科优势高校中名列前茅,更大有赶超传统人文社科优势院校之势。

东南学人深知治学路艰,人文社科建设需戒骄戒躁,忌好大喜功,宜勤勉耕耘。"不积跬步,无以至千里;不积小流,无以成江海。"唯有以辞藻文章的点滴推敲,方可成就百世流芳的绝句。适时出版东南大学人文社科研究成果,既是积极服务社会公众之举,也是提升东南大学的知名度和影响力,为东南大学建设国际知名高水平一流大学贡献心力的表现。而通观当今图书出版之态势,全国每年出版新书逾四十万种,零散单册发行极易淹埋于茫茫书海中,因此更需积聚力量、整体策划、持之以恒,通过出版系列学术丛书之形式,集中向社会展示、宣传东南大学和东南大学人文社科的形象和实力。秉持记录、分享、反思、共进的人文社科学科建设理念,我们郑重推出这套《东南学术文库》,将近些年来东南大学人文社科诸君的研究和思考,付之枣梨,以飨读者。知我罪我,留待社会评判!

是为序。

《东南学术文库》编委会
2016 年 1 月

# 内容简介

本研究以生态学的视角研究大学英语教学,认为大学英语教学生态系统由生态因子和生态环境构成。其中教师、学生、教学资源、信息技术和教学管理人员构成了主要的生态因子。宏观、中观和微观教育生态环境共同塑造了大学英语教学生态系统的生态环境。每个生态因子在系统中都有其特殊的生态位。本研究基于生态位的"态—势"理论,研究大学英语教学生态系统中学生生态位的现状及主要内外部影响因素的作用,提出了学生生态位扩充框架,并对整个大学英语教学生态系统的优化提出建议。

学生生态位态与势之间存在辩证关系。态是势的基础,势促进态的变化。影响学生生态位的内部因素由学生生态位的势及其他内部影响因素构成。其中,沟通合作能力、信息素养、元认知策略能力、思辨能力、创新能力和适应能力构成了学生生态位势的核心。其他内部影响因素主要为学习动机、自我效能和学习风格等因素。影响学生生态位的外部因素来自于其他主要生态因子和系统的生态环境。以上内外部影响因素构成了学生生态位的总势能,决定了学生生态位态的发展变化。学生生态位的扩充框架核心为"明确目标,优化策略,发掘给养,长期协同,灵活应对。"

本研究从生态系统的角度审视大学英语教学中存在的问题,围绕学生生态位的扩充提出了大学英语教学生态系统的整体性优化原则、开放性优化原则、多样性优化原则、个性化优化原则和复杂性优化原则,以提供最适宜的生态环境促进学生生态位的扩充,实现大学英语教学生态系统的良性发展。

# 目　录

第一章　绪论 …………………………………………………………（1）
　1.1　研究背景 …………………………………………………………（1）
　　1.1.1　生态学的定义和发展历史 ……………………………………（1）
　　1.1.2　信息技术的发展和应用 ………………………………………（2）
　　1.1.3　教育信息化进程 ………………………………………………（4）
　1.2　研究目的 …………………………………………………………（5）
　1.3　研究意义 …………………………………………………………（6）
　　1.3.1　研究的理论意义 ………………………………………………（6）
　　1.3.2　研究的实践意义 ………………………………………………（6）
　1.4　研究内容 …………………………………………………………（6）
　1.5　研究方法 …………………………………………………………（7）
　1.6　本书结构 …………………………………………………………（8）

第二章　文献综述 ……………………………………………………（10）
　2.1　引言 ………………………………………………………………（10）
　2.2　生态学理论 ………………………………………………………（11）
　　2.2.1　生态学研究的基本思想 ………………………………………（11）
　　2.2.2　生态学的基本原理 ……………………………………………（12）
　2.3　生态位理论 ………………………………………………………（13）
　2.4　大学英语教学生态系统的基本结构 ……………………………（16）

2.4.1　大学英语教学生态系统的生态环境 ……………………（16）
　　2.4.2　大学英语教学生态系统的生态因子 ……………………（17）
2.5　国内外相关研究 …………………………………………………（18）
　　2.5.1　国外相关研究 ……………………………………………（18）
　　2.5.2　国内相关研究 ……………………………………………（28）
　　2.5.3　国内外相关研究总结 ……………………………………（39）
2.6　本章小结 …………………………………………………………（40）

## 第三章　生态位理论视角下的大学英语教学生态系统发展历程 ……（41）

3.1　引言 ………………………………………………………………（41）
3.2　传统大学外语教学 ………………………………………………（42）
　　3.2.1　新中国成立初期的外语教学 ……………………………（42）
　　3.2.2　公共英语教学的恢复阶段 ………………………………（44）
3.3　大学英语的稳定发展阶段 ………………………………………（45）
3.4　大学英语的改革阶段 ……………………………………………（49）
3.5　大学英语教学生态系统不同发展阶段对比 ……………………（52）
3.6　大学英语教学生态系统现状 ……………………………………（54）
3.7　学生生态位概念 …………………………………………………（57）
　　3.7.1　学生生态位的内涵 ………………………………………（57）
　　3.7.2　影响学生生态位的内部因素 ……………………………（59）
　　3.7.3　影响学生生态位的外部因素 ……………………………（60）
　　3.7.4　学生生态位研究框架 ……………………………………（61）
3.8　本章小结 …………………………………………………………（63）

## 第四章　研究设计 …………………………………………………………（64）

4.1　引言 ………………………………………………………………（64）
4.2　研究问题 …………………………………………………………（65）
4.3　研究对象 …………………………………………………………（67）
4.4　研究方法 …………………………………………………………（74）
　　4.4.1　问卷调查法 ………………………………………………（74）
　　4.4.2　访谈法 ……………………………………………………（74）
　　4.4.3　个案研究 …………………………………………………（75）

  4.4.4 观察法 ······················································ (76)
 4.5 研究工具 ····························································· (77)
  4.5.1 调查问卷 ···················································· (77)
  4.5.2 访谈提纲 ···················································· (85)
  4.5.3 个案研究量表 ············································· (86)
  4.5.4 课堂观察系统 ············································· (88)
 4.6 数据收集过程 ····················································· (90)
  4.6.1 问卷数据收集 ············································· (90)
  4.6.2 访谈数据收集 ············································· (91)
  4.6.3 观察数据收集 ············································· (92)
 4.7 数据分析方法 ····················································· (93)
 4.8 本章小结 ····························································· (94)

## 第五章 群体研究结果与讨论 ········································ (95)
 5.1 引言 ···································································· (95)
 5.2 基于高校专业类型的分析 ································· (96)
  5.2.1 频数分析 ···················································· (96)
  5.2.2 因子分析 ·················································· (101)
  5.2.3 因子的描述统计分析 ·································· (109)
  5.2.4 因子的推断统计分析 ·································· (122)
 5.3 基于高校层次的分析 ········································ (124)
 5.4 基于学生生态位层次的分析 ······························ (129)
  5.4.1 基于生态位层次的描述统计分析 ················ (129)
  5.4.2 基于生态位层次的推断统计分析 ················ (132)
 5.5 群体层面学生生态位现状及影响因素 ················ (133)
 5.6 本章小结 ···························································· (135)

## 第六章 个案研究结果与讨论 ········································ (136)
 6.1 引言 ··································································· (136)
 6.2 学生 A 的个案研究结果与分析 ·························· (137)
  6.2.1 学生 A 的问卷和访谈数据分析 ··················· (137)
  6.2.2 学生 A 的课堂观察结果与分析 ··················· (146)

6.2.3 讨论与小结 …………………………………… (147)
6.3 学生 B 的个案研究结果与分析 …………………………… (149)
 6.3.1 学生 B 的问卷和访谈数据分析 …………………… (149)
 6.3.2 学生 B 的课堂观察结果与分析 …………………… (156)
 6.3.3 讨论与小结 …………………………………… (157)
6.4 学生 C 的个案研究结果与分析 …………………………… (158)
 6.4.1 学生 C 的问卷和访谈数据分析 …………………… (158)
 6.4.2 学生 C 的课堂观察结果与分析 …………………… (165)
 6.4.3 讨论与小结 …………………………………… (166)
6.5 个体层面学生生态位特点及影响因素 ……………………… (167)
6.6 本章小结 …………………………………………………… (170)

## 第七章 研究启示 …………………………………………… (171)

7.1 引言 ………………………………………………………… (171)
7.2 "互联网＋外语教学" ……………………………………… (172)
7.3 学生生态位的扩充途径 …………………………………… (173)
 7.3.1 能量分配原则 …………………………………… (173)
 7.3.2 最优化策略 ……………………………………… (175)
 7.3.3 合作与竞争 ……………………………………… (179)
 7.3.4 协同进化 ………………………………………… (181)
 7.3.5 适应能力 ………………………………………… (185)
7.4 学生生态位扩充框架 ……………………………………… (187)
7.5 大学英语教学生态系统的优化原则 ………………………… (189)
 7.5.1 整体性优化原则 ………………………………… (189)
 7.5.2 开放性优化原则 ………………………………… (192)
 7.5.3 多样性优化原则 ………………………………… (193)
 7.5.4 个性化优化原则 ………………………………… (195)
 7.5.5 复杂性优化原则 ………………………………… (198)
7.6 本章小结 …………………………………………………… (200)

## 第八章 结论 ………………………………………………… (202)

8.1 本研究的基本观点和主要结论 …………………………… (202)

  8.2 本研究的创新点 …………………………………… (206)
  8.3 本研究的局限 ……………………………………… (207)
  8.4 研究展望 …………………………………………… (208)
  8.5 本章小结 …………………………………………… (209)

**参考文献** ………………………………………………………… (210)

**附录1** 大学生英语学习情况调查问卷 …………………… (226)

**附录2** 访谈提纲 ……………………………………………… (231)

**附录3** 学习策略量表 ………………………………………… (233)

**附录4** 学习风格量表 ………………………………………… (238)

**附录5** 思辨能力测试案例 …………………………………… (243)

**附录6** 创新能力测试量表 …………………………………… (245)

**附录7** 跨文化交际能力量表 ………………………………… (250)

**附录8** 方差分析数据报表 …………………………………… (254)

**附录9** 课堂观察指标统计 …………………………………… (268)

**致谢** ……………………………………………………………… (274)

# 第一章

# 绪　论

## 1.1　研究背景

### 1.1.1　生态学的定义和发展历史

"生态学"作为一个学科名词最早由德国博物学家恩斯特·海克尔（E. Haeckel）提出，其认为生态学是研究生物在生活过程中与环境之间关系的学科（Haeckel，1866，转引自杨持，2014）。梁士楚、李铭红（2015）[2] 将生态学的形成和发展大致分为三个阶段："生态学萌芽时期（公元前 2 世纪至 17 世纪）、生态学建立和形成时期（17 世纪至 20 世纪 60 年代）和现代生态学时期（20 世纪 60 年代至今）。"在生态学萌芽时期，人们对自然生态现象形成了朴素的认识。在生态学建立和形成时期，首先生态学作为一门独立学科逐渐得到发展；而后，随着研究者们形成不同的研究方法和研究重点，针对不同的研究对象发展出日益丰富的生态学理论体系。现代生态学在面临更多现代社会问题给自然生态系统带来的挑战时，呈现出新的发展趋势，个体生态学、种群生态学、群落生态学的研究领域和理论体系不断得到拓宽。生态系统生态学强调应用系统分析方法研究生态学问题，这是生态学研究方法的突破，也增强了生态学与其他学科交叉的能力。因为很多其他学科都不得不解决多因素影响下的复杂问题，生态学提供了一个很好的理论工具。

生态学与生物学、自然科学和社会科学相交叉,形成了生理生态学、行为生态学、化学生态学、数学生态学、物理生态学、人类生态学、经济生态学、城市生态学、教育生态学等独立学科。与本研究关系最为密切的是教育生态学。1976年,美国学者劳伦斯·克雷明(Cremin L. A.)在《公共教育》一书中正式提出了"教育生态学"的概念,研究教育与其周围生态环境之间相互作用的规律和机理(吴鼎福,诸文蔚,2000)。20世纪70年代,国外教育生态学相关研究集中在教育与环境的关系上。进入80至90年代,出现了以Bowers(1993)为代表的宏观和微观层面的研究,以及教育生态环境的研究,包括教育体制、学校环境、课堂环境、心理环境等。国内相关研究最早主要来自台湾学者的专著,如方炳林(1975)的《生态环境与教育》和李聪明(1989)的《教育生态学导论——教育问题的生态学思考》。从80年代末开始,大陆学者开始出版相关专著,其中具代表性的有吴鼎福、诸文蔚(2000)的《教育生态学》,吴林富(2006)的《教育生态管理》,以及范国瑞(2000)的《教育生态学》和范国瑞(2011)的《共生与和谐:生态学视野下的学校发展》。以上专著侧重介绍教育生态环境、教育生态结构、教育生态的原理和规律,以及教育生态系统发展演化的过程和特点。

### 1.1.2 信息技术的发展和应用

在人类文明史上,有过三次重要的社会革命,先后是农业革命、工业革命和信息革命。"以信息技术和信息资源为核心,以数字化、智能化和网络化为特征的信息革命,产生的巨大生产力远远超越了工业革命"(李世东,林震,杨冰之,2013)[1]。人类历史上共有五次比较重要的信息革命。目前,我们正处在第五次信息革命当中,其标志为计算机和互联网的普及。其中,1946年电子计算机的发明标志着现代信息技术革命的开始。随后,20世纪60年代末出现了互联网的雏形。从90年代初开始,互联网逐渐开始被大规模使用。多媒体技术、云计算、物联网、虚拟现实等现代信息技术的发展和应用将人类带入了信息社会,"提高了生产效率和生产力水平,促进了生产方式的信息化、智能化,使人们的生活方式、工作方式、社会组织方式、组织管理方式发生显著变化,对整个社会的意识形态、文化价值观念及人们的思维方式产生了深远的影响"(李世东,林震,杨冰之,2013)[43]。信息技术的飞跃发展,给教育领域带来了巨大的冲击。对于教育生态系统而言,信息技术已成为一个重要的生态因子,对系统内的其他生态因子和整个系统都产生了重要的影响。

2021 EDUCAUSE Horizon Report（Teaching and Learning Edition）（《EDUCAUSE 2021地平线报告（教学版）》）列举了本年度基于信息技术的重要教学实践，即人工智能、混合式课程模式、学习分析、短期认证、开放教育资源、在线学习示范资源(Pelletier et al., 2021)。信息技术显然已成为教育实践发展的重要推动力量。

信息技术因子在语言学习领域同样产生了深远的影响。CALL(Computer Assisted Language Learning, 计算机辅助语言教学)的发展经历了从大型机到个人机再到互联网三个阶段。表1-1显示了国际上CALL的主要历史发展阶段(陈坚林，2005；孙炳文，叶朝成，2006；曹超，2009)。

表1-1 CALL的历史发展阶段

| CALL发展阶段 | 计算机技术 | 语言教学理论基础 | 计算机 | 使用者 |
| --- | --- | --- | --- | --- |
| 1950—1960(年代) | 大型机 | 行为主义理论 | 一机 | 多人 |
| 1970—1980(年代) | 个人机 | 认知理论 | 一机 | 一人 |
| 1990年代至今 | 互联网 | 建构主义理论 | 多机 | 多人 |

相较于国际上CALL的发展，国内的计算机辅助语言教学起步较晚。按照曹超(2009)的划分，国内CALL的发展历程也经历了三个阶段。第一阶段是1979—1993年的视听电教阶段。因为硬件条件的限制，这一阶段没有大面积使用计算机辅助语言教学，主要使用的是幻灯机、录音机和磁带等。第二阶段是1994—1999年的计算机辅助工具阶段。这一阶段开始开发应用多媒体教学软件。第三阶段是2000—2008年的多媒体网络融合(整)阶段。这一阶段开始广泛使用多媒体课件、网络课程及各类网络学习资源。

信息技术已完成与外语教学的整合，成为课程设置中必不可少的一个重要组成部分。大学英语课程中的很多出版教材都随书附有光盘，提供多媒体课件。出版社根据教材开发网络学习平台，辅助课堂教学并支持学生的课外自主学习。同时，各类社会办学机构也将CALL应用到他们的语言教学产品中。各大语言培训机构或个人建立语言学习网站，开发网络课程或手机应用，进行计算机辅助语言教学。虽然数字资源极大地被丰富，但对于在语言教学中如何按照语言学习的规律应用好信息技术，发挥其最大效益，尚有很多需要研究的课题。

### 1.1.3 教育信息化进程

2015年,习近平主席在致国际教育信息化大会的贺信中指出,"当今世界,科技进步日新月异,互联网、云计算、大数据等现代信息技术深刻改变着人类的思维、生产、生活、学习方式,深刻展示了世界发展的前景。因应信息技术的发展,推动教育变革和创新,构建网络化、数字化、个性化、终身化的教育体系,建设'人人皆学、处处能学、时时可学'的学习型社会,培养大批创新人才,是人类共同面临的重大课题"(习近平,2015)。国家政策把信息技术视为各级各类教育中不可或缺的部分。《2006—2020年国家信息化发展战略》提出,"加快教育科研信息化步伐。提升基础教育、高等教育和职业教育信息化水平,持续推进农村现代远程教育,实现优质教育资源共享,促进教育均衡发展。构建终身教育体系,发展多层次、交互式网络教育培训体系,方便公民自主学习"(国务院,2006)。《国家中长期教育改革和发展规划纲要(2010—2020年)》强调加快教育信息化进程,"鼓励学生利用信息手段主动学习、自主学习,增强运用信息技术分析解决问题能力。加快全民信息技术普及和应用"(教育部,2010)[59-60]。《教育信息化十年发展规划(2011—2020年)》指出,"高等教育信息化是促进高等教育改革创新和提高质量的有效途径,是教育信息化发展的创新前沿。进一步加强基础设施和信息资源建设,重点推进信息技术与高等教育的深度融合,促进教育内容、教学手段和方法现代化,创新人才培养、科研组织和社会服务模式,推动文化传承创新,促进高等教育质量全面提高"(教育部,2012)。随着大数据时代和"互联网+"时代的到来,国家积极推进教育大数据和教育"互联网+"行动的战略部署。教育管理公共服务平台和教育资源云服务体系不断得到完善,实现智慧管理和优质资源的共享。教育信息化的高度发展呼唤智慧教育,必然形成"互联网+教育"的新形态;智慧教育的目标是培养适应时代发展要求的具有高级思维能力和创新创造能力的人才(陈琳,陈耀华,李康康,等,2016)。

教育信息化的不断推进也对大学英语教学提出了越来越高的要求。教育部于2007年颁布了《大学英语课程教学要求》(简称《课程要求》)(教育部高等教育司,2007)[5],提出"各高等学校应充分利用现代信息技术,采用基于计算机和课堂的英语教学模式,改进以教师讲授为主的单一教学模式。新的教学模式应以现代信息技术,特别是网络技术为支撑,使英语的教与学可以在一定程度上不受时间和地点的限制,朝着个性化和自主学习的方向发展"。

《大学英语教学指南(2020版)》(简称《指南》)(教育部高等学校大学外语教学指导委员会,2020)[35]继续强调了信息技术在外语教学中的重要作用,并结合信息化时代新的形势,提出"高校应充分利用信息技术,积极创建多元的教学与学习环境。鼓励教师建设和使用微课、慕课等,实现课堂翻转。利用网上优质教育资源改进和拓展教学内容;建设或使用线上一流课程、线下一流课程、线上线下混合式一流课程、虚拟仿真实验教学一流课程等一流本科课程,使学生朝着主动学习、自主学习和个性化学习方向发展"。教育信息化与大学英语教学的深度融合为教学模式带来了更新的理念,将学生的自主学习和个性化学习推向新的发展阶段。在这一进程中,传统教学模式不断受到挑战,信息技术增强的语言学习得到了广泛应用。新的教学模式在发展过程中仍需要在研究基础上进一步完善。

## 1.2 研究目的

2002年12月教育部高教司下发《关于启动大学英语教学改革部分项目的通知》,其中项目之一是大学英语网络与多媒体教学体系建设,目的是"建立以提高学生的自主学习能力为重点的教学模式。充分利用网络和多媒体技术,建立虚拟的网上英语教学和训练环境。形成一套行之有效的大学英语教学体系,面向全国推广"(蔡基刚,2006)[64]。这标志着新一轮大学英语教学改革的开始。改革的核心内容是信息技术与大学英语教学的整合,需要改进教学模式、教学内容和教学手段,提高学生的英语应用能力,满足国际化发展的需求。经历了近20年的改革历程,大学英语教学取得了很多成就。信息技术改变了传统大学英语的教学模式,但是在促进教学的同时也出现了大量信息技术的滥用和误用现象,产生了新的问题。在信息技术与外语教学深度融合的过程中,技术与师生及课程各要素之间形成复杂的互动关系。面对多个主体之间的相互影响,传统的研究方法无法将其整体纳入统一的研究视阈。本研究的目的是采取生态学的理论视角,利用生态学看待问题的整体性、多样性、适应性等思想方法,分析大学英语教学中出现的复杂现象和问题,从学生生态位入手,借助生态学理论寻求问题解决的途径,以促进学生生态位的扩充,优化大学英语教学生态系统,实现系统的良性发展。

## 1.3 研究意义

信息技术的飞速发展及其在高等教育领域的广泛应用,不断推动教育理论和实践的变革。本研究基于生态学理论,将本科大学英语教学看作一个生态系统,通过调查该系统中学生所处的生态位现状及影响其生态位的内部和外部因素,旨在寻找大学英语教学生态系统中学生生态位的扩充途径,探索大学英语教学生态系统的优化原则。

### 1.3.1 研究的理论意义

大学英语教学生态系统是一个由多个生态因子和生态环境构成的复合系统。面对大学英语教学中存在的诸多问题,本研究选择生态学的研究视角,借鉴生态学的理论解释问题,并探索解决问题的有效途径。这样的理论视角符合研究的需要,对于大学英语教学的传统理论和研究方法,是一种补充和拓展,有利于全方位考察大学英语教学生态系统内各生态因子之间的相互影响作用,特别是对学生生态位产生的影响,有助于揭示学生生态位的动态发展特点,形成学生生态位扩充的框架,并进一步探索大学英语教学生态系统的优化原则。

### 1.3.2 研究的实践意义

本研究将围绕大学英语教学生态系统中的学生生态位进行深入的调查,收集学生的各类相关数据,分别从群体行为特征和个体行为特征两个层面进行分析和讨论,重点运用生态位理论进行解读,对学生建立动态的、个性化的英语学习模式具有一定的参考价值,为大学英语教学生态系统的良性发展提供有益的启示。

## 1.4 研究内容

本研究的重点在于大学英语教学生态系统中学生生态位的现状及影响学生生态位的内部因素和外部因素。本研究将通过调查收集大学英语教学生态系统中的学生英语学习情况,描述学生生态位的现状,探索学习者内部因素和外部环境因素对学生生态位产生的影响。内部因素源于学生在外语学习中表现出的学习者个体差异因素，主要包括学习策略能力、思辨能力、沟通合作能力、跨文化交际能力、创新能力、信息素养、学习观念、学习态度、学习动机、自我效能、归因、效价、学习风格和语言焦虑等。外部因素对学生生态位的影响来自宏观、中观和微观层面的教育生态环境和主要生态因子产生的复合影响力。宏观层面的影响因素主要来自社会政治、经济、文化、科技、规范和自然环境等因素的综合作用；中观层面的影响因素来自学校的教育生态环境；微观层面的影响因素涉及大学英语课程的教育生态环境和主要生态因子。本研究旨在通过大规模调查描述群体层面的学生生态位现状，发现影响学生生态位的重要内部和外部因素对学生生态位的影响作用，同时通过个案研究从微观层面考察各内外部影响因素对学生生态位产生的影响，以探索学生生态位的扩充框架，并在此基础上提出大学英语教学生态系统的优化原则，促进学生生态位的扩充和整个系统的良性发展。

## 1.5 研究方法

本研究采用跨学科的研究范式，将生态学理论与外语教学研究相结合，应用外语教学研究中的定性和定量研究相结合的研究方法开展数据收集和分析，而后运用生态学的理论对数据分析结果进行解读，发现学生生态位的主要特点和相关影响因素，进而提出学生生态位的扩充框架以及针对整个大学英语教学生态系统的优化原则。

（1）问卷调查法

问卷调查法是支撑本研究定量研究部分的重要研究方法。问卷调查法适于大规模数据的收集。本研究将通过问卷调查，了解大学英语教学生态系统中的学生生态位整体状况，以及影响学生生态位的内部和外部因素。

（2）访谈法

访谈法是本研究定性研究部分的主要研究方法。通过访谈可以更加全面了解大学生英语学习的状况，对问卷中无法收集的信息作进一步补充，同时访谈收集的数据可以和问卷数据相互印证。

（3）个案研究

大学英语教学生态系统的复杂性，决定了在研究层面的选择上要兼顾个体和群体，力求全面考察学生生态位的特点和影响学生生态位的内外部因素。本研究将通过个案研究更加深入地进行分析。在具体数据收集方法上，除了应用问卷调查法和访谈法,还将通过课堂观察收集个案研究对象在大学英语课堂上的学习表现。

## 1.6 本书结构

第一章为绪论。研究背景部分首先简述了生态学的定义和发展历史,接着回顾了信息技术的发展及其在语言学习领域的应用,然后从国家教育信息化政策及其在《指南》中的体现,反映出信息技术与大学英语教学的融合。最后,介绍了研究目的、理论意义和实践意义、研究内容和研究方法,并对各章内容作了说明。

第二章为文献综述。首先介绍了生态学研究的基本思想,并举例说明生态学的基本原理,而后详细阐述了生态位理论。在此基础上,描述了大学英语教学生态系统的基本结构和主要生态因子。最后,对国内外相关研究作了综述,主要包括生态学视角下的外语教学、语言学习者自主性和语言学习者因素研究三个方面。

第三章从生态位理论视角回顾并分析了大学英语教学生态系统的发展历程。从新中国成立初期的外语教学,到70年代公共英语教学的恢复阶段,以及后来80年代大学英语的稳定发展阶段,再到2000年后大学英语的改革阶段,笔者运用生态位理论分析了大学英语发展的各个阶段,而后介绍了大学英语教学生态系统的现状,最后聚焦于学生生态位的概念,提出学生生态位的态与势的工作定义、内部和外部影响因素以及研究框架。

第四章提出了研究问题,介绍了研究对象,并对研究方法的选择和特点作了介绍,详细叙述了具体研究工具的制定以及数据收集过程和数据分析方法。

第五章是本研究结果与讨论的第一部分,针对问卷调查和访谈的结果进行分析与讨论。通过问卷调查,得到大学英语教学生态系统中学生生态位的态与势及相关影响因素的数据。而后,通过因子分析得到影响学生生态位的主要因素,结合统计分析结果与定性研究数据全面描述各影响因素对学生生态位产生的影响,从群体层面对学生生态位的现状和影响因素作用进行讨论。

第六章是本研究结果与讨论的第二部分,专门针对个案研究的结果进行分析与讨论。通过对个案研究的数据分析,详细描述了三位个案研究对象的生态位现状及相关影响因素。个案研究对象的生态位对比研究更加鲜明地展示了个体差异造成的生态位多样性,以及每个不同个体生态位扩充所面临的限制因素,从微观的个体层面对学生生态位特点及影响因素的作用进行了深入研究。

第七章研究启示部分结合生态位理论和学生生态位的现状,针对影响学生生态位的相关因素制定对策,提出了大学英语教学生态系统中学生生态位的扩充框架。同时,运用生态学理论审视大学英语教学生态系统的现状,结合学生生态位扩充框架,提出了大学英语教学生态系统的优化原则,以促进学生生态位的进一步扩充和整个教学生态系统的良性发展。

第八章回顾本研究的主要内容、研究发现和创新点,并结合研究的不足对未来的相关研究做出展望。图1-1为本研究技术路线图。

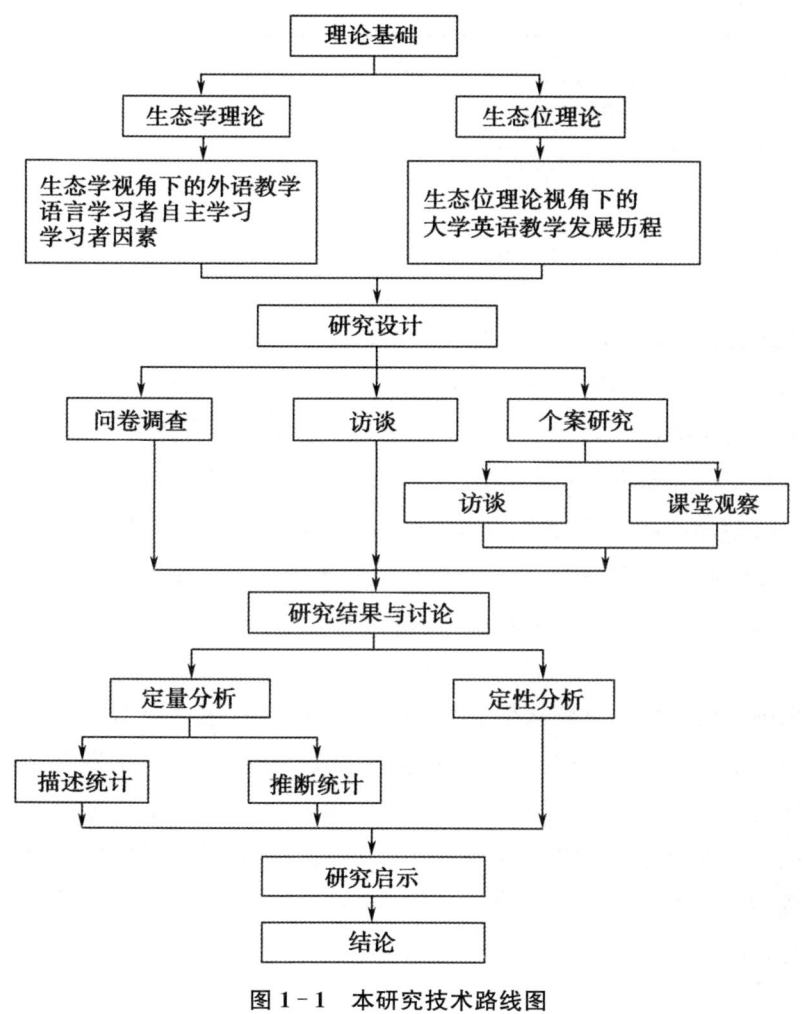

图1-1 本研究技术路线图

# 第二章

# 文 献 综 述

## 2.1 引　　言

　　本研究从生态学的视角研究大学英语教学生态系统中的学生生态位，涉及生态学理论在大学英语教学中的应用。研究对象为系统中的学生生态位，因此需要同时结合外语教学中与学习者相关的理论和研究。生态学在学科发展过程中一方面不断自我完善，另一方面也与自然科学和社会科学的各个领域广泛结合，形成了很多交叉学科。在这样的背景下，可见生态学理论的广泛适用性和强大解释力，是进行本研究的重要理论基础。生态学特有的研究思想为本研究分析学生生态位与其影响因素的复杂关系提供了有力的理论工具。

　　国内外已有相关研究从生态学的视角分析语言教学。本研究以学生生态位为核心研究内容，围绕学生在大学英语教学中的学习情况展开。这一领域的研究成果颇为丰富，主要涉及学习者自主学习和各种学习者因素的研究。国外研究为针对二语或外语环境下的语言学习者研究，国内研究为大学英语教学生态系统中的语言学习研究。本章将阐述生态学理论，特别是生态位理论，并对生态学视角下的语言教学研究和外语教学中的学习者相关研究作文献综述。

## 2.2 生态学理论

### 2.2.1 生态学研究的基本思想

生态学是研究生物与外界环境之间相互关系的学科,将它们视为一个整体或系统进行考察和研究(周长发,2010)。生态学研究的范围小至原子,大至宇宙,研究尺度极为宽广。宏观尺度上扩展到景观、区域、生物圈;中观尺度上的研究对象可以分为个体、种群、群落和生态系统;微观尺度上可聚焦到分子、原子水平。而且,研究系统也"由自然生态系统扩展到自然—经济—社会复合生态系统"(梁士楚,李铭红,2015)[7]。基于复杂的层次分类和互动关系,生态学理论对解决生态系统内外的不同层面和不同主体之间的复杂问题具有较好的解释力。

(1) 层次观

生态系统中的生物体及其群体种类繁多,且每时每刻都在与外界进行着物质、能量和信息的交换。图2-1显示了生态学的组织层次等级。

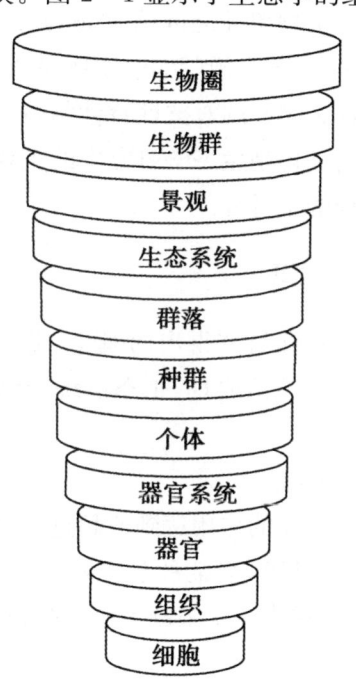

图2-1 生态学组织层次等级(奥德姆,巴雷特,2009)[4]

每一生命层次都有各自的结构和功能特征,但对于某一层次的研究都不应忽视其他相关生命层次。研究高层次的宏观现象和规律,需要了解构成它的低层次的结构和功能动态;研究低层次的生命运动,其意义也只有以高层次的现象和规律为背景才能得以更加深入和准确地阐释(周东兴,李淑敏,2009)。生态学的研究兼顾宏观和微观层面。

(2) 整体论

生态学中每一高级层次都具有其下级层次所不具有的整体性特征。这些特征并不是低层次单元特性的简单叠加。例如:种群层次的运动特征,并不是每个生物体运动特征的简单叠加。这就要求在生态学研究中,把不同层次的研究对象作为一个整体来对待(周东兴,李淑敏,2009)。

(3) 系统学说

系统学说建立在层次观和整体论的基础上,强调不论研究对象是否在同一生命层次上,都将它们视为一个整体的系统。一方面要研究组成这一系统的各单元的特性和相互关系,另一方面要综合它们的特性,探讨系统的整体表现(周东兴,李淑敏,2009)。

(4) 协同进化

协同进化是生态学中生物单元之间或生物与环境之间在相互作用下产生的一种特殊关系。周东兴、李淑敏(2009)举例说明协同进化是普遍存在的现象,如:捕食者—被捕食者之间的对抗性特性与行为的协同发展;寄生—共生转化的协同适应。协同进化是生态学研究中的重要指导原则,涉及从研究方案设计到研究结果解释的全过程。

### 2.2.2 生态学的基本原理

生态学当中有很多经长期研究得出的概念、定律和原理,如李比希最小因子定律、因子补偿作用、涌现性原理、生态系统控制论和收益递减规律等,现举例说明。

(1) 李比希最小因子定律

当某一生态因子对生物体的作用达到或超过生物体的耐受限度时,就被称为限制因子。"在稳定条件下,当某种基本要素的可利用量最接近于最小需要量时,这种基本要素将成为一个限制因子,这就是李比希最小因子定律"(奥德姆,巴雷特,2009)[160]。

(2) 生态系统控制论

生态系统内除了能量流和物质流之外,还有信息流的循环流动,具体包括"将系统所有部分连接起来的物理和化学信息的流动,并操纵和调节系统作为一个整体。因此,在属性上可以把生态系统视为一个控制论系统"(奥德姆,巴雷特,2009)[60]。有机体以上组织层次的控制系统与有机体或人工机械控制装置的控制系统是截然不同的。生态系统达到的生态平衡是动态的,可以把这种波动状态分为两种类型:"抗性稳定(面对胁迫保持稳定的能力)和恢复稳定(快速恢复的能力),这两种类型可能是逆相关的"(奥德姆,巴雷特,2009)[60]。

(3) 涌现性原理

这种概念的另一种表述是不可还原性。也就是说,整体的特性不能还原为组分的特征综合(奥德姆,巴雷特,2009)[6]。生态系统中每个层次具有自己的特性,但不同层次之间发生相互作用时,往往会在整体上产生新的特性,而各层次原有的基础特性并没有发生改变。

## 2.3 生态位理论

生态位是生态学中的一个重要概念。业内普遍认为,约翰逊(Johnson)于1910年提出了"生态位"这一术语,认为同一地区的不同物种在环境中占有不同的生态位(Johnson,1910,转引自周长发,2010;刘建国,马世骏,1990)。奥德姆、巴雷特(2009)对生态位的主要几种不同定义做了梳理。Joseph Grinnell(1917,1928,转引自奥德姆,巴雷特,2009)使用生态位来定义生物种群所占据的基本生活单位,即物种所占据的最终的生态单元,特指空间生态位。Charles Elton(1927,转引自奥德姆,巴雷特,2009)从生物功能的角度定义生态位,认为生物之间的能量关系非常重要,他提出的生态位概念可以看作营养生态位。G. E. Hutchinson(1957,转引自奥德姆,巴雷特,2009)提出了多维超体积生态位的概念,认为生态位是生物单元生存条件的总和,不仅包括物理分布空间,而且包括温度、湿度、pH值等指标。此外,他还提出了基础生态位和实际生态位的概念。前者指的是生物群落中能够为某一生物单元所栖息的理论上的最大空间;后者指的是一个生物单元实际占有的生态位空间(周长发,2010)。针对以上的生态位定义,刘建国、马世骏(1990)认为,Elton的生态位定义是Grinnell和Hutchinson定义的子集,因为前者只是提出了生物单元的食物生态位,是一个单一的维度。然而,后者的定义包含了生态位在生态环境中多个维度上的指标,例如:温度、湿度、pH值等。张光明、谢寿昌(1997)[49]综合了各种生态位的定义后指出:"一定生态环境里的某种生物在其入侵、定居、繁衍、发展以至衰退、消亡历程的每个时段上的全部生态学过程中所具有的功能地位,称为该物种在该生态环境中的生态位。一种生物的生态位既反映该物种在某一时期某一环境范围内所占据的空间位置,也反映该种生物在该环境中的气候因子、土壤因子等生态因子所形成的梯度上的位置,还反映该种生物在生态系统(或群落)的物质循环、能量流动和信息传递过程中的角色。"生态位包括基础生态位、现实生态位和潜在生态位三个主要概念。基础生态位指在没有任何捕食者或竞争者时,某物种可以拥有全部空间的最大部分。现实生态位是指在存在竞争者和捕食者的条件下,该物种实际所能占有的空间(傅桦,吴雁华,曲丽娟,2008)。在某一历史时期,可获取的生态空间是有限的。潜在生态位反映了一定历史时期内基础生态位在生态空间中的可获取性(朱耿平,刘国卿,卜文俊,等,2013)。

刘建国、马世骏(1990)提出区分生态位的存在与非存在性。在一定的时间和空间存在的生物单元,有些被生物利用了,有些却没有,可以视为生态位的潜在形式,甚至有一些生物单元不在当前的时空范围内,而出现在其他时空当中,被归为非存在生态位。存在生态位则包括实际生态位和潜在生态位。这一分类方法弥补了人们对于非存在生态位的忽略。

朱春全(1997)认为以上定义都是从生物单元的生态环境方面表达其生态位的,不能反映生物单元经历的环境变化和所有特征,所以提出了生态位"态—势"理论与扩充假说。生态位指"生物单元在特定生态系统中与环境相互作用过程中所形成的相对地位与作用"(朱春全,1997)[325]。生态位由态和势共同构成。"态"指的是生物单元的状态,包括能量、数量、资源占有量、智能水平和发展水平等,是过去生长发育与环境相互作用积累的结果;"势"指的是生物单元对环境的现实影响力或支配力,如能量和物质转换的速率、生产力、增长率、经济增长率、占据新的生态环境的能力。态是势的基础,反过来势又促进态的变化。势反映了生态位的扩充能力。生态位扩充是生态系统演变的动力(朱春全,1997)。奥德姆、巴雷特(2009)也持相似的观点,提出生态位概念关注的一方面是生物在自然群落中的状态,另一方面是生物对其他与其有联系的生物的影响,以及在生态系统中对重要过程的影响。陈坚林

(2010)也指出,生态位是指每个生物单位在生态系统中生存的时空位置,决定了它的形态适应和特有行为,包括生态位的重叠与竞争、压缩与释放、分离与移动等。

生态位宽度是指某个物种(或个体)所能利用的各种资源的总和。生态位重叠是指两个物种(或个体)共同利用的那部分资源。生态位重叠有以下几种情况(梁士楚,李铭红,2015)[91]：

(a) 内包生态位；

(b) 等宽生态位重叠；

(c) 不等宽生态位重叠；

(d) 邻接生态位；

(e) 分离生态位。

图 2-2 用正态分布曲线描绘了 A、B 两个生态位重叠的几种情况。除了邻接生态位和分离生态位之外,都会产生不同生态位之间的竞争。

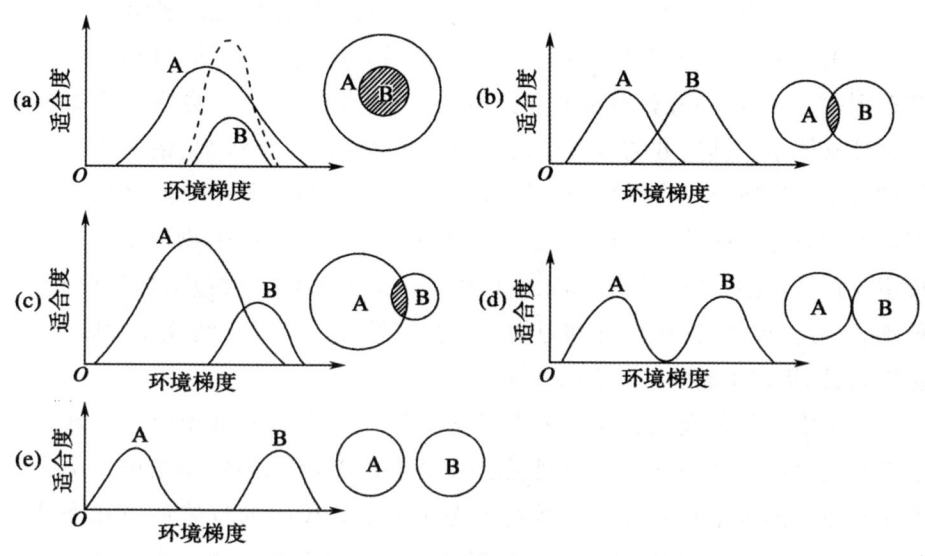

图 2-2　几种可能的生态位关系(梁士楚,李铭红,2015)[91]

生态位分离是指生活在同一环境中的物种(或个体)所利用的资源有明显不同的现象。生态位释放是指生态位缩小或变窄的情况。

伴随生态位分化的还有性状替换现象,指的是随着生态位的分化,生物在形态上所发生的变化,比如某些物种的器官大小或形状发生改变。

从以上一百多年来生态位概念的变化可以看出,其内涵和维度不断被扩展。随着生态位概念的逐步完善,其概念复杂度也在不断增加。生态学中引入了很多数学工具,对生态位进行计算,从而量化反映某一物种在系统生态环境中各个维度上的指标。然而,更重要的是依据量化数据分析某一物种在生态系统中与其他物种之间的相互影响,预测该物种生态位的变化,进而推测其对整个生态系统的影响。

## 2.4　大学英语教学生态系统的基本结构

大学英语教学生态系统由生态环境和生态因子组成。因为大学英语教学生态系统处于教育生态系统的微观层次,在该系统外仍存在中观和宏观的教育生态系统。

### 2.4.1　大学英语教学生态系统的生态环境

教育生态系统由教育系统和环境系统组成。教育系统由各级各类教育组成。宏观上来说,整个社会存在一个大的教育系统,包括从学前教育、初等教育到中等教育、高等教育及职业技术教育、特殊教育、社会办学等各级各类教育分支体系。其所处的教育生态环境也是多维的。吴鼎福、诸文蔚(2000)把教育生态环境分为自然环境、社会环境和规范环境。其中自然环境主要是指山河湖海之类的非生物环境,以及动植物群落等组成的生物环境。社会环境主要包括政治、经济、科技和家庭环境等。规范环境大致包括哲学思想、道德观念、社会风气、民族传统和习俗、法制、宗教等。三者之间互相关联,互相影响,共同构成了教育生态环境要素。

以上探讨的是宏观层面的教育生态系统。在中观和微观层面的教育生态系统也具有同样的结构。中观层面的教育生态系统,指的是组成社会大教育生态系统的各个独立的学校教育生态子系统。校园的自然环境和硬件设施、学校的各项政策及校园文化和风气等构成了学校教育生态子系统的教育生态环境。中观层面的教育生态环境,受到宏观层面教育生态环境的影响,结合各学校自身特点形成了具有学校特色的教育生态环境。在学校教育系统上进一步细分,则得到了微观层面的各类课程的教育生态系统。大学英语教学生态系统也是其中之一,有其自身独特的生态环境,并受到中观和宏观层面教育生态环境的叠加影响。

### 2.4.2 大学英语教学生态系统的生态因子

陈坚林(2010)指出,由于信息技术的进入,外语课程构成范式已由"2+1"模式(理论、方法+教材)进入"3+1"模式(理论、方法、技术+教材)。组成大学英语教学生态系统的主要生态因子为教师、学生、教学资源、信息技术和教学管理人员。每个生态因子都在系统中有其独特的生态位。这些生态因子构成了大学英语教学生态系统中的显性生物链。各个生态因子之间,以及生态因子与其所处的教育生态环境之间在多元互动中保持着动态平衡。物质、能量和信息流源源不断从各级教育生态环境进入大学英语教学生态系统,并在系统内的主要生态因子之间循环流动,从而形成了另外一条较深层次的生物链,主要包括"信息、知识、技能"等要素(陈坚林,2010)[214]。深层次的生物链是由显性生物链所驾驭的。教师是"生产者",学生是"消费者"。作为"生产者"的教师,将知识提供给学生消费,帮助学生将知识转化为能力;教学资源为学生提供学习的内容;信息技术为学生拓宽了获取知识的途径,建立起"消费者"和海量学习资源之间的消费渠道;教学管理人员发挥了综合管理和调配资源的作用。学生在充当知识"消费者"的同时,也间接成为知识的"生产者"。在消化吸收获取的知识之后,学生之间借助信息技术平台共享所获得的资源和对所学知识的理解,起到了知识的再加工和传播的作用。外界输入的物质和能量转化为学生获得的能力,学生又通过各种"产学研"活动将能力转化为物质和能量回馈到教育生态系统之外。物质和能量流动的同时,伴随着信息的传递。信息流所承载的政策、教学、管理、资源等方面的信息,在一定程度上影响着物质和能量流动的方向和方式。如图2-3所示,笔者归纳了大学英语教学生态系统的主要结构关系。相对于其他课程而言,大学英语教学生态系统的特点在于其物质、能量和信息涵盖了语言知识和主题内容两条主线。其中前者体现的是大学英语课程的工具性属性,后者则指向人文性属性。课程中英语与母语的语言文化对比拓展了语言知识和主题内容的外延,增加了大学英语教学生态系统的复杂度。

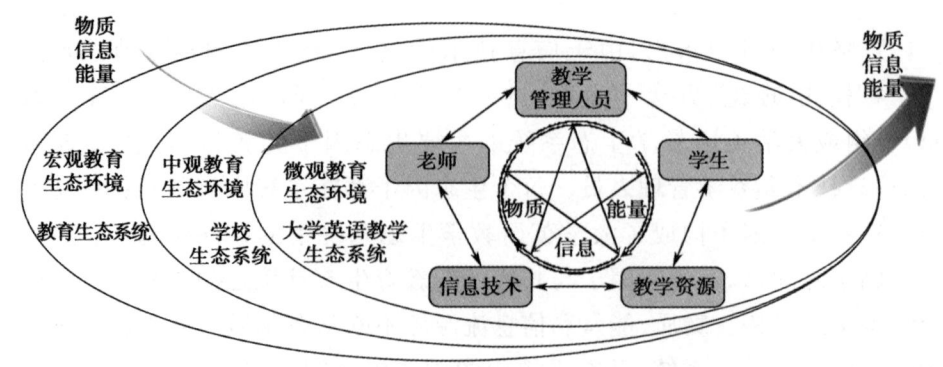

图 2-3 大学英语教学生态系统结构图

## 2.5 国内外相关研究

本研究以生态学的视角研究大学英语教学生态系统中的学生生态位。核心内容为生态学的理论视角以及学生的生态位。所以,与之相关的研究包括从生态学视角看待语言教学的研究和针对语言学习者外语学习情况的研究。其中以语言学习者为研究对象的研究又可以分为学习者自主学习研究和学习者因素研究。培养学生的自主学习能力从 2004 年《大学英语课程教学要求(试行)》(简称《课程要求(试行)》)开始,被写入教学目标,继续出现在 2007 年《课程要求》以及《指南》当中,是培养学生英语应用能力所需要的重要学习能力。余渭深(2016)[34]指出:"提升学生的自主学习能力是促进学生可持续性学习能力发展的重要保证。"可见,学生生态位的发展在很大程度上依赖于学生发挥自主学习能力,获得英语应用能力、跨文化交际能力和综合文化素养的提升。与此同时,各类学习者因素对自主学习产生影响(徐锦芬,2007),进而影响学生生态位的发展。文献综述将围绕上述各方面展开。

### 2.5.1 国外相关研究

#### 2.5.1.1 语言学习的生态观

语言学习的生态观认为,教育系统和自然界的生态系统类似,研究应当关注系统内的各因子之间的关系(Bronfenbrenner,1979;Tudor,2001;van Lier,1997,2010)。

van Lier(1997，2010)认为，语言学习的生态观将语言学习环境视为一个复杂的适应系统，是发展中的学习者与周围环境互动关系的总和，是语言学习者在可利用环境中有意义活动的结果。语言学习的实现不能建立在寻找输入和输出之间的因果关系证据上，而是涌现的发生，即简单的元素被重组为更加复杂的系统，无法通过对组成它的变量进行分析来获得解释。语言学习活动可以为学习者提供给养(affordance)。"给养"这一概念由美国心理学家詹姆斯·吉布森(James Gibson)提出，表示生态系统或环境中提供给动物的东西。van Lier(1997，2010)进一步阐释了这一概念。环境中的给养可能是显性的，也可能是隐性的。给养可以引发学习者的参与和语言使用，但并不能直接导致或激发语言学习的结果。给养的价值部分决定于学习者的感知，如果学习者能够有意识地有效利用给养，就可以通过有目的的活动建立感知、认知和情感的联结，最终获得意义和相关性，达到语言学习的效果。

Thoms(2014)对 van Lier 的语言生态视角加以阐释，并以课堂话语为案例，研究师生互动中的教师话语如何提供潜在的语言学习给养，以及学生如何感知并利用潜在的语言学习给养。所选案例是以西班牙语作为外语的学习者在用西班牙语开设的拉丁美洲文学课上的师生互动。Thoms 发现，最能够提供语言学习给养的话语是教师对于学生的话语或者自己的话语的重述，可以分为三种类型：第一种重述是目的为保证学生正确理解他人观点的重述。因为某些学生的发音和语法问题会造成表述不够准确和清晰，影响其他同学的正确理解。或者因为学生的外语水平非常优秀，语速过快，词汇量大，超过一般同学的外语水平，也会为正确理解带来障碍。此时，教师对学生的观点进行归纳并重述，可保证学生正确地理解其他同学的观点。第二种重述是指教师对自己话语的重述。当教师向全班提出问题后，可能长时间没有同学可以应答，这时教师对问题进行重述，通常把问题的范围缩小，再次尝试，直至有同学可以回应。通过这样一种提问的方式，教师向学生展示了对一个问题的理解从宏观层面的多元化思考到微观层面的核心聚焦的全过程。第三种重述是对话语含义的解读。教师对学生话语中的概念或核心思想进行诠释，指出其中的内涵。这类重述是对讨论内容的提升，是深入思考的结果。对学生来说，如果意识到以上三种类型的教师重述都提供了丰富的学习给养并加以利用，那么学习就得以发生。Thoms 还介绍了将"给养"概念应用于二语或外语教学的为数不多的两项实证研究。Miller(2005，转引自Thoms, 2014)将"给养"定义为通过师生间合作话语建立的反馈环。给养丰富的环境显示出组织性、多个反馈环和大量的学习者自主学习。学习者感知并利用给养的能力使他们不断提高语言能力。在另一项研究中,Darhower(2008,转引自 Thoms,2014)通过分析西班牙本族语者和外语学习者之间的聊天记录,发现其中丰富的语言给养,包括核对理解程度、提供信息和词义、求助、重述隐含义、请求翻译等。但他并没有提及外语学习者是如何感知这些语言给养的。

语言学习的生态观强调了给养产生于学习者与周围环境的互动。这种互动并不局限于人际间的对话,也包括学习者与教学内容的对话。为了使学习者更多地参与,从各种互动中获得给养,Kramsch(2008)指出,教师应当帮助学生建立起所学内容之间的联系,所学内容与课本外更多相关内容的联系,以及本族语文化与外语文化之间的联系。这种关联是跨越时空和跨越文化的。例如:德语中的 vaterland(祖国)使德国人回想起的不是祖国或者爱国主义,而是 19 至 20 世纪的军国主义(Kramsch,2008)[405]。这些文化含义在特定的历史时期形成,一直传承到今天。学习一门外语,绝不能忽视这些文化精髓。学生需要在全球化视野的社会和文化大语境下形成立体化的关联网络,以获得生态化的意义建构。这些网络的建立正是给养的来源。Guerrettaz 和 Johnston(2013)从另一角度阐述了对于教学内容应当遵循生态观的处理方式。根据生态学的涌现性原理,整体的特征并不是各部分之间的相互作用简单相加的结果。他们用课堂话语分析展示了教材、话语、人际关系等课堂生态系统多个因子间的复杂互动关系。教材开发人员在编写教材时,使每一个教学活动设置的背后都有其对应的教学目的。但在实际课堂教学中,每个活动的进行可能会有意想不到的情况发生,从而偏离了原先计划的教学目的,不过一般仍会围绕着语言学习进行。师生们会发现实现了一个计划外的教学活动的意义。这种涌现的"意外",正是生态化教学的特点。教学中真实自然的涌现,是建立学习者与周围环境互动的基础,进而发掘给养的来源。生态化的外语教学应为学生提供更多在互动中学习语言的给养,帮助学生表达出自己的思想,而不是简单的形式上的语言输出(Mantero,2007)。

在网络教学环境下,同样需要遵循语言学习的生态观。Lafford(2009)对从生态视角进行的计算机辅助语言教学研究做了归纳。相关研究的主要观点为:语言的使用一定是在具体情境中发生的,所以对于语言学习者的评价和反馈也要结合具体的情境用合适的标准衡量,与语言学习者的语言产出相对应。同样,设计语言学习的任务时也要设计真实世界的具体情境,供学习者学习。计算机辅助语言教学的优势在于可以提供大量的多样化的语言学习给养,满足不同学习风格的学习者的需求。例如:van Lier(2003,转引自 Lafford,2009)研究了复杂环境因素对基于项目的学习中技术效能产生的影响。Shin(2006,转引自 Lafford,2009)研究了计算机辅助交流语言练习中的情境配置。

以上可见,语言学习的生态观强调了语言学习的涌现是建立在语言学习者对给养的意识和利用的基础上,而获得给养的途径是学习者与周围环境的互动。语言学习者能够在参与和互动的过程中,逐渐提高语言能力,同时形成自主学习的能力,利用好语言学习的给养以促成语言学习的发生。

2.5.1.2 语言学习者研究

有关语言学习者的国外研究,主要是第二语言习得或外语学习研究中的学习者自主性和学习者因素研究。

1. 语言学习者自主性研究

Holec(1981)在语言教学领域首次将自主性定义为能够对自己的学习负责的能力,包括确立学习目标、确定学习内容和进度、选择方法和技巧、监控学习过程、评估学习效果。20 世纪 70 至 80 年代,国外关于自主学习的研究主要集中于对概念的思考。Benson(2005)对语言学习自主性的定义包含了学习者对学习管理、认知过程和学习内容的控制。这三者之间存在互相依存的关系。有效的学习管理取决于对认知过程的控制;对认知过程的控制会对学习者的自我管理产生影响;而对认知过程的控制包含了对学习内容的选择。

除了对自主性的概念和本质的研究,另一研究视角为对学习者自主性的培养。研究发现,自主学习本身并不一定能提高学习自主性和语言能力。这取决于学习者对自主性的策略运用和效果。只有发展一定的学习自主性,学习者才可能实现语言学习的目标。

20 世纪 80 年代,语言自主学习被简单看作学习者独立学习(徐锦芬,朱茜,2013)。90 年代,自主学习理论进一步发展,研究意识到自主学习的含义包括"相互依赖"。Kohonen(1992)表达了这一观点的内涵,学习者在社会环境中对自己的行为负责,同时能够以建设性的方式与他人合作解决问题。进入 21 世纪后,关于自主学习的国外研究主要集中在自主学习的社会文化内涵、教师自主、课堂自主学习及新兴科技环境下的语言自主学习四大领域(徐锦芬,朱茜,2013)。其中,代表性的研究有 Gardner 和 Miller(2002)对建立自主学习体系培养语言学习者自主学习能力的研究。内容涉及自主学习体系的构成要素,教师和学生对语言学习的观念和态度,自主学习设施的管理,建立学习者档案袋,开发或选择自主学习材料的原则,自主学习活动的组织,自主学习环境和资源的开发,以及自主学习的咨询和评估,并提供了各级教育层次中的自主学习中心案例。

相关研究也更加关注各方面因素对自主学习产生的影响,包括学习环境的影响和学习者因素的影响。学习环境方面,Dincer、Yesilyurt 和 Takkac(2012)对英语学习者在不同课堂环境下的英语口语学习情况作了对比研究。研究发现,支持自主学习环境的课堂与学习者的自我能力感知、课堂参与和学习效果都呈高度正相关。教师可以通过了解学生的心理状态,为他们提供选择和练习的机会,避免控制性的语言,分享学生的学习观念,提高学生的自主学习意识。学习者因素方面,Khoshsima 和 Tiyar(2015)研究了英语学习者的学习策略使用对自主学习能力培养的影响。结果显示,使学习者意识到并使用最适合自己的学习策略,有助于提高自主学习能力。教师应与学生共同讨论学习策略的使用,基于学生的需求、目标和能力,为学生创造适合他们的自主学习机会,在实践中帮助学生提高自主学习能力。

"自我调节学习"自 20 世纪 80 年代提出以来,在教育心理学界得到了广泛的研究。其概念涵盖了学习自主性、动机、策略等维度,已建立多个模型将各维度联系起来进行研究。相比之下,国际二语教学领域的相关研究模型较少,且研究重点局限于语言学习策略(徐锦芬,黄子碧,2020)。

2. 语言学习者因素研究

Dörnyei(2007)把学习者个体差异因素定义为人人都具有的稳定的个人特点,但每个人在程度上有所不同。语言学习者的个体差异有很多变量。Ellis(2013)[643]对比了 Skehan(1989,转引自 Ellis, 2013)、Robinson(2002,转引自 Ellis, 2013)和 Dörnyei(2005,转引自 Ellis, 2013)的相关研究,发现他们都将学能、动机、性格和焦虑纳入了影响学习者第二语言习得的因素列表,认为其是核心因素。在此基础上,Ellis(2013)增加了智力、工作记忆、学习风格、交际意愿、学习者观念和学习策略等因素。智力、工作记忆和学能都属于学习者先天能力的范畴。有关智力因素与语言习得的关系,通常的假设是智力因素与认知学术语言水平的相关性强于与基本人际交流技能的相关性。实证研究支持这一假设。智力与阅读、语法、词汇和写作技能的相关性显著高于与口语产出的相关性。工作记忆是指短时记忆,记忆存储量有限,保存时间也短。工作记忆的能力被认为可以预测语言学习的能力。如果工作记忆能力强,学习者处理语言输入信息的能力也强。工作记忆的能力通常具有遗传性。学能是一种特殊的语言学习能力,包括听力能力、语言能力和记忆能力等。学能不是语言学习的前提,而是提升语言学习效果的能力。

笔者将选择语言学习者因素中的学习观念、学习动机与学习态度、学习策略、自我效能、归因、效价、学习风格和语言焦虑等八个主要因素对相关研究进行梳理。

1) 学习观念

Ellis(2013)指出,学习观念是语言学习者对语言和语言学习的观点。学习观念受环境影响,是动态变化的。学习观念对语言学习效果具有一定的预测性。对于学习观念的调查,较为著名的问卷是由Horwitz(1987)设计的语言学习观念量表。以下两项关于学习观念的研究使用了该量表或对其改编后用于调查:

第一,Asassfeh(2015)对约旦的英语专业学习者的学习观念进行了调查研究,考察他们对语言学能、语言难度、语言学习本质、学习和交流策略、动机和期待的观念,并根据性别、语言水平和所在年级进行分类。结果表明,学习者对动机的观念最强,女性学习者的学习观念比男性学习者更加有利于英语学习。高水平学习者和高年级学习者也表现出更加有利于英语学习的观念。教师需要重视学习观念的作用,给学生反思学习观念的机会,转变不利于英语学习的观念。教师自身也需要树立对英语、学生和教学的积极的观念和态度。

第二,Ghavamnia、Kassaian和Dabaghi(2011)以伊朗的英语学习者为研究对象,考察了学习观念和学习策略、学习动机及英语水平之间的关系,发现学习观念和学习策略使用呈高度正相关关系,学习动机和英语水平也与学习策略使用呈正相关关系。

2) 学习动机与学习态度

学习动机在第二语言习得的学习者因素研究中是最受关注的一个。Gardner和Lambert(1972)在这一领域奠定了研究的基础。Gardner(1985)的动机理论主要区分了融入型动机和工具型动机。融入型动机是关于对目标语言群体的积极态度,渴望与之交流甚至融入的愿望;工具型动机指的是为了求学、工作等实际目的而学习语言的动机取向。融入型动机包括三个方面的内容,即融入性、对学习情境的态度和动机,图2-4列举了每一部分所包含的要素。

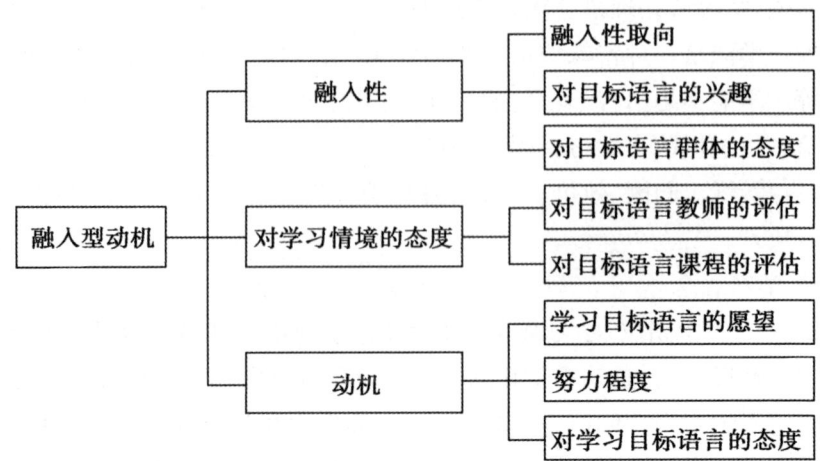

图2-4 融入型动机(Gardner, 1985)

动机通常被用来描述从长远看来在学习者心中形成的较为稳定的态度(Cook,2010)。从上述融入型动机的构成也可以看到其中包含学习者对于目标语言和其群体的态度,对学习情境和学习过程的态度。语言学习动机理论在发展过程中,逐步考虑到社会文化环境对学习者的影响、课堂环境产生的影响、时间维度带来的动态发展特点,以及个体与社会、环境的复杂互动(喻荣,2015)。

Gardner、Masgoret 和 Tennant 等(2004)认为,语言学习中的情感因素对语言学习的效果产生影响。反之,学习成效和经历也会影响情感因素。通过对为期一年的法语中级课程的研究,发现有一些情感因素更容易发生改变,这种变化受到课程学习效果的影响。情感因素的变化更容易发生在对待学习情境的态度上,而不是融入型或工具型取向。动机强度、课堂焦虑和对学习情境的态度并不是互相独立的,它们中的任何变化将会被更加宏观的整体态度所抵消。可见,课堂学习体验可以对与课堂学习情境相关的情感因素产生影响,但无法改变更加稳定的整体态度。

3) 学习策略

Oxford(1990)将语言学习策略定义为语言学习者为了使语言学习更加容易、自主、愉快和有效的行为和做法。对学习策略最常见的分类有两种。O'Malley 和 Chamot(1990)将其分为元认知策略、认知策略和社会情感策略。元认知策略能力高于另外两种策略能力,"用于计划、监控和评价其他学习策略及学习过程"(徐锦芬,2007)[74]。Oxford(1990)将学习策略分为直接策略和间接策略。前者指直接和语言学习相关的策略,包括记忆策略、认知策略和补偿策略。后者指为语言学习间接提供帮助的策略,包括元认知策略、情感策略和社交策略。Ellis(2013)归纳了对语言善学者所做的各项研究,总结出成功的语言学习所具有的五个方面特征:(1)关注语言形式;(2)关注语言的交流功能;(3)积极的任务取向;(4)对学习过程的意识;(5)根据任务要求灵活使用策略的能力。对于学习策略和学习成效的关系,研究结果显示出分歧和不确定性。McDonough(1999,转引自 Ellis,2013)认为,学习策略的使用和语言学习成效之间的关系是复杂的,并不是简单的线性关系。性别、种族、语言能力、学习动机、人格特性以及职业等因素也会影响语言学习者对学习策略的选择(黄小勇,2009)。相应的,学习策略的培训与其对学习成效的作用之间的关系也存在一定的不确定性。秦晓晴(1996)指出,从相关国外研究来看,进行策略培训确实能有效地促进第二语言学习,但因为学习者的诸多个体差异因素,有些策略可能对某些类型的学习者有促进作用,但不适合于其他类型的学习者。有些策略在研究中被证明无效,可能是因为任务难度等因素在短期内不一定显现效果。所以,在进行策略培训时,要充分考虑学习者因素和其他相关因素,将策略培训和日常教学有机结合起来。Ehrman、Leaver 和 Oxford(2003)指出,判断学习策略的有用性,要依据以下三个方面:(1)策略与学习任务相关;(2)策略适合学生的学习风格;(3)学生能够有效使用策略,并与其他策略相联系。

Chamot(2004)对语言学习策略领域的八大问题作了综述。这八个方面问题分别是:学习策略识别的过程,学习策略的术语和分类,学习者因素对策略使用的影响,文化和情境对策略使用的影响,显性的和融入性的策略培训,培训语言,策略向新任务的迁移,语言策略培训模式。第一方面涉及识别语言学习者独立使用的语言学习策略以及接受培训后使用的语言学习策略。第二方面是关于语言学习策略的命名和分类。第三方面讨论学习策略和学习者性别及语言水平之间的关系,发现性别的影响并不明确,不同语言水平对策略使用的影响更加明显。第四方面发现由文化和情境决定的任务要求最终决定了哪些策略最为有效。第五方面关注语言学习策略的培训和课程设置。第六方面研究进行语言学习策略培训时的语言选择。第七方面研究发现在母语环境下的语言学习策略迁移通常困难,但是元认知意识的发展有利于迁移的发生,在二语习得环境下的相关研究较少。第八方面通过比较不同语言学习策略的培训模式,发现很多共性,应进一步推进研究,形成最有效的策略培训模式。

4) 自我效能

Bandura(1997)将自我效能定义为对个人组织、实施为达到一定目的所需行为的能力的观念。研究表明,如果人们觉得没有能力完成某项工作,就不会为此做任何投入(Bandura,1997)。动机较强的成功的学习者,通常有较强的自我效能,认为自己在一定程度上可以控制学习的结果,有积极的学习态度,既渴望自主性,也需要社会联系(Bandura, 1997; Deci, Ryan, 1985)。Raoofi、Tan 和 Chan(2012)研究了自我效能在语言学习中产生的效果和影响自我效能的因素。结果表明,自我效能感对学习者在语言技能和任务中的表现具有很强的预测力。教师可以采取一定的方式提高学生的自我效能感,具体包括给予学生合适的学习任务,让他们积累成功的学习体验;给予学生积极的反馈和鼓励;提供观察其他同学成功完成学习任务的机会。Gahungu(2009)对自我效能、语言学习策略和外语能力三者之间的关系进行了实证研究。结果表明以上三个变量之间存在显著的正相关关系。教师应通过各种方式改善外语教学环境,提高学习者的外语能力,包括为学习者提供适合他们能力水平的学习任务,进行鼓励,以提高语言学习的自我效能感,并为他们创造更多的接触目标语言和文化的机会,提供语言学习策略培训,引导学习者发展自主学习能力。

5) 归因

归因是人们对过去学习成败经历的解释。Weiner(1985)从六个方面归纳了行为成败的原因,包括能力、努力、工作难度、运气、身心状况和其他因素。归因可以从内在性、稳定性和控制性方面作进一步分类。若将失败归因于稳定的、内部的、不可控的原因,将会弱化学习动机;若将成功归因于稳定的、内部的、可控的原因,将会强化学习动机。Thepsiri 和 Pojanapunya(2010)研究了理工科大学生的学习成败归因。结果发现,成绩、教师、课堂气氛和努力是学习成功的归因,而学习失败的归因是能力不足、学习策略不当、缺乏准备和努力不够。英语水平低的学生通常把失败归因于自己的能力不足。Hashemin 和 Zabihi(2011)发现学习成败归因与语言水平显著相关。努力归因对高水平学习者预测力最强。任务难度归因对低水平学习者预测力最强。内部控制与成绩呈正相关,外部控制与成绩呈负相关。虽然归因是学习者长期形成的观念,但归因是易变的,教师可以尝试改变学生的学习归因。

6）效价

Vroom(1964)提出了期望和价值理论,认为人们从事某项工作的激励程度取决于效价和期望程度。"效价"表示对目标本身价值的估计。"期望"指对实现目标的可能性的估计。如果对目标的价值预期越大,对目标实现的概率期望越高,那么动机强度也就越大。Dörnyei(1994)认为期望与学习者的自信和自我效能感相关。在具体的学习情境中,期望与对学习任务难度和所需努力程度的估计相关。Eccles(1983,转引自秦晓晴,2007)提出,效价比期望对成绩产生更深远的影响。Tremblay 和 Gardner(1995)的研究也支持了效价的重要作用。他们扩展了学习动机的模型,增加了期望和价值理论中的影响因素,指出效价和动机行为之间存在因果关系,效价越高,动机强度也越大。

7）学习风格

学习风格的概念来自心理学。研究者们从不同的角度对学习风格进行定义和分类。Keefe(1979)把学习风格定义为学习者对学习环境的感知和与学习环境互动的方式,反映了行为的潜在原因。Kinsella(2002)将学习风格定义为个体吸收、处理、保留新信息的方式,是不受教学方法和内容影响的技能。R Dunn、K Dunn 和 Price(1975)建立了学习风格类型目录,将学习风格划分为环境类、生理类、情绪类和社会类四个类别。Witkin(1976)以认知方式为基础,将学习风格分为场独立型和场依存型两类。Reid(1987)根据学习者的感知方式偏好将学习方式分为视觉型、听觉型、动觉型、触觉型,并区别了两种社会学习方式——群体型和个体型。Ehrman 和 Leaver(2003)基于学习者对学习控制的意识程度,将学习风格作了进一步细致的分类。

文化差异也会对学习风格产生影响。Nelson(2002)将中国学生和日本学生的学习风格与美国学生进行对比,研究不同文化类型对学习者学习方式的影响。中国学生在学习中注意观察、记忆、建立可以参照的模板。中国学生是场敏感的学习者,倾向于整体思维。中国学生更加偏好合作学习,这一点与美国学生倾向于个体和竞争形成反差。中国学生的群体合作更加微妙,合作要保持组员之间的和谐关系,主要不表现在课堂上,而是表现在课后以学习小组的形式进行,而且这种合作关系较为稳定。对外语教学的启示在于,应针对中国学生的学习风格特点做出相应的与美国学生不同的课堂调整。例如：弱化竞争，将整个班级视为一个整体，以及考虑学生的整体性思维特点组织教学活动等。

8）语言焦虑

MacIntyre 和 Gardner(1994)将语言焦虑定义为在第二语言学习中表现出的紧张和恐惧感。Ellis(2013)指出，焦虑可以被分为特质焦虑、状态焦虑和情境焦虑。语言焦虑属于情境焦虑，其主要来源包括学习者的竞争性、学习者在目标文化中的自我缺失、完美主义的个性、对交际的恐惧、考试的压力和负面评价等。通常来说，语言焦虑对语言学习产生负面影响（Horwitz，2001）。Ellis(2013)基于 MacIntyre 和 Gardner(1991)的研究提出了语言焦虑在学习过程中的变化模型。在初学者阶段，几乎不存在语言焦虑；在随后的语言学习阶段，与负面学习经历和预期相关联而逐渐产生焦虑；最后阶段，如果学习表现不佳，焦虑感将进一步增强。MacIntyre 和 Gardner(1994)对他们提出的学习过程三阶段模型中的语言焦虑作了实证研究，对语言输入阶段、处理阶段和输出阶段分别设置学习任务并测量语言焦虑。研究结果表明，每一学习阶段的语言焦虑和该阶段的具体学习任务显著相关。语言焦虑通过对学习过程的影响与语言学习成效呈现因果关系。焦虑感强的学习者与相对放松的学习者相比，具备的语言知识更少，且知识的表现更加困难。中国大学生的外语课堂学习焦虑高于世界其他各地的水平，受到学生的英语水平和对英语的态度影响(Jiang, Dewaele, 2019)。焦虑感越强的学生越倾向于采取逃避策略，在语言学习中避免引发焦虑的情境(Guo, Xu, Liu, 2018)。Wilson(2006)在总结前人研究的基础上，针对语言焦虑提出了教学方面的启示。为了减少语言焦虑而开发的教学方法中，最为著名的是群体学习法、自然法和暗示法，主要目的是营造轻松的课堂氛围，创建有利于学生交流的课堂环境。教学活动的设计要充分考虑学生的学习风格因素，结合不同语言技能教学的特点，保证输入的可理解性。教师需要根据学习者的态度、动机和语言焦虑的测量结果制定个性化的学习策略，同时给予学生更多积极的反馈和鼓励，增强学生的信心。

### 2.5.2 国内相关研究

#### 2.5.2.1 生态学视角下的大学英语教学

以生态学视角看待大学英语教学的研究，把大学英语教学系统看作一个生态系统，这个系统由生态因子和生态环境组成。国内相关研究主要涉及在宏观系统层面对大学英语教学生态系统整体特点的研究、大学英语网络教学的生态环境研究、大学英语教学的课堂生态研究、大学英语教师生态化发展研究、大学英语教学的学习者个案研究。

1) 宏观系统层面

这一方面的研究主要分为两类：第一类研究从大学英语教学生态系统的整体发展出发，探讨系统优化的原则。第二类研究侧重于大学英语的课程设置。

第一类研究通常建立在信息技术与大学英语教学整合的背景下，探讨系统中各个生态因子的发展变化，提出系统的整体优化原则。陈坚林(2010)通过大规模实证研究，分析了信息技术与大学外语课程整合过程中的外语教学现状，包括学生学习情况、教学模式、外语教师角色、外语师资队伍建设、立体式大学英语教材的开发和利用，并在此基础上提出了外语课程生态化思考。该研究在宏观层面以生态系统的视角看待大学英语教学生态系统，在微观层面用生态位概念考察系统内各个生态因子的生态位，提出构建"兼容、动态和良性"的理想外语教育生态系统应该遵循的两条基本原则："一是能稳定教学结构，兼容教学要素；二是能制约教学运转，促进个体发展。"(陈坚林，2010)[217]

同样，任丽(2011)依据整个生态系统的特点和规律，在实证研究的基础上提出了大学英语教学生态系统优化的模式、原则和策略，强调大学英语教学生态系统的可持续发展、整体性、开放性和动态平衡的原则。在优化策略方面，需要关注学生生态位的动态变化，更要加强教师生态位的建设，重视教师和学生间的协同进化。

林意新(2020)特别提出互联网对大学英语教学生态系统的冲击。在各类网络教学资源极其丰富的情况下，教师需要找到适合自己的生态位，提高专业性，做好情感教学和人文教学。学生需要调整自主学习的方式、内容和策略。教学内容也要敢于突破教材的局限，由师生共同确定。这三个方面的改变将促进大学英语教学新生态系统的建构。张丽敏(2020)也提出信息技术的普遍应用导致课堂生态环境的变化，并从教育生态学的视角强调用整体、联系、动态、持续的生态理念维护课堂内外生态平衡，构建和谐高效的生态课堂。洪常春(2018)则分析了人工智能时代的数据挖掘、深度学习、学习管理等新技术对构建大学英语生态教学模式的重要作用。他们使语言学习过程成为不断演进的开环，最终形成各主体生态位和谐发展的态势。

相对而言，章木林、张霞(2012)从教育生态学视角展开的研究更多借鉴具体的生态学原理,集中探讨信息技术与大学英语课程的整合路径,具体包括:(1) 自主学习与面授教学整合,突破耐度定律;(2) 课堂物理环境和网络虚拟环境的整合,破解花盆效应;(3) 在课程设置中,合理设置大学英语必修课、选修课和专门用途英语课,与信息技术整合,发挥边缘效应;(4) 提升教师素养,关注限制因子。

第二类研究是关于大学英语的课程设置,强调了课程设置各要素的和谐兼容。肖珑(2010)从生态视角研究了大学英语课程设计,提出信息技术与大学英语课程整合过程中,课程设计应遵循的主要原则为:课程各要素应当兼容,应考虑限制因子的影响,课程实施要前后连贯。同样,李芳媛(2011)针对计算机网络环境下的大学英语课程设置,提出在课程构成、课堂教学、自主学习和评估体系方面,借助信息技术打破时空限制,灵活处理,使课程设置中的各因素实现兼容、动态、和谐相处。

2) 大学英语网络教学的生态环境

这一方面的研究侧重于对大学英语网络教学生态环境的优化研究。师琳(2012)总结了大学英语网络教学环境的优缺点。优点在于网络信息资源丰富,类型多样化,学习时间充裕,学生可以按自己的进度安排学习进度,有效地进行交流协作,实现资源共享,做到个性化和差异性教学及对学习过程的有效跟踪。存在的问题主要在于,网络教学对学习者自主学习能力要求较高,对技术能力也有一定的要求,不容易保证学习的效果。学习者对网络教学环境的不适应导致交流协作不能有效进行。应当在建构主义学习理论的指导下,建立学习者与学习环境中的各构成因素之间的生态交往模式,主要包括三种形式:"① 认知主体间生态交互;② 认知主体与认知工具间生态交互;③ 认知主体与客体间生态交互。"(师琳,2012)[64]魏晶(2012)同样认为,信息技术进入外语教学系统后,教学内容和教学活动的整合形式等发生了巨大的变化,教学理念、教学价值观和评价标准等也发生了明显的变化,需要对基于计算机网络的外语学习环境进行优化。他根据生态学理论提出了以下优化原则:整体效应原则、生态位强化原则、增强抗干扰度原则、扩张与调节原则、灵活适应与发展原则,以及发育和制约原则,从而最终得到系统的、稳定平衡的、动态开放的基于网络的学习生态环境。

大学英语网络教学生态环境中的重要生态因子是信息技术,这是相关研究的重点。安琦(2009)通过实证研究证明了计算机角色的转变和教学模式的转变都需要建立生态化外语教学环境,使计算机的功能从"辅助"走向"正常化"。外语教育技术在大学英语教学实践中的应用形式单一状况需要改变,应充实不同类型的信息技术,以促进生态化外语教学模式的发展。

多样化的信息技术在大学英语教学中的应用形成了外语教学媒体的生态系统。贾巍(2011)从技术、管理和使用方面分析了中国外语教学中的媒体状况,提出了生态化外语教学媒体环境系统模型,认为外语教学媒体生态系统同样具有生态系统的系统性、多样性、动态演化和情境协同特性,是生态化外语教学得以进化的基础。如图2-5所示,媒体技术是教学实践与服务的技术保障,服务于教学的最终目的——实现思想与知识的发展。

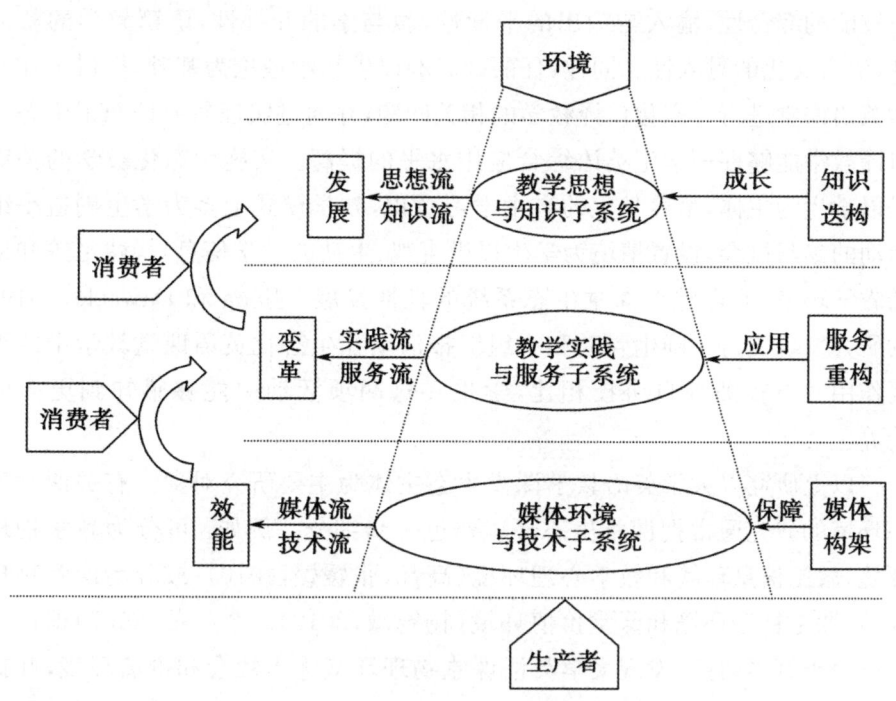

图 2-5　生态化外语教学媒体环境系统模型(贾巍,2011)[110]

3) 大学英语教学的课堂生态研究

课堂生态是一种特殊的生态。课堂生态由教师、学生以及课堂生态环境三部分组成,其中教师和学生是课堂生态主体。课堂生态主体与课堂生态环境是课堂生态的两大要素。刘长江(2013)详细分析了信息技术因子进入大学英语课堂生态系统后,引起的结构上的失衡和功能上的失调。结构上的失衡表现在:系统各组分的失衡,系统组分之间交互关系的失谐,系统内部营养结构的失衡。信息技术大量使用,其在系统内的比重日益升高,其他生态因子的地位和作用也受到一定的压缩。教师、学生、教学资源与信息技术之间的交互产生了很多不和谐的现象。功能上的失调表现为结构上的失衡发生之后,系统本身无法修复信息技术因子给系统带来的干扰,从而显示出结构优化功能衰弱,关系协调功能减弱,演化促进功能减弱,以及生态育人功能发挥不足。

刘长江(2013)的研究视角为大学英语课堂生态系统的结构和功能。另一研究角度则重点关注大学英语课堂的生态化教学。熊美华(2011)把生态学的原理应用到生态化外语课堂的整体教学中,提出了以下原则:语言知识与技能的综合性,输入与输出的平衡性,教与学的互补性,语篇教学的整体性,语言文化的融入性。同样,任丽(2012)以生态学理论为基础,探讨了在大学英语课堂进行生态化口译教学的相关问题,并通过实证研究证明了生态化口译教学能够促进学生英语综合应用水平的提高。实施生态化教学的关键是以学生为主体,培养学生的自主学习意识,教学模式上多为学生创造小组活动的参与机会,设置情境为学生提供直观、生动的教学信息,构建平等和谐的教学环境,促进整个课堂生态系统的良性发展。Jiang 和 Dawaele(2019)的研究发现支持了师生互动和小组汇报活动在生态化英语课堂教学中的重要作用。与教师独自讲授相比,学生在这两项活动中能够感知到更多的给养。

以上研究以大学英语教学课堂生态主体为主要研究对象。有关课堂生态环境的研究通常把课堂生态环境作进一步细分。例如:可分为教学物理环境、教学信息环境和教学心理环境(高凡,张媛媛,2010);或分为课堂物理环境、课堂社会环境和课堂价值环境(杨智敏,2012)。李顺英(2007)根据后一种分类开展研究,发现大学英语课堂物理环境优于社会和价值环境,并提出以下主要对策:应充分利用资源,拓宽学习渠道,优化师生的生态位,促进交流,控制班级规模,平衡男女比例,增加课外活动,淡化英语四、六级考试,改革教学方法,活跃课堂气氛,开设多种选修课,丰富教学内容与手段。王芳(2015)同样支持创设多样性的英语生态教学环境。因为信息技术与大学英语教学的整合使教学生态环境显现出多维的特点,需要打破课堂教学的时空限制,同时重构大学英语教学双方角色,推动英语教学微观生态环境的构建。

4) 大学英语教师生态化发展研究

这一领域的研究涉及大学英语教学生态系统对教师角色和能力的要求,以及教师生态发展的途径。胡芳毅、王宏军(2019)指出,应通过混合式教学模式建构大学英语教学"生态圈",并且要紧紧围绕外语教师生态主体展开,关注教师知识能力的内化与反思实践,构建协同教学、协同教研、协同创新的教师学习共同体,建立教学质量体系,以促进大学英语教学的可持续发展。周文娟(2012)则结合教育信息化和英语泛在生态学习的背景,提出新型英语教师的具体角色应当是泛在学习的组织引导者、泛在学习资源的研发者和建构者、泛在学习的诊断者与评价者,以满足学生在英语泛在生态学习中的需求。

关于外语教师生态位的代表性研究,主要有以下两项：马辉(2014)基于慕课发展背景下大学英语教师与学生、同事、教材、教学方法和自身关系的变化,提出大学英语教师要具有批判性思维能力,不断优化知识结构,具备协同创新能力,积极扩充自己的生态位,以促进外语教学生态系统兼容、动态和良性的发展。马辉的研究仅从教师自身的能动性出发提出生态位的扩充途径。雷丹(2015)从教师自身和生态环境两方面分析了教师生态位扩充的途径。她运用生态学"态—势"理论,分析了大学英语教师的生态位,反映了教师教学理念、教学科研关系的处理、教学资源的使用以及适应和发展的特点,并发现四个因子对教师生态位具有显著的预测力,即教师人际关系、信息素养、国家语言教育政策和时代的要求。教师生态位的扩充是最优态的获取和最大势的发挥,既需要教师的自身调控,实现意识和能力上的提高,也需要政府和学校在政策和制度等各方面的大力支持。

5) 学习者个案研究

这两项个案研究为同一研究者选择不同学习者因素从生态学视角进行的微观层面研究。Peng(2011)从生态学的视角对一位中国大学一年级新生进行个案研究,以了解他从高中进入大学的过渡期内,英语学习的信念有哪些变化,以及学习环境如何影响他的学习信念。通过对个案的历时研究,发现他的英语学习信念会受到学习环境的影响而产生动态变化。学习环境提供给他的给养主要来自教师的信念和教学方式,以及个案与教师和同学在英语学习中的互动。当给养发生变化后,个案的英语学习信念也随之发生改变,之前的学习信念并没有得到足够的内化。

Peng(2012)在前一项研究的基础上增加了个案研究对象的数量,并逐渐将微观层面的研究与宏观层面的影响因素结合起来进行分析讨论。研究者用Bronfenbrenner(1979,1993,转引自Peng,2012)的嵌入式生态系统模型对四位中国大学生在英语课上的交际意愿做了个案研究,发现在微观系统层面的六个因素对学习者的课堂交际意愿产生影响:学习者的信念、动机、认知因素、语言因素、情感因素和课堂环境,并指出教师对学生交际意愿的干预不仅可以考虑自下而上从微观系统着手,也可以考虑自上而下从宏观层面的影响因素入手。

#### 2.5.2.2 大学英语自主学习研究

尹华东(2014)对1979—2012年我国外语自主学习研究进行了回顾。主要研究涉及:自主学习的理论研究,自主学习能力的调查与研究,自主学习能力的影响因素研究,以及自主学习能力的培养实证研究。笔者将从这四个方面梳理相关代表性文献。

1) 自主学习的理论研究

印辉(2004)认为,学习自主并不是一个全有或全无的概念,它展现的是一个连续的统一体。学习自主可以通过教学材料的设计与选择、课堂任务与活动的开展、教师角色的改变以及对学生的训练等来培养。

顾世民(2013)从多个角度全面研究了大学英语课程中自主学习与课程设置、教材、信息技术、教学评估之间的关系,指出:课程设置要满足个性化学习的需要,为学生自主学习提供课程条件;教材开发要以学习者为中心,有利于培养学生的自主学习能力;利用信息技术支持集成化的大学英语教学模式,把课堂教学和课外自主学习、合作学习有机连接起来,为学生实现个性化学习和自主学习创造条件;形成性评估应做到及时、形式多样,突出学习者在评估中的主体地位,评估既要关注学习者的语言能力发展,也要关注学习态度、归因习惯、自我效能感和学习策略、自主学习意识及自主学习能力等非智力因素发生的变化。

2) 自主学习能力的调查与研究

徐锦芬、彭仁忠、吴卫平(2004)对14所高校的1 340名非英语专业二年级学生英语自主学习情况进行了调查。方雪晴(2009)对非英语专业学生课外网络自主学习情况进行了调查与分析。结果都表明,我国大学生英语自主学习能力普遍较低。张立新、李霄翔(2004)对中国和西欧学生的自主学习能力进行了对比调查研究。结果显示,中国学生的自主学习能力总体上不比西欧学生差。但融入性动机不够,与老师的交流不充分,缺乏冒险探索的习惯,选材缺乏自主权,过分强调语言知识的学习,忽略了对文化的了解。可见,我国大学生自主学习的劣势主要体现在学习积极性不足和对学习内容的选择安排能力欠缺两方面。

3）自主学习能力的影响因素研究

影响自主学习能力的因素可分为内部因素和外部因素。内部因素指学习策略、学习动机等学习者因素。徐锦芬、李斑斑(2014)通过大规模调查发现,元认知策略、失败的运气归因、掌握目标定向、补偿策略、记忆策略和信息媒介动机依次对自主学习能力具有由强到弱的预测力。倪清泉(2010)研究发现：英语学习动机、学习策略均与自主学习能力呈高度正相关,其中学习策略与自主学习能力的相关性更强；工具型动机与自主学习能力的相关性高于融入型动机；元认知策略与自主学习能力的相关性高于其他策略。

影响自主学习能力的外部因素主要包括学习任务本身的特点和学习者所处的学习环境。肖庚生、徐锦芬、张再红(2011)研究发现,学习者体验到的社会支持感和班级归属感均与英语自主学习能力呈显著正相关,特别是同学情感支持、教师业支持和班级归属感对英语自主学习能力具有显著的预测能力。彭金定(2002)研究发现,大学英语自主学习的积极性和学习动力与学习任务的意义、性质、安排及表现形式密切相关。俞建耀(2006)认为,大学英语自主学习能力的限制因素主要有以下三个方面：首先,旧的四、六级考试已不适应自主提高综合语言能力；其次,教师缺乏课程自主权；最后,自主学习评估机制缺位。需要从测试、课程和形成性评估机制三方面进行改革,以利于自主学习能力的培养。

4）自主学习能力的培养实证研究

这一方面的研究结果表明,提高学生自主学习能力的方法是多种多样的。元认知策略培训可以促进学生自主学习能力的提高(王笃勤,2002；严明,2010)。自主式课堂教学活动能开发学习者学习自主性的潜能(高鹏,张学忠,2005)。大学英语采用形成性评价,可以促进学生自主学习的意识和能力的发展(蒋宇红,周红,2010)。网络环境下的自主学习比传统课堂教学效率更高(陈青松,许罗迈,2006)。林莉兰(2018)指出,大学英语促进学习者自主研究在2012—2017年呈下降趋势,应关注自主概念的内涵和外延,以及自主学习能力与干预措施之间的逻辑联系。

2.5.2.3 大学英语学习者因素研究

赵永青、李玉云、康卉(2014)[30]在对近十年的大学英语教学研究述评中指出："对学生主体的研究集中在学习策略、学习动机和焦虑、学生各项技能水平的调查方面。"笔者将对国内有关学习观念、学习策略、学习动机、学习风格、自我效能、归因、效价和语言焦虑这些主要的学习者因素的研究进行梳理。

1) 学习观念

对学习观念的研究通常会基于学习观念和其他学习者因素的相关性展开。文秋芳、王海啸(1996)对大学生英语学习情况进行了大规模调查。结果显示,母语观念对学习策略的使用影响最大,形式操练观念其次,功能操练观念的影响最小。刘艳菊(2010)对大学英语学习者的学习观念、自我效能与学习策略相关性进行了量化研究。结果发现,对英语学习难度的观念与学习策略呈显著的负相关。徐锦芬、唐芳(2004)研究发现,高分组和低分组学生的语言学习观念是有差异的。因为学生在以往的学习经历中形成了一些错误的学习观念和方法,缺乏系统的指导和训练,所以差生的英语水平偏低。

2) 学习策略

文秋芳(2004)对比了Oxford(1990)和O'Malley、Chamot(1990)对学习策略的分类,认为Oxford提出的直接策略和O'Malley、Chamot提出的认知策略基本相同,且前者提出的间接策略包含的具体内容也与后者的元认知策略和社会情感策略相一致。不同之处在于,O'Malley和Chamot认为元认知策略在认知策略和社会情感策略之上,而Oxford没有区分它们之间的层级关系。Wen(1993)提出将学习策略分为管理策略和语言学习策略两大类。其中,管理策略既管理认知过程又管理情感过程,位于语言学习策略之上。另外一种分类从语言操练和母语影响的角度入手,将学习策略分为形式操练策略、功能操练策略和母语策略(文秋芳,王海啸,1996)。

赵永青、李玉云、康卉(2014)研究发现,大学英语教学研究中对学习策略使用情况的调查主要涉及听、说、读、写、元认知、记忆、互动和交际方面。尚晓华、王海华(2010)通过调查研究,把大学英语学生使用的英语学习策略分为七种类型,分别是社会策略、形式操练策略、记忆策略、认知策略、元认知策略、补偿策略和母语策略。母语策略是唯一一种与英语四级成绩呈显著负相关的英语学习策略。高分组学生使用学习策略的频率较高。程月芳、马广惠、董娟(2003)指出,英语总体水平高的学生运用学习策略的范围较广。优秀语言学习者使用元认知策略较多,自主学习意识强,能够监管自己的英语学习,有一套适合自己的学习方法,熟练掌握应试技巧。李璐(2009)研究发现,性别对大学英语学习者学习策略的使用产生影响:女生使用各种类型学习策略的频率更高;男生更擅于运用情感策略;女生比男生较多地使用记忆策略;男生在自主学习上更有主动性。

3) 学习动机

周燕、高一虹(2009)对五所高校大学英语基础阶段学生的英语学习动机做了为期两年的跟踪调查发现：长远的工具型动机是大学基础阶段主导且稳定的英语学习动机；与教学环境相关的情境型动机在增长；对目的语言文化的内在兴趣动机逐渐增长；指向母语文化社会责任的动机有统计学意义上的下降；动机强度先降后升；大学非英语专业学生的成绩动机高于英语专业学生。周燕、高一虹、臧青(2011)在前期跟踪研究基础上对大学英语高级阶段学生的学习动机继续进行调查。结果显示：在高年级大学生的英语学习动机与低年级阶段保持总体连续性的同时，"内在兴趣""出国""学习情境"动机上升；"信息媒介"和"个人发展"动机略有下降；"成绩""社会责任"动机以及动机强度基本稳定。秦晓晴、文秋芳(2002)对非英语专业大学生学习动机的内在结构进行了研究，并运用量化分析方法得到了结构方程模型，指出学习动机取决于各动机变量组成的整体系统，而非某一单一变量的作用。高静(2014)对大学英语学习者学习负动机影响因子进行了研究，通过调查分析得到七个负动机影响因子，其中衰退的自信心、不完善的设备和对英语语言及国家的态度是影响最大的因子。

以上研究大都遵循加德纳(Gardner)的动机理论模型，对环境因素较少关注。在此基础上，龙绍赟(2010)结合生态心理学研究范式，增加了动机的社会环境因素、现实待控因素和策略因素。社会环境因素包括学习环境、课堂环境和学校环境，以及来自社会需求和家庭、同伴的影响。现实待控因素主要包括恒心、学习习惯、时间管理策略、自我监控行为、学习能力。策略因素包含社会情感支持、自主控制、环境强化、思维功能、先天进取心。调查结果表明，大学生英语学习的自我效能感不足，认为英语基础差，没有信心，学习兴趣不浓，欠缺自我监控和计划的执行力，虽然有进取心，但需要得到教师、家长和同伴更多的鼓励和帮助。

4) 学习风格

大学英语教学中学习风格的研究主要涉及对学生学习风格的调查和学习风格对外语教学的启示。刘美(2013)[5]利用大卫·库伯(David Kolb)开发的学习风格量表，对大学英语学生学习风格做了调查。该量表将学习风格分为"以抽象概括和主动实验为主的聚合型，以具体经验和反思性观察为主的发散型，以反思性观察和抽象概括为主的同化型，以及以主动实验和具体经验为主的调节型四种类型"。结果显示，多数受试者倾向于同化型和聚合型学习风格,擅长独立的逻辑思考,而擅长合作学习的调节型和发散型人数较少。李玉先(2008)调查了理工科大学英语学习者的学习风格,研究发现他们总体更倾向于感觉型特别是视觉型学习风格,同时体现出外向型、直觉型和综合型学习风格;男生和女生的学习风格倾向基本相同;动手型学习风格与外语学习成绩有着显著的负相关;他们的学习风格稳定,在大学两年的学习过程中没有显著调整。郑珺(2007)基于学习风格理论提出:大学英语教学设计及教学方法需要考虑学生的学习风格;应运用多媒体技术手段,提供丰富多彩的课堂活动,激发兴趣;设计问题,组织讨论,鼓励思考;培养学生的自主学习能力,在确立自主学习的目标和任务时,应充分考虑学习者的学习风格,使目标和任务个性化。

5) 自我效能

心理学家 Bandura(1986) 认为,自我效能感是指个体对自己能够在什么水平上成功地实现某种成就的主观推测和判断。刘萍(2014)研究了大学生自我效能感与英语学习自主性的相关性。结果显示,自我效能感对自主学习具有较好的预测作用,自我效能感越高越有利于取得好的英语学习效果。李斑斑、徐锦芬(2014)对成就目标定向和自我效能感对英语自主学习能力的影响进行了研究,发现自我效能感在学习目标定向和成绩接近目标定向对英语自主学习能力的正向影响中分别起部分中介作用和完全中介作用;而成绩回避目标定向对自我效能感产生显著负向影响,对英语自主学习能力不存在显著影响。岳好平、施卓廷(2009b)对比研究了不同成绩和不同性别的大学英语学习者的自我效能感,发现自我效能感影响学习者对学习任务的选择、学习努力的付出和意志的控制,且在不同性别之间既存在差异性也存在相似性。

6) 归因

胡东平、施卓廷、周浩(2009)通过问卷调查发现,不同成绩等级的学习者在归因上存在显著的差异,且同一个等级内的学习者对努力、任务难度、运气以及能力四个方面的归因也有不同。赵春曦、卢卉艳(2007)的研究也得到类似的结论,发现不当的归因方式导致学习动机的缺失。教师应当利用归因理论引导学生做出正确的归因,增强学习动机。与上述两项调查结果相反,李昌真(2004)对大学生英语学习行为归因的调查得到了较为理想的结果。大多数学生把英语学习成败归因于不稳定性因素、可控性因素和内在原因,如努力程度、学习方法、学习态度等;极少数归因于运气、教学质量等外部因素。

说明学生已经进行了较为合理的归因,有利于激发自己的学习动机,付出更多的学习努力。

7) 效价

基于期望和价值理论对大学英语教学所做的研究相对较少。秦晓晴(2007)对动机行为的研究发现,效价对动机行为的直接影响不大,对持积极学习态度的学生有较大的推动力,但对动机行为的预测能力没有预想的那么高。高倩(2012)按照英语学习的效价和期望值两个维度将学生分成四类,分别探讨了针对每类学生的不同特征所需要的激励方法及实施步骤。孙莉萍、高世全(2005)将期望和价值理论应用于大学英语写作课程,收到了较好的效果,引导学生看重自己追求的写作目标,提高效价,同时以各种策略帮助学生实现写作目标。

8) 语言焦虑

任小华(2009)对大学英语中的语言焦虑研究做了综述。焦虑对于学习者的英语各方面技能都有影响,对听说能力的影响比读写能力更大。大部分研究结果都证明焦虑与学习总体成绩和效果呈显著的负相关。其他研究包括语言焦虑的成因和对策。陈晓莉、张梅(2004)研究了外语焦虑产生的原因,包括学习者因素、教师的因素、课程安排的因素和英语语言环境的因素。雷霄(2004)提出了针对焦虑的以下对策:(1)提高学生对语言学习的认识,培养他们的自信心;(2)提高教学者对语言教学的认识,减少课堂过程产生的焦虑;(3)提高学生的学习自主性;(4)减少考试焦虑。

### 2.5.3 国内外相关研究总结

从国内外相关研究现状可见,生态视角下的外语教学在国外的研究主要侧重理论层面的概念界定和阐述,实证研究较少。相比之下,国内研究更加丰富,既有从理论层面对整个大学英语教学生态系统的结构、功能所做的阐释,也有分别对课堂生态和网络生态环境下大学英语教学的实证研究。微观层面既有针对具体个案的研究,也有专门侧重外语教学生态环境和外语教师生态化发展的研究。不足之处在于,专门针对学生的相关研究较少。

国内外关于学习者的研究可以分为学习者自主学习研究和学习者因素研究。自主学习的相关国外研究结果显示,学习者的观念、态度、动机、学习策略等诸多内部因素都会对学习者的自主学习能力产生影响。同时,因为自主学习的"相互依存"内涵,学习者在与学习环境的互动中,不可避免地受到各种外部因素的影响,包括来自不同群体的社会和文化因素的影响。

　　国内自主学习研究结果表明,我国大学英语学生的自主学习能力总体状况不佳。自主学习受到学习者个体内部诸多因素的影响,同时也受到来自外界环境的各种外部因素影响,如自我效能感、归因、目标设置、认知和元认知策略、意志水平、学习动机、学习风格、自尊、年龄等内部因素,以及家庭、教师、教育技术、同辈群体、学习环境、社会文化等外部因素(徐锦芬,2007)。

　　由此可见,学习者因素是影响学习者自主学习的重要内部因素。学习者因素之间也呈现出复杂的互动关系。例如:学习观念和学习态度对学习策略使用的影响,学习风格与学习策略的相关性,自我效能与学习策略和语言焦虑的关系等。学习者自主学习与学习者因素对学习成效均具有一定的预测性。外语教学生态系统中的教师、教学资源、信息技术和教学管理人员在与学习者的教学互动中,要充分考虑学习者差异和诸多内外部因素的复合影响。

## 2.6　本章小结

　　本章对研究的理论基础和相关国内外研究状况作了详细的梳理。生态学理论博大精深,且与多学科交叉,为本研究提供了坚实的理论基础。本章对生态学理论的基本概念、核心思想及主要生态学原理作了归纳,并着重介绍了本研究依托的生态位理论,为后文的阐述打下良好的理论基础。本章将生态学理论引入大学英语教学的研究,对大学英语教学生态系统的结构作了明确的界定,建立起生态学理论与大学英语教学的紧密联系。相关国内外研究显示,国外生态视角下的语言教学研究数量有限,多局限于主要概念的阐述,缺乏宏观系统层面的理论研究和相关实证研究。国内生态视角下的大学英语教学研究成果丰富,理论与实证研究、宏观与微观层面的研究均有涉及,但很少有针对学生生态位的微观研究。国内外有关外语学习者自主学习和学习者因素的研究涉及面广,各因素之间的相互关系复杂,对学习者自主学习能力和学习成效都产生显著的影响。在第三章中,笔者将运用生态位理论分析大学英语教学生态系统的发展历程,考察不同生态因子在互动中的生态位变化特点,特别关注对学生生态位产生的影响。

# 第三章

# 生态位理论视角下的大学英语
# 教学生态系统发展历程

## 3.1 引　言

　　自新中国成立初期以俄语为主导的大学外语教学发展到今天的大学英语信息化教学,大学英语教学经历了多次的改革和发展。其间发生的"文化大革命"甚者使公共外语教学处于停滞状态。直到 20 世纪 80 年代,大学英语教学才进入稳定发展时期。之后,大学英语教学生态系统在社会需求、国家政策等外部环境因素的影响下,不断进行改革,调整教学大纲、教学模式、评估机制等要素。最近的一次改革始于 2002 年,以信息技术在大学英语教学中的应用为标志,开展大学英语信息化教学。信息技术的介入,给原来系统内各生态因子的生态位带来了影响,进而对整个大学英语教学生态系统产生影响。在不断发展过程中,各生态因子的生态位也在不断发生变化。运用生态位理论审视整个大学英语教学生态系统的发展历程,有利于深度剖析系统内各因子的互动和变化,及其对系统整体发展的作用。

## 3.2 传统大学外语教学

### 3.2.1 新中国成立初期的外语教学

1917年,俄国十月社会主义革命取得伟大胜利,坚定了我国无产阶级向苏俄学习革命理论和实践经验的决心,在共产党的革命根据地大力推行俄语教育,培养懂俄语的干部。这一发展趋势一直延续到新中国成立后。新中国刚成立,继续贯彻向苏联学习的方针,政府各部门需要大量懂俄文的干部。1954年4月3日,政务院颁发了《关于全国俄文教学工作的指示》。这是新中国成立后第一次由政府发布的有关外语教育的重要文件,进一步明确了国家对俄语人才培养的具体要求。

从1952年起,全国建立起了7所俄文专科学校,还有17所综合大学和19所高等师范学校都设立了俄文系科。与俄语如火如荼的发展形成鲜明对比的是对于东、西方语言教学工作的忽视。1952年院系调整时,撤销合并了大部分学校的英语系科,只剩下8个英语教学点、3个法语教学点和3个德语教学点。当时俄语以外语种的外语教学点数量锐减,仅维持了专业外语的原有招生和教学水平,但公共外语教学受到了很大的损失(付克,1986)。

从1956年起,全国才开始逐步恢复开设公共英语课。到了20世纪60年代才逐步形成以英语教学为主的局面。在50年代中期的短短几年内,由于在第一阶段俄语教学发展过快,俄语人才大大超过了国家需要,有关部门在1957年颁布了一系列文件帮助俄语专业学生转学转专业,恢复初中外语课,促进高中英语教学等,希望新政策可以指导外语教育走上合理发展的轨道(付克,1986)。

这一案例充分体现了当年公共外语教学生态系统因受到宏观层面的政策因子影响而产生的一系列变化。当系统调配各方面资源大力推动俄语教学时,俄语就成为公共外语教学系统中的优势物种,其生态位迅速扩张。而其他语种的生态位宽度逐渐变窄,从招生到师资培训等各方面投入都被大幅压缩。生态学家们将生物的进化对策分为$r$-选择和$K$-选择两种类型(杨持,2014)。$r$-选择物种被称为$r$-策略者,$K$-选择物种被称为$K$-策略者。他们是生物界的"$r$-$K$策略连续统"的两个极端。大部分生物以一个或几个特征居于这两个类型之间。$r$-策略者最大的特点是繁殖能力强,发育速度快。

他们通常体型较小,但通过繁殖数量众多的后代迅速扩大其生态位。相比之下,$K$-策略者一般繁殖和发育速度较慢,但其体型较大,竞争能力较强。如图 3-1 所示,在物种发展的初期,$r$-选择物种在系统中的密度飞速上升,而后因种群密度过高而有所回落($S$ 表示种群内个体数量的稳定平衡点,$X$ 表示不稳定平衡点,$t$ 指时间)(梁士楚,李铭红,2015)[95]。

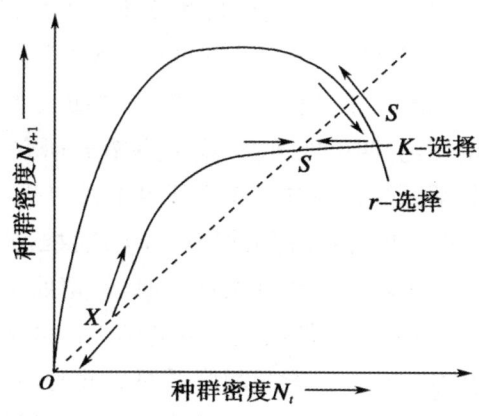

图 3-1　$r$-策略者和 $K$-策略者的种群增长曲线(梁士楚,李铭红,2015)[95]

20 世纪 50 年代,俄语教学在全国如火如荼开展的时候,扮演了 $r$-策略者的角色。在培养俄语人才的国家政策指导下,社会各界为公共外语生态系统和专业外语教学生态系统提供了源源不断的能量,定向发展俄语教学,在全国高校迅速铺开。1951 年时,俄语教学面临俄语教学点的数量和质量都不够的问题,具体体现在师资非常缺乏,教学水平不高,教材亟待更新。1952 年全国的俄语教学点数量显著增加。1956 年高校俄语教学大纲得到高教部的审定,中学俄语教学大纲得以发布,俄语教学工作走上正轨(付克,1986)。然而,就在同一年,中央在制定十二年人才规划时发现,前期俄语教学发展突飞猛进,俄语人才过剩,忽视了西语和东语的人才培养,不能满足国际外交的需要。1957 年,有关部门即采取措施开始限制俄语教学,包括俄语专业暂停招生一年,以及加大英语课在高校公共外语教学中的比重(付克,1986)。从 1951 年到 1956 年的 5 年期间,俄语教学经历了前期的快速发展,达到了较高的种群密度,而后因人才培养过剩受到削弱。这些特征十分符合 $r$-策略者的发展规律。他们快速利用环境中的资源发展自己的生态位,在繁殖数量和速度上分配的能量多于用来增加个体生物量的能量。因此,多个俄语教学点在全国迅速建立起来。但是,前期教学质量不高,教学点的整体实力不够,教学点密度过大,培养的人才供过于求。作为 r-策略者的俄语教学开始受到负面政策环境因子的影响,受到削弱。一些俄语教学点停办,一些高校俄语教员转入中学任教,还有一些俄语翻译人员被鼓励学习另一门专业知识。

1957年后,英语在中等和高等教育中的比重逐步加大。1964年,教育部和中央有关部门制定《外语教育七年规划纲要》,确定英语为学校教育的第一外语(付克,1986)。可是正当公共英语教学逐步发展之时,1966年"文化大革命"开始了,一切与"外"字有关的事务都被定义为"反动"。所有外文书籍、国外报纸杂志和外国电影、广播等都被禁止。"四人帮"还提出了"不学ABC,照样干革命"的谬论(四川外国语学院高等教育研究所,1993)。这十年浩劫对于公共外语教学系统来说是一个毁灭性的外界干扰。几乎所有的外语教学需要的物质、能量和信息流都被切断了,无法供给公共外语教学系统。因而,到1978年公共外语教学系统开始恢复时,一切处于百废待兴的状态。特别是师资力量,50年代初进行俄语教学的老师大部分不得不改学英语,然后进行教学,这样边学边教,必然影响教学质量。此时的公共英语教学在较困难的环境条件下开始恢复。整个公共外语教学生态系统经历了俄语生态位激增和外语教学停滞两次较大的干扰之后,各方面功能受到阻碍,开始进入系统的恢复期。

### 3.2.2 公共英语教学的恢复阶段

1978年至1984年是公共英语教学的恢复阶段。此时的国家政策已经明确要把英语作为公共外语的优势语种加以发展。1980年8月,我国颁布了《英语教学大纲(高等学校理工科本科四年制试用)(草案)》(王守仁,2008)。该大纲的教学目的是:在基础阶段,为学生阅读英语科技书刊打下较扎实的语言基础;在专业阅读阶段,使学生具备比较顺利地阅读有关专业英语书刊的能力。这一时期的教材编写,参照1977年的《英语教材编写大纲》。"基本以语法为纲,有的则吸收了结构主义的成分,强调句型操练,能力的培养侧重于阅读,其他方面少有顾及"(王守仁,2008)[110]。

1977年恢复高考后的大学生,英语水平不高。"文化大革命"前,他们所在中学还在开设俄语课程(付克,1986)。恢复高考后的大学新生,在公共英语教学生态系统中的生态位处在较低水平。此时,英语教师的生态位也偏低。很多教师从俄语教学转向英语教学,一边学英语一边教学生,不能很好地保证教学质量。当时主要采用语法翻译法进行教学,听说能力的培养放在相对次要的位置。有限的听说教学也是遵循结构主义的句型操练,脱离语言环境,较为机械。即使教师希望创造语境,培养交际能力,也受到自身和学生语言水平的限制而无法开展。各方面条件限制决定了这一时期的大学英语教学以教师讲授语言知识为主,学生句型操练为辅。公共英语教学生态系统中的物质、能量和信息流动是由教师指向学生的单向过程;课堂未建立起学生之间的有意义的交际活动;学生处于被动接受知识的地位。师生从语言知识开始弥补,进入生态系统的恢复期。

## 3.3 大学英语的稳定发展阶段

从 1982 年起,教育部开始对 1980 年颁布的公共英语教学大纲进行修订,依据调查结果从各方面加以完善。1985 年教育部颁布《大学英语教学大纲(高等学校理工科本科用)》。从此,"大学英语"开始逐步替代"公共英语"这一名称。随后,1986 年颁布了《大学英语教学大纲(文理科本科用)》。这两份大纲的颁布,标志着大学英语教学已经开始步入稳定发展阶段,在很长一段时间内,指导着大学英语教学的建设(王守仁,2008)。

1985 年颁布的《大学英语教学大纲(高等学校理工科本科用)》把理工科大学英语教学的目的定义为:"培养学生具有较强的阅读能力、一定的听和译的能力以及初步的写和说的能力,使学生能以英语为工具,获取专业所需要的信息,并为进一步提高英语水平打下较好的基础。"(大学英语教学大纲修订工作组,1988)[1] 同时,大纲把教学分为基础阶段和专业阅读阶段,并且根据学生的不同入学水平进一步将基础阶段的教学分为基本要求和较高要求两种,从语音、词汇、语法、阅读、听力、写作、口语、翻译等方面提出了所要达到的能力要求。大纲提出通过入学分级考试决定学生的起点级别,可选级别为预备级一、预备级二、大学英语一级至六级。一般学生要求从一级开始,到大二结束时完成四级的学习。学有余力的学生可以从二级或三级开始,至五级或六级结束。大纲分层次提出了每一级别的具体指标,充分考虑到不同学生的生态位现状和其动态变化,允许学生参加高一级别考试,合格后跳级学习,也允许未达到入学要求的学生从预备级开始学习。同时,三年级起,除了开设大学英语五级和六级课程,有条件的学校还可以开设其他听说读写译类的提高性质的选修课。为了保证达到大纲规定的要求,基础阶段分四学期进行,每周 4 学时,且课内外学时数的比例为 1∶2,总学时不少于 240～280 学时。专业阅读阶段分三学期进行,每周2学时,总学时为100~120学时,且专业阅读由专业老师担任教学,外语教研室视具体情况予以协助,目标是培养学生阅读英语科技资料,以英语为工具获取专业信息的能力。通常,学生在整个本科阶段的大学英语学习将持续七个学期。关于测试,在基础阶段结束时学生应参加全国统一的大学英语四级考试;程度较好的学生目标为达到较高要求,应参加大学英语六级考试。专业阅读阶段结束后,由各校自行安排考试。

1986年颁布的《大学英语教学大纲(高等学校文理科本科用)》(大学文理科英语教学大纲修订组,1986),在基础阶段的词汇、阅读、写作和口语能力培养上,比理工科大纲要求略高一些,主要体现在词汇量、阅读速度、作文字数和口语表达的篇幅及形式等各项指标上。但是理工科大纲规定了对学生翻译能力的要求,文理科大纲则未提及。在专业阅读阶段,文理科大纲要求阅读总量不少于25万词汇,略高于理工科大纲的要求。

这两份大纲第一次把听力、写作和口语技能的要求列入培养目标,打破了原先1980年大纲中单一培养阅读能力的目标,同时把对各项语言技能的培养目标分成了阅读能力、听和译的能力、写和说的能力三个层次。1983年,上海交通大学科技外语中心向上海交通大学等学校历届理工科大学本科毕业生寄发了《科技外语社会需要调查表》。从问卷统计数据看,在工作中,平均每人每天英语阅读时间约1.4小时,而且三分之二以上的受访者都遇到过需要运用英语听说能力的情况。近四分之一的受访者建议重视听说能力,尤其是口语的训练。这时的英语教育工作者已经认识到大学英语的培养目标不仅仅是训练阅读能力,还需要培养语言交际能力,要从句子水平上的操练发展到语篇层次的交际活动。理工科大纲修订说明中对语言能力和交际能力做了区分,认为语言能力是交际能力的基础,但有了语言能力不等于就具有了交际能力(大学英语教学大纲修订工作组,1988)。陈祖芳(1986)对比了不同类型的大学英语教学大纲,分析了语法大纲、结构大纲、情景大纲、功能意念大纲各自的优缺点,提出以上两份大学英语教学大纲是综合先前各大纲优点的折中主义大纲,对教学的指导方针是既要打好语言基础,又要培养交际能力。在这一教学指导思想的引领下,这一时期的大学英语教学模式已经从恢复期阶段的教师讲授模式逐步转换为交际教学法模式。新的教学模式将改变教师一言堂的局面,强调教师与学生、学生与学生之间的教学互动,有利于培养学生的语言交际能力。随着77级英语专业本科生毕业走向工作岗位,大学英语的教师队伍得到了充实,他们的英语语言能力和交际能力较之以前的大学英语教师有了很大的提高,从而使交互型教学的实施成为可能。

这一时期的教材也依据教学大纲进行编制,重视"语言共核",兼顾普通英语和科技英语"共同的词汇、语法结构、功能和一般意念等"(大学英语教学大纲修订工作组,1988)[311]。这一时期的教材还注意平衡语言结构和知识的训练及语篇水平的训练,加强对学生交际能力的培养。在新大纲的影响下,教材类型开始细化,分为精读、泛读、快速阅读、听力、语法与练习等不同类别,配合分级教学的要求,形成"多类型、多层次的系列"(王守仁,2008)[117]。

至此,从大学英语教学大纲中体现的政策因子到教师和教材这些重要的生态因子都做好了相应的调整,为交际教学法的展开提供了有利条件。然而,在班级较小的情况下,较容易开展教师和学生之间的互动;如果班级太大,交互型教学模式则很难操作。所以,当时的交互型教学主要局限在英语专业教学中,大学英语教学中未能展开(王守仁,2008)。因为学生密度这一限制因子,超出了交互型教学的耐受范围,通常40多人规模的班级已经是上限。班级人数众多的情况下,即使尝试开展交互型教学,也不可能关照到大部分学生,无法获得理想的教学效果。受到种群密度原则的制约,教学模式并未完成从传统的以教师讲解为主的模式向师生互动的交互型模式的转变。

总体说来,20世纪80年代中期的这两份大学英语教学大纲的颁布,标志着大学英语教学生态系统进入了稳定发展时期。

首先,开放性是大学英语教学生态系统最显著的特征。系统内外的物质、能量和信息在不断地循环。大纲的制定基于系统外的社会调查反馈,结合了系统内的学生生态位现状,制定培养目标的维度和各项具体指标。所以重点培养阅读能力,特别是在课程设置中的专业阅读阶段,旨在满足大学生毕业后在工作中阅读英文文献的需要。同时,当学习者看到所学内容的实用价值,就会更加投入到学习中去,而不仅仅把英语作为一门独立的语言文化课程看待。教学大纲作为教学生态系统环境中的政策因子,将有关教学对象、教学目的、教学要求、教学安排和测试的信息输入系统;系统在信息的引导下进行生产,培养的毕业生在进入工作岗位后,收到来自用人单位的评价反馈,用于政策修订,将更新后的信息再次输入系统,如此反复,系统一直处于开放的动态调整状态。

其次,对于处在不同生态位的学生,系统也将相应地提出一般要求和较高要求,符合生态系统的多样性和分层次特征。如果没有这一属性,可以设想,英语学习生态位高的学生和生态位低的学生之间如果差距过大,本应按其各自特点在系统中寻找利于自身英语能力提高的相对位置,他们的生态位是分离的,构成他们生态位的维度也应该是不同的。当他们被人为放置在同样的生态环境中,使之生态位发生重叠时,必然至少有一方会不适应该生态环境,给其生态位的发展带来负面作用。生态位高的学生,至少在态的层面,也就是英语综合能力水平上要大大高于处于低生态位的学生。即便在大学英语分级考试后,分在同一级别内的学生也有生态位的高低之分。不同的生态位对教学模式、教学内容、教材和教学评估及教学管理等方面都提出了不同的要求。教学大纲实施分级教学,目标是分层次建立起不同生态位的适宜度,充分发展位于各个层次的学生的生态位,促进其生态位向高位移动,为其顺利进入更高级别的学习提供帮助。

最后,教学大纲设计的整个七个学期的大学英语教学,几乎覆盖全部大学本科教学阶段,对学生生态位的发展实施统筹管理,前四个学期是基础教学阶段,后三个学期是应用提高阶段。然而,教学大纲制定时在英语能力各维度上仅仅突出阅读能力的发展,其余能力被放置在次要地位。在近四年的时间跨度里,教学大纲考虑的是学生生态位在纵向维度上的提高,对于横向维度上不同能力的协调发展,虽然也做了说明,但动态调整性不足,没有从本质上改变阅读为本、四年不变的主导思想。相比之下,教学大纲对其他主要生态因子的发展和作用提出了更多的要求。例如:在教学资源生态位上,除了教材本身,教学大纲还要求教师积极引导学生广泛阅读课外读物;在教师生态位的教学方法维度上,教学大纲主张博采众长,采用不同方法调动学生积极性,培养其自主学习能力,并尽量用英语教学,以创造语言环境;在信息技术生态位上,教学大纲要求充分利用计算机等现代化教学手段,开展教学研究和试验,加强各种教学软件的建设。20世纪90年代,大学公共英语开始逐步尝试利用计算机辅助语言教学,开发应用多媒体教学课件或软件。因经济发展尚未实现计算机的普及,这段时间的计算机辅助英语教学基本是教师在课堂演示多媒体课件,学生没有机会自己利用计算机开展自主学习。

可见,在大学英语的稳定发展阶段,学生在大学英语学习中的实际生态位较小,主要培养能力维度单一,其他相关的主要生态因子的生态位,如教师生态位、教学资源生态位和信息技术生态位虽然在大纲中提出了扩充的目标,但其实际生态位大大小于基础生态位和潜在生态位的大小。

## 3.4 大学英语的改革阶段

王守仁(2008)认为大学英语的改革阶段始于2002年。在改革开始前的1999年,当时的国家教委组织对大学英语教学大纲进行修订,将先前的两份大纲合并为《大学英语教学大纲(高等学校本科用)》(修订本),改革在新大纲中已经初露端倪。修订版大纲提出的教学目标是:"培养学生具有较强的阅读能力和一定的听、说、写、译的能力,使他们能用英语交流信息。大学英语教学应帮助学生打下扎实的语言基础,掌握良好的语言学习方法,提高文化素养,以适应社会发展和经济建设的需要。"(大学英语教学大纲修订工作组,1999)[1] 其中,原先三个层次的能力培养目标合并为两个层次,提升了写和说的地位。这一定位的变化,也是来自前期项目组对毕业生、用人单位、专家学者和教师的社会调查,发现随着经济的发展和改革开放的深入,社会对大学生的英语水平提出了较高的要求,对大学生的英语综合能力普遍感到不满,特别是口语和写作能力(大学英语教学大纲修订工作组,1999)。

2002年1月,教育部办公厅公布了"新世纪网络课程建设工程"第二、三批项目,"大学英语网络课程"获批准正式立项,首次将现代信息技术系统引入大学英语教学,成为大学英语改革的一个关键因子。2004年出版的《课程要求(试行)》,与之前历年大学英语教学大纲相比,对大学英语教学的认识有了本质的变化。大学英语课程被视为一个教学体系,且教学目标明确指出这一体系的目标重点在于培养学生的英语综合应用能力,特别是听说领先的交际能力,同时培养自主学习能力和综合文化素养,由此决定了教学内容中除了英语语言知识和技能外,还包括发展自主学习能力所必需的学习策略和提高综合文化素质所必需的跨文化交际素养(教育部高等教育司,2004)。

专家学者们已经从系统的角度开始研究大学英语,认识到其中各个生态因子的相互影响对实现培养目标的作用,并且扩充了学生生态位的维度,从以往大纲强调的语言知识和技能扩展到了关注语言学习过程、自主学习能力及文化素养。

《课程要求(试行)》中另一个改革是将大学英语教学的要求由原先基础阶段的一至六级的划分改为一般要求、较高要求和更高要求。这样的整合表面看减少了学生生态位分级的层次,但实际上考虑到全国各地区高校的差异较大,给予各校自主权,将级别划分得更加宽泛,有利于各校根据自身条件决定学生应当达到的英语水平。

在课程设置方面,《课程要求(试行)》要求"综合英语类、语言技能类、语言应用类、语言文化类和专业英语类等必修课程和选修课程有机结合"(教育部高等教育司,2004)[5],标志着一个大学英语课程体系正在形成。这一体系已经借助信息技术开始由课堂讲授向课外延伸。《课程要求(试行)》提出"对于使用计算机教学的课程,应有相应的面授辅导课时,学校应将面授辅导课时计入教师的工作量"(教育部高等教育司,2004)[6]。之前的大学英语教学大纲,从20世纪80年代起就规定课内外的学时比要达到1∶2。然而,对学生的课外英语学习,既没有创造语言环境的帮助,也没有具体的监督措施。直到信息技术这一重要生态因子进入大学英语教学生态系统,使得学生的自主学习有了依托的平台,借助基于计算机和网络的各种教学软件,学生们开展自主学习,利用教师的面授辅导对自主学习进行一定的监督,把课内外英语学习有机联系了起来,强化了发展学生生态位的课外保障。信息技术这一生态因子不仅给学生生态位带来了较大的影响,同时对教师生态位、教学资源生态位和教学管理生态位都产生了巨大的影响。

《课程要求(试行)》指出:"新的教学模式应以现代信息技术,特别是网络技术为支撑,使英语教学不受时间和地点的限制,朝着个性化学习、自主式学习方向发展。新的教学模式应体现英语教学的实用性、知识性和趣味性相结合的原则,应充分调动教师和学生两个方面的积极性,尤其要确立学生在教学过程中的主体地位。"(教育部高等教育司,2004)[6] 图3-2清晰地反映出了

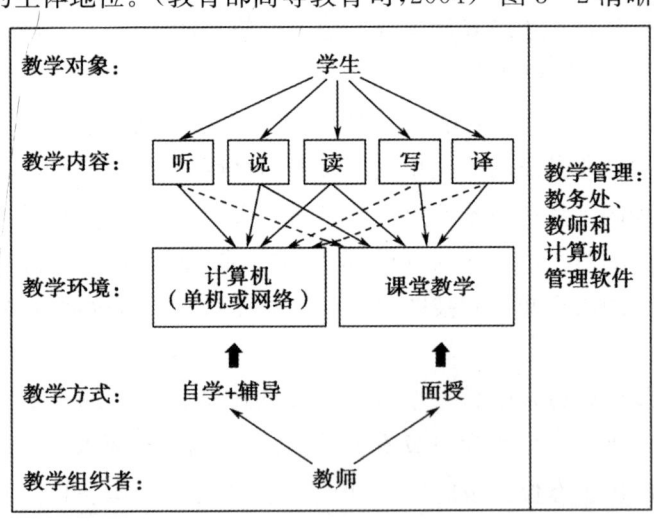

图3-2 基于计算机和课堂的英语多媒体教学模式(教育部高等教育司,2004)[10]

教学模式的构成。《课程要求(试行)》之所以要明确教学模式,就是因为信息技术这一新的生态因子打破了原系统中的教学模式,对"教"与"学"都提出了新的挑战。教师生态位不得不在教学模式和与其相关的教学理念、教学手段、教学活动等维度上做出扩充;学生生态位也需要在自主学习和个性化学习方面发展,以适应新的教学生态系统的要求。

同时产生变化的教学资源生态位也向着立体化建设的方向发展。根据《课程要求(试行)》提出的教学个性化、自主式和交互性的特点,教学资源充分发挥信息技术的优势,"在教学内容呈现方式上,拥有包括纸质教材、助学/助教光盘、网络课件、电子教材等在内的多种载体;在教学资源上,既有听说读写电子教案,又有语法/词汇练习和测试题,还有电影、电视、讲座录音;在演示方式上,既有文字表达又有生动直观的视频、动画和图片,超文本链接迅速"(王守仁,2008)[121]。信息技术极大地发展了教学资源生态位的资源类型、载体和相应的呈现方式。信息技术生态位和教学资源生态位之间保持了一种"互利共生"的关系。目前二者都处在生态位不断扩充的状态。日益增多的信息技术种类,为不同类型教学资源的制作提供了技术支持。我们最常使用的电子课件,一般用 PowerPoint 软件制作。后来随着 Flash 和 FrontPage 等软件工具的普及,也出现了用这些软件制作的课件,它们在结构组织和呈现方式上与 PowerPoint 各有千秋,丰富了教学资源的类型和呈现方式。反之亦然,教学资源若希望在某一维度上有所突破,可能需要借助技术的力量才能得以实现。与 PowerPoint 有类似功能的 Prezi 软件工具的使用者越来越多就是一个很好的例子。Prezi 的创始人觉得幻灯片这一方式限制了他们的思想表达,所以研发了 Prezi——一个在线的缩放式演示文稿编辑器,打破了传统 PowerPoint 的单线条时序,采用系统性与结构性一体化的方式来进行演示,从而帮助人们拓展思路。信息技术得到了扩展,源于教学资源呈现方式和拓展思路的需要,进而影响到教学系统中技术和资源的主要使用者教师和学生,他们的教与学的理念和模式也会相应产生变化,反映在资源的筛选、组织结构和教与学的行为等方面。当这些新的变化逐渐稳定内化后,就完成了其生态位的新一轮调整。

《课程要求(试行)》将原先大纲中的"测试"改为"教学评估",并分为形成性评估和终结性评估两种。教学评估是大学英语课程教学的一个重要环节。评估的目的是检验教学的效果。《课程要求(试行)》强调增加的"形成性评估"目的在于对"学生学习过程进行观察、评估和监督,促进学生有效的学习。

这种过程性评估在实行以学生自主学习为特点的多媒体教学中尤为重要"（教育部高等教育司，2004）[8]。形成性评估是学生生态位动态调整的重要依据，应当在学习过程中及时给予学生评估反馈。目前，各校的形成性评估基本都是用各类测试代替。学生得到了分数的反馈，但缺乏调整学习策略的指导。

《课程要求（试行）》增加了"教学管理"部分。这在之前的教学大纲中从来没有单独提及过。结合图3-2可以看到，信息技术进入大学英语教学生态系统后，确实需要更有力的教学管理来保障新教学模式的顺利开展。管理内容既包括硬件设备的购置、安装和使用，也包括制定配合教学的相关规定。系统中原有的关键因子教师是直接参与教学管理的一线人员，其中一部分教师兼任行政管理职务。除此之外，与教学有关的专职行政管理人员，如校长、院长、教务员、英语数字化学习中心工作人员等，构成了教学管理人员群体，从各个不同层面对大学英语教学生态系统施加影响。他们中既有政策的制定者，也有政策的执行者，还有同时具有两种身份的个体，他们的生态位也呈现出分层次和多样化的特点。

《课程要求》正式颁布后，继续主张《课程要求（试行）》提出的分三个层次的英语教学要求，只是在具体的技能要求指标上有些微调。在课程设置方面，《课程要求》提出要"兼有工具性和人文性"（教育部高等教育司，2007）[5]，要注意对学生综合文化素质的培养。在教学模式方面，进一步明确了网上教学系统的功能，应涵盖教学、学习、反馈、管理的完整过程，以利于自主学习的开展。在教学评估方面，《课程要求》增加了对教师进行评估的内容，指出"对教师的评估不能仅仅依据学生的考试成绩，而应全面考核教师的教学态度、教学手段、教学方法、教学内容、教学组织和教学效果等"（教育部高等教育司，2007）[6-7]。对教师的评估，有利于监督新的教学模式的有效实施，并通过评估和反馈帮助教师调整其生态位，更好地与其他生态因子互动，促进整个大学英语教学生态系统的协调发展。最后在教学管理方面，《课程要求》提出完善教学文件管理，完善教师的聘任管理，确保生师比合理。可见，大学英语教学更加关注教学过程的细节，更有助于推动教学生态系统的良性发展。

## 3.5 大学英语教学生态系统不同发展阶段对比

起初，当大学英语教学生态系统从二十世纪六七十年代的历史重创中开始恢复时,把学生生态位的发展限制在非常狭窄的单一阅读能力之上。直至80年代中期的两份教学大纲的制定,才把培养听和译的能力及写和说的能力补充进来。2004年的《课程要求(试行)》将教学目标改为"培养学生的英语综合应用能力,特别是听说能力"(教育部高等教育司,2004)[1]。2007年的《课程要求》也做出了同样的目标定位。至此,听说能力打破了阅读能力的多年统治地位,成为英语综合能力培养中的核心能力。在学生生态位的能力维度上,各能力的重要程度发生这样的动态变化,与环境因子的作用密不可分。不同时期的大学英语教学大纲和课程教学要求的调整主要源于从社会调查中得到的社会对学生英语能力需求的反馈。一方面,当生态环境对学生英语综合能力的某一方面提出特别要求时,信息反馈到大学英语教学系统内部的每一个生态因子,对学生种群施加影响,促使其选择合适的生态对策,重新分配能量,对需要重点发展的能力投入更多,其他生态因子也采取相应的措施予以配合。另一方面,生态环境中的不同类型资源的丰度也对不同英语能力的发展起到促进或制约的作用。80至90年代的英语教学资源主要以纸质教材为主,听说类的资源如录音、广播电视等较为有限,且资源的获取与使用远没有在当今基于计算机和网络的教学时代那样快捷便利。这在一定程度上导致了20世纪末局限于对英语阅读能力的重点培养。而从21世纪初开始,在改革开放和经济发展的需求下,随着信息技术的广泛应用,逐步有能力转向以听说能力培养为重点的新的英语教学模式。

　　大学英语教学要求划分层次,最初分为基础阶段和应用提高阶段,后来发展到分为一般、较高和更高三个层次的要求,符合生态位多样化的观点。处在不同生态位的学生群体,对其生态位发展的要求应当有所区分,同时应创造最适宜其生态位发展的生态环境。显然,80年代起大学英语教学指导文件就明确了这一理念,课程设置也遵循这一理念开设必修课和选修课。改革后,《课程要求》在课程设置方面进一步提出开发多样化的课型,将必修课和选修课有机结合,扩大学生的潜在生态位,为学生实际生态位的扩充创造了有利的生态环境。教学模式从传统的以教师向学生传授知识为主的单一模式发展到师生互动的交互型模式,打破时空局限,促进个性化和自主式学习的发展,进而在基于计算机和网络的教学中将教师、学生、教学资源、信息技术和教学管理人员有机结合,构建起越来越复杂的生态网络,其间千丝万缕的联系使得每一个生态因子的生态位变化都会影响到其他生态因子的生态位,最终作用于整个大学英语教学生态系统。

回顾教材的生态位演变也是如此。20世纪60年代的大学英语教材以课文为中心,语法为纲,培养阅读能力。70年代末到80年代初的教材开始注意增加听、说、写方面的内容。到了80年代末,教材编写逐步开始按"读、听、写、说"等教学目标细分(王守仁,2008)[117],提供多类型和多层次的选择。进入21世纪后,充分利用现代信息技术,建设立体化教材,并开发多种类别的选修课教材。除此之外,互联网带来的海量信息资源以及承载和传播这些资源的各类平台、软件和技术,极大地拓展了教学资源生态位。

在《课程要求(试行)》颁布以前,大学英语教学大纲里没有专门关于教学管理的说明,只是在"教学安排"和"测试"两部分内容里,有关于学时安排、学生跳级以及组织测试的相关内容。从《课程要求(试行)》开始,不仅将"测试"部分改为"教学评估",还专门增加了"教学管理"这项内容。大学英语的学分、学时的设置,教研活动的安排组织,教学文件的形成和教学管理文件的归档等有关教学过程记录和政策制定的所有内容都可以归于教学管理的层面。作为教学环节之一的教学评估也可以理解为属于对教学起督促作用的教学管理内容。《课程要求(试行)》在以往终结性测试的基础上增加形成性评估,正是在教学管理生态位上的进一步推进。《课程要求》还首次把对教师的要求纳入教学评估,扩充并提升了教学管理生态位的作用。

综上所述,大学英语教学生态系统中的教师、学生、教学资源、信息技术和教学管理人员这五个重要生态因子的生态位在大学英语教学多年的发展历程中一直在不断扩充,构成其生态位的维度在增加,多样性和层次性也在不断增强。整个系统的目标是培养本科非英语专业学生的英语语言能力和交际能力,所以,学生生态位是整个系统的核心。对其他生态因子生态位的调整都是为了促进学生生态位的扩充。无论哪一个生态因子的生态位发生变化都必然导致系统内其他生态因子的生态位发生相应变化,各生态因子互相制约与促进,在寻找理想生态位的过程中,达到动态平衡状态。生态位的扩充是生态系统演变的动力(朱春全,1997)。

## 3.6 大学英语教学生态系统现状

虽然大学英语教学生态系统经过不断的演变日趋成熟与完善,但信息技术这一生态因子进入教学生态系统只有十几年的时间,在与整个教学生态系统整合的过程中不可避免地会产生一些问题,阻碍系统达到生态平衡的状态。大学英语信息化教学的有效开展依然任重而道远。

在《课程要求》的引领下,大学英语教学改革做出了两个观念的转变:

(1)从"以教师为中心"转变为"以学生为中心"的教学模式;

(2)从完全的课堂教学转变为基于计算机和网络的课堂教学与课外自主学习的结合(陈坚林,2010)[34]。

陈坚林(2010)通过课堂观察和问卷调查描述了计算机应用于外语教学中遇到的问题。

(1)光盘的内容与纸质课本完全一样。老师讲学生听,计算机只是起到了辅助教学的作用。如果没有计算机和光盘,一样可以借助纸质课本进行课文分析等课堂活动。据学生反映,课后网上学习的网络版内容基本上也与课本内容一样。

距陈坚林教授所作调查6年之后,如今英语教学所用的教材配套光盘和网络版内容大部分还是延续了这一做法。可能有所变化的是,现在的教师用书配套光盘多是以 PowerPoint 幻灯片的形式所制作的课件。老师们可以按教学需求自行修改,增加了教师的自主性。然而,课后供学生自主学习的网络版内容还有相当部分是与纸质教材重复的。

(2)基于计算机和网络的教学比传统大学英语教学模式更加有效,但教学效果提高的幅度不大。这一结论主要来自问卷调查。从学生的问卷反馈来看,大部分对基于计算机和网络的课堂教学是认可的。但当问及收获大小时,一半左右的学生选择"一般"。通过访谈了解到,设备故障和课件设计质量不高是造成"收获一般"的主要原因。

(3)研究还发现,至少有半数以上的学生认可基于计算机和网络的大学英语教学。他们认识到现行的大学英语推行的是以教师为主导、学生为主体的教学模式,且支持采用这种模式。但仍有相当比例的学生认为采用计算机网络学习后,自主学习能力和对英语学习的兴趣提高不明显或没有变化。陈坚林(2010)认为这是缺乏教学资源和设备建设不到位造成的。

在探索课堂教学与网络教学结合的新教学模式时,各高校采取了诸如大小班结合等不同的做法。陈坚林(2010)以东南大学的三种教学模式和上海大学的六种教学模式为例,做了详细的分析,认为这些模式的内涵还是以教师为中心的传统教学模式。教师在教学理念上没有认识到应当以学生为中心,缺乏有效的信息化教学,所以不可能做到充分开发和利用配套的立体化教材,并指导学生开展个性化和自主式的学习。另外,提供给学生进行网络自主学习的立体化教材等教学资源设计不够合理。最常见的问题就是网络版内容与纸质教材内容重复。这不仅造成时间上的浪费,还会因为内容重复引起懈怠——一种学习自满(戴炜栋,2001)。蔡基刚(2006)[215]指出,在多媒体自主学习教学模式中,教学课件的内容是"按事先设计好的模式和线形流程进行的,因此不能完全做到因材施教,不能组织课堂式的活动,不能像教师一样根据学生的表情和反应随时调整授课节奏,觉察学生的问题并给予及时的回答,结果学生唯一能做的就是看屏幕、记笔记、做练习,往往淹没在大量的语言材料中,学习变得枯燥又疲劳"。

最后,网络教学平台和软件的功能和稳定性有待完善。蔡基刚(2006)列举了教学软件出现的一些问题,主要包括:① 交互对话系统不稳定,往往回答正确不一定能通过,随便说说反而可以通过;② 答案缺乏灵活性,这里主要是指非客观题部分的答案,由机器批改判断时较为死板;③ 语音识别功能出现漏洞;④ 学习进度的记录不够准确,不具备自主学习的实时监控功能;⑤ 图文并茂是多媒体课件的优势,但处理不好也会喧宾夺主,干扰学生对学习内容的注意力。

可见,基于计算机和网络的大学英语教学现状离《课程要求》中的设计初衷还有不小的距离。教师、学生和教材编写人员在使用信息技术进行外语教学相关工作时存在观念和应用上的误区,认为计算机只是一个媒体工具,导致了对计算机和网络的低值使用。通常表现为"教材搬家",也就是把原先的纸质教材内容原封不动搬到计算机上(陈坚林,2006);或者是计算机的过度使用,计算机成了课堂组织的中心,所有内容都用计算机来呈现,课件容量大,重点不突出。教师成为媒体播放者,只是机械地点击鼠标和键盘(王银泉,2013)。这样学生注意力必须高度集中,否则就难以跟上节奏,久而久之,产生疲劳感和厌倦感,英语综合能力没有得到充分锻炼(骆玉蓉,2012)。师生都极其依赖计算机课件,缺乏情感交流,感受不到课堂教学的情感和活力,这样也不利于培养学生的创新思维和创造能力(蔡基刚,2006;刘信波,2014;彭薇,2018)。学生把看多媒体课件当成看电影,不记笔记,看完就忘了,没有领悟。还有自主学习缺乏监管,学生往往在考前突击完成,学习效果不好(郭爱东,姜毓锋,2015)。由此产生了很多教学生态系统的失衡现象。

虽然上述讨论中揭示了信息技术应用于大学英语教学时产生的很多问题,但其广泛被应用充分显示出信息技术的生态位在迅速扩充,给系统内其他生态因子的生态位带来了较大的挑战。目前,大学英语教学生态系统的主要生态因子中,信息技术是发展最快的生态因子,其背后的海量信息资源已经使得如今的教师越来越难以驾驭教学,因为"教师知道,学生不知道"的年代早已一去不复返了。互联网带来的便捷使得学生有能力迅速获取大量的信息资源,在某些领域甚至超过教师的资源储备。这部分资源中不乏教学资源,例如慕课和网络公开课视频等。学生可以从这些资源里获得"网络教师"的教学,部分可以替代课程教师的角色。从这一角度来说,教师的生态位在一定程度上已经受到信息技术生态位和教学资源生态位的双重压缩,不得不做出相应的扩充以应对挑战。

同样,信息技术也给学生的自主学习带来了强烈的冲击。在基于计算机和网络的信息化教学模式开展之前,学生主要还是按照教师的安排和节奏进行学习。而现在,"面对大量的语言资料,要自己决定取舍,自己调整,自己组织",否则,"软件的信息量很大,却不能产生相应的学习效率"(蔡基刚,2006)[215-216]。当众多学生抱怨进入大学后英语水平未见明显提高,反而在应试能力上相比高中有所下降时,我们开始反思大学英语信息化教学中出现的问题,开始寻找并分析教师、教学资源、信息技术、教学管理人员这些生态因子的不足之处。然而,在以学生为主体的大学英语教学生态系统中,我们更应该将研究视角从学生周围的生态因子聚焦到学生的生态位上,从教学活动的主体出发,研究学生生态位在与系统中其他因子生态位的互动中受到哪些促进和制约,结合学生主体的内部因素,综合分析学生生态位的发展变化。在研究过程中,既需要从宏观层面探讨学生生态位的群体共性,又要从微观层面发现个体间的个性化差异,通过宏观与微观研究相结合,全面发现问题,应用生态学理论进行分析总结,建立大学英语教学生态系统的学生生态位扩充框架。

## 3.7 学生生态位概念

### 3.7.1 学生生态位的内涵

借鉴生态位的"态—势"理论审视大学英语教学生态系统中的学生生态因子,可以将大学英语学生生态位的"态"定义为学生的英语交际能力。相关研究不断赋予语言交际能力新的内涵。赵雯、王海啸、余渭深(2014)对半个世纪以来美国和欧洲的语言能力研究进行了对比,发现研究结果是一致的:

语言交际能力主要包括一般语言能力、社会语言能力、语用能力和策略能力。在此理论基础上,他们借鉴知识、技能与能力于一体的目标分类学框架对《课程要求》(教育部高等教育司,2007)进行了梳理,并结合新世纪人才培养的要求对大学英语语言交际能力进行了多维度定义,其中包括:

(1) 认知能力(语言知识):语言能力、社会语言能力、语用能力;

(2) 功能能力(语言技能):听、说、读、写、译;

(3) 策略能力(元能力):学习策略和自我学习能力;

(4) 社会能力:思辨能力、沟通能力、合作能力、跨文化交际能力、解决问题能力、创新能力和使用信息、媒体与技术的能力。

本研究采纳语言交际能力的多维定义,依托生态位"态—势"理论,用反映语言知识和技能的认知能力和功能能力来定义大学英语教学生态系统中学生生态位的态。根据生态位"态—势"理论,大学英语学生生态位的势可以从两方面来定义:① 态的变化速率,即学生的英语语言知识和技能的增长及提高速度;② 学生对大学英语教学生态系统内其他生态因子的影响力,例如对教师、教学资源、信息技术和教学管理人员的选择和支配力。显然,大学英语语言交际能力多维定义中的策略能力和社会能力正是在学生对其他生态因子的支配活动中显现出来的。这种影响力越强,就越有利于促进态的增长变化。所以,策略能力和社会能力构成了学生生态位的势。

以上对学生生态位的态和势的定义构成了本研究对学生生态位的完整定义。对于生态位的势所包含的具体能力,笔者做了一定的调整。

第一,策略能力包含学习策略和自我学习能力。其中,自我学习能力即为《课程要求》中提到的自主学习能力。姜英杰(2007)指出,自主学习能力的核心就是元认知能力。学习策略中的元认知策略运用与自主学习能力高度相关。倪清泉(2010)研究发现,元认知策略与自主学习能力的相关性高于其他策略。徐锦芬、李斑斑(2014)的研究也发现,元认知策略在学习者因素当中对自主学习能力的预测是最强的。所以,本研究对学生策略能力的考查将特别关注学习策略中的元认知策略,兼顾认知策略和社会情感策略,反映学生的学习策略能力和自主学习能力。

第二,因为二者内涵的高度一致性,将社会能力中的"沟通能力"与"合作能力"合并为"沟通合作能力"。

第三,将"解决问题能力"剔除,其内涵可由"思辨能力"涵盖。思辨能力对应的英文是"critical thinking",在国内被译为批判性思维能力或思辨能力。其含义是"运用恰当的评价标准，进行有意识的思考，最终做出有理据的判断"(Paul, Elder, 2006，转引自文秋芳，王建卿，赵彩然，等，2009)[38]。罗清旭(2002)对批判性思维理论(即思辨能力理论)和其测评技术做了全面的梳理，指出思辨能力的相关理论可以分为解决问题理论、技能理论、认知发展理论、信息加工理论和社会文化历史理论五大类。这说明思辨能力与解决问题能力是密不可分的。文秋芳、王建卿、赵彩然等(2009)[42]对比了较有影响的三个思维能力理论框架——"特尔斐"项目组提出的双维结构思辨能力模型、Richard Paul 的三元结构思辨能力模型和林崇德的三菱结构思维能力模型，而后提出"思辨能力层级理论模型"，包括以下思辨技能："分析(归类、识别、比较、澄清、区分、阐释等)；推理(质疑、假设、推论、阐述、论证等)；评价(评判预设、假定、论点、论据、结论等)。"可见，思辨能力反映的是运用高级思维技能进行分析、推理和评价的思维能力，做出正确判断是解决问题的前提。所以，思辨能力在很大程度上可以反映解决问题的能力。

第四，将"使用信息、媒体与技术的能力"改为"信息素养"。信息素养在教育信息化的今天已经成为学习者不可或缺的素质。学生的信息素养与其自主学习能力呈现正相关关系(华维芬，2020)。信息技术因子在大学英语教学生态系统中的重要地位对教师和学生的信息素养都提出了一定的要求。关于信息素养的定义，具有代表性的是 1989 年美国大学与研究型图书馆协会提出的定义，可以归纳为能够判断对信息的需要，并且懂得获取信息的方法，能够评价和有效利用所需的信息(刘鸿，刘春，2015)。陈坚林(2010)[161]对这一定义作了扩充，指出信息素养还包括"对所获得的信息进行加工、整理、提炼、创新，从而获得新知识的综合能力"。可见，"使用信息、媒体与技术的能力"只是信息素养中的一个维度。更加重要的是，在使用信息、媒体与技术的过程中实现知识的创新。所以，以信息素养替代"使用信息、媒体与技术的能力"作为学生生态位势的指标之一。

### 3.7.2 影响学生生态位的内部因素

根据生态位"态—势"理论，势促进态的变化，是重要的生态位内部影响因素。除此之外，不同的语言学习者在学习过程中会取得不同的学习效果是个体差异的缘故。个体差异因素是影响大学英语学生生态位的主要内部因素。这些结论的提出虽然来自第二语言习得研究，不同于大学英语所处的外语学习环境，但关于语言学习者的个体差异因素，无论是学习二语还是学习外语都是有共性的，它们都会影响语言学习的过程。这些因素对于研究大学英语教学中学生的个体差异同样适用。

在第 2.5 节的论述中列举了二语和外语学习领域的主要学习者因素。根据 Wen(1993)的分类，学习者因素可分为不可控和可控两大类。不可控因素指学习者与生俱来的，后天难以改变的因素。可控因素指通过学习者自身努力可以施加影响，发生一定改变的因素。本研究在选择影响学生生态位的内部因素时，将排除学能、智力、记忆、性格和交际意愿五个因素。因为前四者主要依赖学习者的先天能力和特质，属于不可控因素。而本研究的目的之一是为学生寻找生态位的扩充途径，更倾向于策略的运用而非先天能力的改变。所以，学能、智力、记忆和性格四个因素不适于作为本研究考察的因素。交际意愿因素可由沟通合作能力涵盖，所以也不再重复纳入研究。

此外，程幼强、张岚(2011)[41]指出，在二语习得研究领域，学习态度是影响学习成就的重要变量，在西方受到研究者的广泛关注。但国内研究者的研究多集中于对学习动机的讨论，"对学习态度，特别是有关态度量规的制定则少有涉足"。陶德清(2001)提出，我国心理学界对态度的较完善定义为："个人对某一特定对象所持有的评价总和与内在的反应倾向。"程幼强、张岚根据 Rosenberg 和 Hovland(1960，转引自程幼强，张岚，2011) 提出的态度包含的认知、情感和行为意向三个维度，编制了大学生英语学习态度问卷。其中，认知维度主要是指学生对教师、教材和学习环境的评价；情感维度主要是指学习中的情感体验；行为意向维度主要是指学习中的主动性。通过第一个维度可以测量学生对教学生态环境中的其他生态因子和生态环境的评价，同时反映出它们对学生生态位的影响程度；而后两个维度反映了语言学习者的个体差异因素。所以，学习态度也应当被纳入影响学生生态位的内部因素。

本研究综合以上相关研究及第 2.5 节国内外相关研究，将选择以下变量作为大学英语学生生态位的内部影响因素进行研究：学习策略能力、思辨能力、沟通合作能力、跨文化交际能力、创新能力、信息素养、学习观念、学习态度、学习动机、自我效能、归因、效价、学习风格和语言焦虑。可见，学习策略能力、思辨能力、沟通合作能力、跨文化交际能力、创新能力和信息素养属于学生生态位的势。

### 3.7.3 影响学生生态位的外部因素

在第 2.4.1 节的讨论中，详细说明了大学英语教学生态系统的生态环境是在宏观、中观和微观层面的教育生态环境共同作用下形成的,每一层面都由自然环境、社会环境和规范环境构成。除此之外,组成大学英语教学生态系统的主要生态因子也会对学生生态位产生影响,它们是教师、教学资源、信息技术和教学管理人员。所以,教育生态环境和大学英语教学生态系统中的主要生态因子共同构成了影响学生生态位的外部影响因素。

从本章对大学英语教学生态系统发展历程的回顾,可见宏观层面的教育生态环境对大学英语教学的影响主要是通过政策因子施加的。在社会政治、经济、文化、科技、规范和自然环境等因素的综合作用下,形成了一段时期内对英语人才培养的特殊的国家和社会需求,包含国家战略的需求、地方发展的需求、社会各行各业发展的需求等。在国家战略发展目标的指引下,在社会需求的驱动下,国家政策提出了对于高等教育的要求,对于人才培养的需求,进而对大学生的英语能力提出了要求,最终反映在不同时期形成的针对大学英语课程教学的指导性文件中。同时,随着时代的发展,教育理念、教育模式、教育技术和设施等也发生着动态变化。大学英语教学生态系统围绕教学目标定位,结合教育领域的理论和实践发展,不断调整课程设置、教学模式、教学评估和教学管理,以保证教学目标的顺利实现。这些调整变化也反映在大学英语教学的政策性文件当中。当宏观层面的国家政策传递到中观层面的各个学校,各个学校又会结合自己的发展目标、师资力量、教学条件、校园文化等因素决定学校实施大学英语教学的具体政策。纵观这一过程,从宏观层面的教育生态环境到中观层面的教育生态环境,主要是通过政策因子对处于微观层面的大学英语教学生态系统的生态环境产生影响。

综上所述,影响大学英语学生生态位的外部因素主要来自系统内的主要生态因子和微观层面的教育生态环境及宏观、中观层面教育生态环境中的政策因子。

### 3.7.4 学生生态位研究框架

基于以上对大学英语教学生态系统中学生生态位的概念和相关影响因素的讨论,笔者形成了如图3-3所示的学生生态位研究框架。

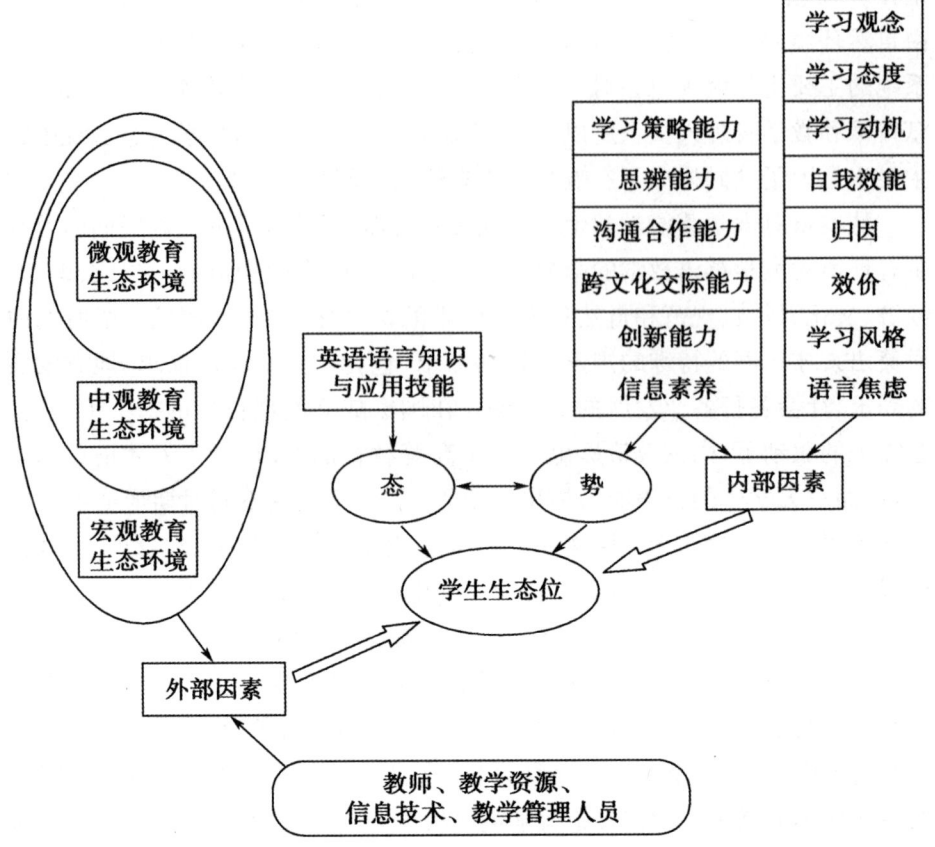

图 3-3 学生生态位研究框架

本研究框架建立在生态位"态—势"理论基础上,以英语语言知识与应用技能作为态的指标,以学习策略能力、思辨能力、沟通合作能力、跨文化交际能力、创新能力、信息素养作为衡量势的核心要素。势是促进生态位变化的内部动力,与其他相关学习者因素共同构成了影响学生生态位的内部因素。其他内部因素包括学习观念、学习态度、学习动机、自我效能、归因、效价、学习风格和语言焦虑。来自宏观、中观、微观教育生态环境的作用和系统内其他生态因子共同形成了影响学生生态位的外部因素。学生生态位内部的态与势相互作用,同时受到来自其他各方面内外部影响因素的综合作用,形成了动态变化的特点,应以综合的、发展的、多元化的视角研究学生生态位。

## 3.8 本章小结

本章运用生态位理论回顾并分析了大学英语教学生态系统从新中国成立初期发展至今的几个阶段，描述了每一阶段系统内主要生态因子生态位的特点及其与其他生态因子生态位的互动关系，并以动态发展的视角对比不同阶段同一生态因子生态位的变化。教育生态环境中的需求因子成为大学英语教学生态系统发展变化的主要外因。在外因的作用下，系统内部的各生态因子生态位做出相应的调整，推动整个大学英语教学生态系统的发展演化。当信息技术生态因子进入大学英语教学生态系统后，整个系统发生了显著的变化。最近一轮信息化教学改革后的大学英语教学生态系统经过十余年的发展已经完成了与信息技术的整合，但教师、学生、教学资源、教学管理人员等生态因子的生态位还在进一步与信息技术生态位磨合，以解决现阶段系统中存在的问题。本研究正是在信息技术与大学英语教学寻求深度融合的背景下，着眼于学生生态位展开的。本章对学生生态位的内涵及相关内外部影响因素作了界定，并提出了学生生态位研究框架。

# 第四章

# 研 究 设 计

## 4.1 引　　言

　　研究是为了更好地了解世界,寻找问题的答案,是系统地运用科学方法寻求真理的过程。在外语教学研究领域,通常使用定量研究或定性研究范式。定量研究主要指通过收集量化的数字形式数据而进行的研究;定性研究指的是利用非数字形式数据进行的研究(Dörnyei, 2007)。定量研究主要是对数据进行统计分析得到结果,而定性研究主要是在研究后进行叙述性说明,本质上是一个归纳的过程。尽管定性研究和定量研究有着不同的基础假设和不同的研究程序,但是从方法论角度看应该把它们视为一种研究的连续体(陈坚林,2004)[67]。在此基础上,将定量研究与定性研究结合使用,形成了综合的研究方法(Dörnyei, 2007)。本研究综合利用定量研究和定性研究两种研究范式的优点,更全面深入地研究大学英语教学生态系统中的学生生态位。具体使用的研究方法包括问卷调查法、访谈法和个案研究。个案研究的数据收集除了使用问卷调查法和访谈法之外,还采用观察法。陈坚林(2004)对外语教学研究中的这几种研究方法作了如下定义:

　　问卷调查法是通过书面形式,以严格设计的问题对研究对象进行调查,收集相关数据资料的研究方法。它是外语教学研究中推广最快、应用最广的收集数据资料的方法之一。

访谈法是指调查者通过交谈的方式向被调查者了解情况。依据访谈内容和研究对象的不同,访谈形式可分为结构性访谈、非结构性访谈、集体访谈和个别访谈。

观察法是指研究者通过感官,有目的、有计划地考察学生或教学现象的一种收集资料的方法。

个案研究应用于外语教学研究,是指以特殊的个体、典型的教学事件或教学团体为研究对象,通过收集、整理、分析与该研究对象有关的资料,来探究某种特殊情况的发生和发展的原因,揭示其发展变化的规律,然后采取有针对性的帮助措施,提高教学质量。

本章将对研究过程中的研究问题、研究对象、研究方法、研究工具、数据收集过程和数据分析方法作详细的介绍。

## 4.2 研究问题

本研究围绕以下两个研究问题展开:

① 大学英语教学生态系统中学生生态位的现状如何?

② 影响学生生态位的主要内部因素和外部因素有哪些?它们如何影响学生生态位的发展?

针对研究问题,本研究需要通过抽样调查来获得学生生态位的相关数据,完成对学生生态位现状的描述和主要影响因素的分析。研究问题的性质决定了本研究的抽样原则和研究方法的选择。

(1)抽样原则

本研究首先需要确定抽样的高校类型和数量。按通常人们对学科类别的认识划分高校类型,可以大致分为文科类和理工类高校。文科属于社会科学门类,理工科属于自然科学门类,如果兼有一定比例的文科和理工科专业则属于综合类高校。每一类高校因为学科构成比例的不同,会形成各具特色的办学理念和校园文化等。大学英语教学生态系统中的学生生态位也可能因不同的学校环境而有差异。为了考察在不同学科类别高校中的学生生态位现状,本研究从高校学科大类出发,选择综合类高校、理工类高校和师范类高校为抽样高校的专业类型范围。根据教育部提供的全国普通高等学校名单统计(教育部,2016),这三类高校在中国各类高校中数量最多,具有较强的代表性。

除了依据专业类型划分,也可根据各高校建设得到的国家支持将其分为"985工程"高校、"211工程"高校和其他本科高校。国家为创建世界一流大学和高水平大学,建立"985工程",也称"世界一流大学"工程;"211工程",即面向21世纪,重点建设100所左右的高等学校和一批重点学科的建设工程。以上这两类高校得到了国家重点高校建设工程的支持,给学校的办学条件、学科建设、发展机遇等方面都带来了很多有利条件,相比其他本科高校具有明显的优势。从高校的全国排名及生源来看,通常"985工程"高校和"211工程"高校比其他本科高校排名更前,生源更好。对于本研究来说,研究问题的核心是学生在大学英语教学生态系统中的生态位。学生本身的综合素质是其生态位态与势的核心。不同层次高校的学生在学业成绩和综合素质方面一般存在一定的差异,且所在学校的各方面办学条件和办学理念等也会有所不同。当这些差异作用于大学英语教学生态系统时,将对学生生态位产生影响。考虑到不同层次高校对学生生态位的不同影响和作用,本研究将从"985工程"高校、"211工程"高校和其他本科高校中进行抽样。

综合高校专业类型和高校层次两个维度,确定了本研究抽样调查对象的来源学校为理工类高校、师范类高校和综合类高校各两所,且每一类高校中有一所为"985工程"或"211工程"高校,另外一所为非"985工程"或"211工程"的省属高校。

(2) 研究方法选择

研究问题的性质和特点决定了本研究所要采取的研究方法。本研究的第一个研究问题需要描述大学英语教学生态系统中学生生态位的现状。在第3.7节,本研究定义学生生态位由态与势构成。学生生态位的态以英语语言知识与应用技能衡量。学生生态位的势包括学习策略能力、思辨能力、沟通合作能力、跨文化交际能力、创新能力和信息素养。因此,回答第一个研究问题,需要衡量上述学生生态位的态与势所包含的各方面的知识与能力。

本研究的第二个研究问题需要找到影响学生生态位的主要内部因素和外部因素,并考察它们对学生生态位产生的影响。因此,回答第二个研究问题,首先需要识别影响学生生态位的主要内部因素和外部因素,其次从微观层面考察影响因素的影响作用。在第3.7节,本研究将影响学生生态位的内部因素定义为学生生态位的势和其他内部影响因素。其他内部影响因素具体包括学习观念、学习态度、学习动机、自我效能、归因、效价、学习风格和语言焦虑。影响学生生态位的外部因素为教师、教学资源、信息技术和教学管理人员等主要生态因子和宏观、中观、微观层面的教育生态环境。

两个研究问题牵涉诸多变量,同时研究问题包括学生生态位在群体层面的特征,所以需要通过大规模问卷调查的方式才能收集到相关研究数据。回答第二个研究问题还需要借助统计分析工具,从诸多影响因素中识别出起主导作用的影响因素,而后进行具体分析。因此,本研究需要选择定量研究方法中的问卷调查法来描述学生生态位在群体层面的现状。

定量研究方法适合大规模群体层面的研究。但研究问题涉及的变量过多,在问卷设计中需要考察较多的维度,因受到问卷篇幅的限制而无法保证全面、深入、细致地收集各方面数据。所以,笔者需要同时采取定性研究的方法收集数据,与问卷调查法的量化数据形成相互补充和印证。本研究选择访谈法作为定性研究的主要方法,对学生生态位的现状和主要影响因素的作用进一步深入了解。然而,访谈的人数和时间都受到一定限制,只能对问卷调查方法作一定的补充。从学生生态位的态、势及内外部影响因素所涉及的众多变量中可以看到,影响学生生态位的因素是复杂的,不同个体间学生生态位的形态是多样化的。如果仅从群体层面研究学生生态位只能得到总体的概貌,无法深入到复杂的多维互动下的学生生态位微观层面特征。因此,本研究需要通过个案研究,聚焦学生生态位的微观层面,才能展现各影响因素之间的互动,深入考察对学生生态位产生的影响。个案研究采用访谈法和观察法进行。一方面,通过深度访谈了解个案研究对象的生态位特征和相关影响因素;另一方面,通过课堂观察,了解个案研究对象在大学英语课堂生态环境中与周围其他生态因子的互动。

综合定量研究方法和定性研究方法,兼顾学生生态位在群体层面和个体微观层面的研究,建立起本研究立体化的研究维度,为两个研究问题的展开打下良好的基础。

## 4.3 研 究 对 象

研究对象是大学英语课程中的学生生态位,其载体是学生,在某种程度上也可以理解为以学生为研究对象,研究其在大学英语教学生态系统中的生态位。因为大学英语教学生态系统中与学生联系最为紧密的生态因子是英语教师,所以笔者在研究中将通过教师访谈收集有关学生英语学习的情况,作为研究学生生态位的重要数据。但教师不属于研究对象。笔者选择了六所高校发放问卷。其中理工类高校、师范类高校和综合类高校各两所,且每一类高校中有一所为"985工程"或"211工程"高校,另外一所为非"985工程"或"211工程"的省属高校。不同的学校类型和学校层次所形成的教学生态环境可能会存在差异,成为影响学生生态位的因素之一。笔者在学校的不同专业类型和不同层次上都尽量保证扩大抽样的覆盖面。首先在文献综述的基础上进行了问卷的初步设计,并请专家和同行审定。而后,选择江苏省的一所高校进行问卷预测,发放问卷150份,回收有效问卷132份,通过统计分析形成正式问卷。参与正式问卷调查的学生共计1258人,均为在校大学本科一年级学生,回收有效问卷998份。36名学生接受了访谈。参与访谈的教师22人,其中8人在担任授课教师的同时兼任所在外国语学院的管理工作。表4-1显示了参与问卷调查的学生基本信息。其中,学校专业类型中编码为A的属于"985工程"或"211工程"高校,编码为B的属于非"985工程"或"211工程"的省属高校。选择在校大学本科一年级学生为研究对象,是因为抽样高校中大学英语课程分为三至四个学期完成,有些高校的本科二年级学生在抽样调查期间已经完成了所有大学英语课程,所以选择本科一年级学生能够保证所有研究对象都处于大学英语课程学习期间。

表4-1 参与问卷调查的学生基本信息

| 学校专业类型 | 参与人数 | 占总体样本的比重 | 主要专业 |
| --- | --- | --- | --- |
| 理工类A | 185 | 14.7% | 电子信息科学与技术,通信工程,软件工程,机械设计制造及其自动化,光电信息科学与工程,测控技术与仪器,大气物理,地理信息科学,应用物理,应用统计学 |
| 理工类B | 198 | 15.7% | |
| 师范类A | 218 | 17.3% | 财务管理,劳动与社会保障,化学师范,思想政治教育,计算机科学与技术,历史师范,体育教育,生物技术,工商管理类,小学教育,数学与应用数学,汉语言文学,公共事业管理 |
| 师范类B | 220 | 17.5% | |
| 综合类A | 227 | 18.0% | 电气工程及其自动化,软件工程,电子科学与技术,工商管理类,社会学,交通运输,土木工程,轻化工程,测控技术与仪器,旅游管理,信息科学与工程,工程力学,法学 |
| 综合类B | 210 | 16.7% | |
| 合计 | 1258 | 100% | |

由表4-1可知,理工类高校参与问卷调查的学生占30.4%,师范类占34.8%,综合类占34.7%。参与调查的学生在三类高校中的比例相对均衡,且每一所高校中参与学生的比例都在15%~20%之间,也保持了相对的均

衡。从参与学生的专业来看,也具有较好的代表性。在理工类高校中均为理工科专业,师范类高校和综合类高校中兼顾了理工科专业和文科专业,其中师范类高校还涉及师范类专业。

表4-2显示了参与访谈的学生基本信息。笔者在每一所高校选择了五至七名来自不同专业的学生进行访谈。

**表4-2 参与访谈的学生基本信息**

| 序号 | 所在学校专业类型 | 性别 | 专业 |
| --- | --- | --- | --- |
| 1 | 理工类A | 男 | 应用物理 |
| 2 | 理工类A | 男 | 测控技术与仪器 |
| 3 | 理工类A | 男 | 测控技术与仪器 |
| 4 | 理工类A | 女 | 电子信息科学与技术 |
| 5 | 理工类A | 男 | 通信工程 |
| 6 | 理工类A | 女 | 通信工程 |
| 7 | 理工类B | 男 | 大气物理 |
| 8 | 理工类B | 男 | 光电信息科学与工程 |
| 9 | 理工类B | 男 | 光电信息科学与工程 |
| 10 | 理工类B | 男 | 地理信息科学 |
| 11 | 理工类B | 女 | 软件工程 |
| 12 | 师范类A | 女 | 历史师范 |
| 13 | 师范类A | 女 | 思想政治教育 |
| 14 | 师范类A | 女 | 小学教育 |
| 15 | 师范类A | 女 | 劳动与社会保障 |
| 16 | 师范类A | 女 | 汉语言文学 |
| 17 | 师范类A | 女 | 工商管理类 |
| 18 | 师范类B | 女 | 化学师范 |
| 19 | 师范类B | 女 | 数学与应用数学 |
| 20 | 师范类B | 男 | 数学与应用数学 |
| 21 | 师范类B | 女 | 公共事业管理 |
| 22 | 师范类B | 男 | 公共事业管理 |
| 23 | 师范类B | 女 | 公共事业管理 |

续表

| 序号 | 所在学校专业类型 | 性别 | 专业 |
| --- | --- | --- | --- |
| 24 | 综合类 A | 女 | 工商管理类 |
| 25 | 综合类 A | 男 | 土木工程 |
| 26 | 综合类 A | 男 | 交通运输 |
| 27 | 综合类 A | 男 | 法学 |
| 28 | 综合类 A | 女 | 法学 |
| 29 | 综合类 A | 男 | 测控技术与仪器 |
| 30 | 综合类 A | 女 | 信息科学与工程 |
| 31 | 综合类 B | 男 | 轻化工程 |
| 32 | 综合类 B | 男 | 轻化工程 |
| 33 | 综合类 B | 女 | 旅游管理 |
| 34 | 综合类 B | 女 | 旅游管理 |
| 35 | 综合类 B | 男 | 社会学 |
| 36 | 综合类 B | 男 | 交通运输 |

表4-3显示了参与访谈的教师基本信息。他们都是所在学校的大学英语课程授课教师。其中六位教师在授课的同时兼任所在外国语学院的管理工作,表格中作了身份标注。笔者考虑到研究需要,特意选择了一些兼任管理工作的大学英语教师作为访谈对象,他们的管理工作经历会带给他们更为丰富的与学生英语学习相关的信息和思考,能为本研究提供更为翔实的数据。

表4-3 参与访谈的教师基本信息

| 序号 | 所在学校专业类型 | 性别 | 身份 |
| --- | --- | --- | --- |
| 1 | 理工类 A | 男 | 副院长 |
| 2 | 理工类 A | 女 | 教师 |
| 3 | 理工类 A | 女 | 教师 |
| 4 | 理工类 B | 女 | 副院长 |
| 5 | 理工类 B | 女 | 教师 |
| 6 | 理工类 B | 女 | 教师 |

续表

| 序号 | 所在学校专业类型 | 性别 | 身份 |
|---|---|---|---|
| 7 | 理工类 B | 女 | 教师 |
| 8 | 师范类 A | 男 | 副院长 |
| 9 | 师范类 A | 女 | 教师 |
| 10 | 师范类 A | 女 | 教师 |
| 11 | 师范类 A | 女 | 教师 |
| 12 | 师范类 B | 男 | 副院长 |
| 13 | 师范类 B | 女 | 教师 |
| 14 | 师范类 B | 女 | 教师 |
| 15 | 师范类 B | 女 | 教师 |
| 16 | 综合类 A | 女 | 系部主任 |
| 17 | 综合类 A | 女 | 教师 |
| 18 | 综合类 A | 女 | 教师 |
| 19 | 综合类 A | 女 | 教师 |
| 20 | 综合类 B | 女 | 副院长 |
| 21 | 综合类 B | 女 | 教师 |
| 22 | 综合类 B | 女 | 教师 |

在选择参与个案研究的研究对象时,笔者的抽样原则是选择来自不同类型和不同层次学校的三位处于不同学生生态位层次的学生。这样选择的个案,无论是在学校专业类型和层次上,还是在学生生态位层次上都有显著差异,适宜展现具有代表性的不同的学生生态位特征。笔者对问卷调查结果作因子分析,提取了体现学生生态位总势能的七个因子,将每个学生在这七个因子所包含的问卷题项上的得分相加,得到的总分即为学生生态位总势能的得分。笔者根据总分高低将问卷的总体样本划分为高分组生态位、中等组生态位和低分组生态位三个层次。笔者将在结果与讨论部分详细说明问卷结果的因子分析过程。表4-4显示了学生生态位层次划分的结果。

表 4-4　学生生态位层次

| 学生生态位层次 | 人数 | 百分比/% | 生态位总势能得分范围 |
|---|---|---|---|
| 1 低分组 | 323 | 32.4 | 52～126 |
| 2 中等组 | 365 | 36.6 | 127～145 |
| 3 高分组 | 310 | 31.1 | 146～215 |
| 合计 | 998 | 100 | |

表 4-5、表 4-6 和表 4-7 分别显示了不同生态位层次上各类型高校学生所占比重。

表 4-5　低分组生态位层次各类型高校学生所占比重

| 高校类型 | 人数 | 百分比/% |
|---|---|---|
| 理工类 | 118 | 36.5 |
| 师范类 | 90 | 27.9 |
| 综合类 | 115 | 35.6 |
| 合计 | 323 | 100 |

表 4-6　中等组生态位层次各类型高校学生所占比重

| 高校类型 | 人数 | 百分比/% |
|---|---|---|
| 理工类 | 118 | 32.3 |
| 师范类 | 141 | 38.6 |
| 综合类 | 106 | 29.0 |
| 合计 | 365 | 100 |

表 4-7　高分组生态位层次各类型高校学生所占比重

| 高校类型 | 人数 | 百分比/% |
|---|---|---|
| 理工类 | 74 | 23.9 |
| 师范类 | 117 | 37.7 |
| 综合类 | 119 | 38.4 |
| 合计 | 310 | 100 |

可见,每一生态位层次的学生都来自随机抽样的三类高校。各层次学生群体的来源高校构成较为均匀,未出现以某一类高校学生数量占绝对优势的情况。低分组中比例最高的是理工类高校学生;中等组中比例最高的是师范类高校学生;高分组中比例最高的是综合类高校学生。因此,笔者在选择个案时,决定从理工类高校中选择一位处于低分组生态位层次的学生,从师范类高校中选择一位处于中等组生态位层次的学生,从综合类高校中选择一位处于高分组生态位层次的学生,并且适当区分三位学生所在高校的层次。除了考虑学生生态位总势能的得分,笔者还在当时拟选择个案的高校请大学英语任课教师推荐可能愿意接受深度访谈、配合开展个案研究的学生。经综合考虑后,最终确定学生 A、学生 B 和学生 C 作为个案研究对象。表 4-8 显示了参与个案研究的学生基本信息。

表 4-8 个案研究对象的基本信息

| 个案研究对象 | 性别 | 所在高校类型和层次 | 专业 | 所属生态位层次 |
|---|---|---|---|---|
| 学生 A | 女 | 综合类 A "985 工程""211 工程"高校 | 工商管理 | 高分组 |
| 学生 B | 女 | 师范类 A "211 工程"高校 | 思想政治教育 | 中等组 |
| 学生 C | 男 | 理工类 B 非"985 工程""211 工程"高校 | 通信工程 | 低分组 |

上述研究设计从问卷编制开始,经历问卷的预测、正式问卷的形成和发放、访谈的开展,直至根据问卷调查数据的初步分析结果最终确定三位个案研究对象,进行深度访谈和课堂观察。图 4-1 展示了研究设计的全过程。

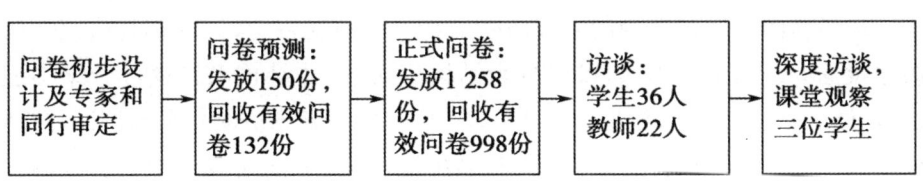

图 4-1 研究设计框架

## 4.4 研究方法

### 4.4.1 问卷调查法

问卷调查是外语教学研究中最常用的一种调查方法。问卷适用于大规模的数据收集。受试者通过填写调查问卷向研究者提供所需要收集的信息,包括行为、态度和各方面特征(秦晓晴,2009)。根据问卷设计的题项类型,受试者可以通过书面回答、做选择题或对李克特量表作判断等方式填写问卷。问卷的优点在于简便易行。问卷多设计标准化问题,格式统一,数据分析时容易量化,使用相关统计软件可以进行各种运算,寻找规律。如果使用电子问卷,数据更加容易导入软件进行处理,且收发程序经济方便(Gass, Mackey, 2011)。另外,因为问卷一般采用匿名方式作答,对于敏感问题,受试者可以更加放心作答,提供真实想法(刘润清,胡壮麟,1999)。

本研究的研究问题包括大学英语教学生态系统中学生生态位的现状及影响学生生态位的内外部影响因素,需要使用问卷调查法大规模收集数据,以探索学生生态位在群体层面的特征及主要影响因素的作用。但是问卷调查法有其自身的弱点,例如信度问题。问卷通常由受试者单独作答,研究者较难监控受试者答题的过程。其间可能会出现受试者敷衍了事的情况,或是受试者因误解题目而提供错误信息的情况。这些都将影响问卷调查的信度。所以,本研究在实施问卷调查时,安排研究对象在课堂上完成问卷,且随时可以得到笔者或任课教师的帮助,以最大可能保证问卷调查的信度。

### 4.4.2 访谈法

访谈指的是通过交谈的方式向受访者了解情况,进行深入调查研究。访谈法根据问题的形式不同,可以分为结构型访谈、非结构型访谈和半结构型访谈(Dörnyei, 2007);根据访谈人数不同,可分为集体访谈和个人访谈;按访谈次数不同,可以分为一次性访谈和多次性访谈(陈向明,2000)。访谈的优点是使深入研究成为可能。问卷主要作定量研究,不适合设置过多的定性研究问题。而访谈提供了研究者与受访者之间面对面的交流机会,可以深入探寻受访者的内心世界,了解他们的心理活动和思想观念,从而掌握更加全面、细致的信息。同样,访谈法对于研究者提出了较高的要求。因为是面对面的交流,且很多情况下研究者与受访者不太熟悉,受访者可能会因为顾虑而对一些敏感问题采取回避的态度,或者因为很多其他因素对研究者失去好感或信任,而降低交流的意愿,从而影响访谈的效果。因此,研究者需要在各方面做好充分的准备,从一开始联络安排访谈时就应与受访者逐渐建立起良好的合作信任关系。

应用访谈法时还需要注意,在访谈这样一种非自然状态的交谈中,研究者往往处于高于受访者的地位,从而给受访者带来心理上的压力和不悦。有些情况下,这种交谈形式不一定适合受访者,特别是接受正规教育较少的人和不爱说话的人。有些研究者认为,访谈是一种"不真实的"谈话情境,不能完全客观地反映现实(陈向明,2000)。

本研究中的访谈对象为学生和教师。因为笔者的教师身份,进行学生访谈时,为防止参与访谈的学生与笔者初次见面时过于拘谨,笔者会以聊天的方式关心受访学生的英语学习,尽量取得学生的信任,让他们在轻松的氛围中进行访谈。对于教师访谈,笔者也从一开始联系受访教师时就积极营造和谐亲切的氛围,以利于访谈的顺利开展。

笔者采用半结构型访谈。在事先准备好的访谈提纲的辅助下,把握整个访谈的方向和步调,同时又给予受访学生或教师足够的自由度,让他们充分描述与访谈问题相关的各类信息,全面展现英语学习的方方面面。笔者在访谈中也会适当地追问,激发受访者的思考,使其提供更多的信息。

### 4.4.3 个案研究

个案研究强调的是对案例的"特殊性和复杂性"的研究(Stake,1995,转引自 Dörnyei,2007)。个案研究强调对个案研究对象进行深刻的研究,尽量全面发掘各方面资料,具有长期性。研究时方法灵活,可以用定性方法,也可以用定量方法(陈坚林,2004)。个案研究可以分为本质性个案研究、工具性个案研究和集合性个案研究三类(Stake,1995,2005,转引自 Dörnyei,2007)。本质性个案研究是指出于对个案本身的价值或特殊性感兴趣而进行的研究;工具性个案研究旨在从个案研究中帮助研究者理解相关研究问题;集合性个案研究是指同时对多个个案进行研究。集合性个案研究也属于工具性个案研究。Merriam(2009)总结了个案研究的特点,即具有特殊性、描述性和启发性。这些特点决定了个案研究的优点在于,有很强的现实意义,为研究特定的人群、事件或现象提供了厚实的描述,以充分的数据协助研究者理解具体问题(陈坚林,2004;Dörnyei,2007;Merriam,2009)。案例研究的不足之处在于,研究对象过少,所以在研究结论的推广方面解释力相对偏弱。因此,较为理想的做法是在研究方法中将个案研究和其他研究方法结合使用(Dörnyei,2007)。

本研究将个案研究纳入质性研究部分,与量化研究相结合,兼顾学生生态位的群体层面特征和微观层面的个体差异。个案研究的数据收集方法为访谈法和观察法。

### 4.4.4 观察法

观察法是在外语教学研究中运用相当广泛,也较为传统的一种方法。外语课堂中的观察法指的是研究者对外语课堂中发生的事件、互动和语言使用模式等的细致考察(Gass & Mackey,2011)。观察法适合于对微观过程的信息采集,要求目的明确,细致入微。观察法可以分为参与型观察和非参与型观察。参与型观察的优点是灵活开放。观察者具有双重身份,可以在参与活动的同时进行观察,若有任何疑问可以随时询问被观察者。不过,观察者需要提醒自己的是保持研究所必需的心理和空间距离。非参与型观察的好处是,研究者可以与被观察者保持一定的距离,进行较为客观的观察。但弊端是造成了一种人为的情境,使被观察者更易受到"研究效应"和"社会赞许"的影响。有时观察者也会因心情等主观因素作用而影响观察的具体实施,给观测结果带来一些负面影响(陈向明,2000)。

除此之外,观察法还可以"按照公开程度、结构状态、接触程度、运动状态、观察的目的以及时间安排等维度进行分类"(陈向明,2000)。本研究的观察类型是公开的、结构型的直接观察。首先,笔者事先联系了三位个案研究对象所在学校的任课教师和其所在学院,在征得同意后,告知个案研究对象本人将在教室内架设摄像机进行拍摄,直接观察个案研究对象的课堂表现。其次,笔者在课堂观察前根据相关文献制定了观察量表,有明确的观测点,属于结构型观察。最后,为了收集详细的课堂观察数据,笔者选择对三位个案研究对象的课堂表现进行录像。Zheng(2005)指出,课堂录像可以被用来获得对课堂观察的整体印象,也可以聚焦于具体的课堂活动、学习者的话语量或对关键事件的分析。个案研究对象在大学英语课堂的表现无疑是本研究的核心之一。通过课堂录像进行观察,能保证笔者有足够的时间按照观察量表对课堂录像进行细致的分析,反思每位个案研究对象在课堂教学环境中的行为、认知和态度,与个案研究对象的问卷和访谈结果进行对比,更加全面地描述个案研究对象在大学英语教学生态系统中的生态位及主要影响因素的作用。

## 4.5 研究工具

### 4.5.1 调查问卷

#### 4.5.1.1 问卷构成

本研究问卷将围绕学生生态位的态与势以及影响学生生态位的内部和外部因素展开。问卷分为四部分。

第一部分为基本信息。研究对象需要填写学号、性别、专业、大学英语四级考试分数。因问卷正式发放时正值六月初,很多学生还没有参加大学英语四级考试,所以需要预先记录他们的学号,待九月份成绩公布后再依据学号录入成绩数据。

第二部分为有关学生英语学习行为的一些重要数据调查。这一部分的题项属于不适于使用李克特五级量表作答的题项,包括一些复选题,涉及学习风格、课外英语学习时间、学习资源种类、信息技术平台和相关软件,以及口语能力的自我评价。

第三部分和第四部分使用李克特五级量表,依据第3.7节提出的研究框架测量影响学生生态位的内部和外部因素。其中第三部分是对于学习观念和学习态度的测量。研究对象需要从"完全不同意、不同意、不确定、同意、完全同意"五个选项中做出选择。第四部分针对其余内外部影响因素进行测量,研究对象需要从"完全不适合我的情况、通常不适合我的情况、有时适合我的情况、通常适合我的情况、完全适合我的情况"五个选项中做出选择。

问卷维度设计后,经过专家和同行审定,实施预测,进一步修改后形成最终的正式问卷。

#### 4.5.1.2 问卷设计

在第3.7节,本研究定义了学生生态位的态与势。学生生态位的态以英语语言知识与应用技能来衡量。学生生态位的势包括学习策略能力、思辨能力、沟通合作能力、跨文化交际能力、创新能力和信息素养。影响学生生态位的内部因素除了上述构成学生生态位势的变量外,还包括学习观念、学习态度、学习动机、自我效能、归因、效价、学习风格和语言焦虑。影响学生生态位的外部因素为宏观、中观和微观教育生态环境及教师、教学资源、信息技术和教学管理人员等主要生态因子。为了全面考察大学英语教学生态系统中学生生态位的态与势及相关内外部影响因素，笔者将按照以上定义设计问卷的维度，重点为使用李克特五级量表的问卷第三部分和第四部分。

1) 态的指标

学生生态位的态指的是学生的英语语言知识与应用技能所达到的水平。赵雯、王海啸、余渭深(2014)[19]在语言交际能力多维定义中指出，英语语言知识体现在"语言能力(语音能力、词汇能力、语法能力、语义能力、正音能力)、社会语言能力(语体差异、礼仪规则)、语用能力(语篇能力、功能能力、设计或交互能力)"上；语言技能包括"听、说、读、写、译"的技能。

笔者选择大学英语四级考试笔试的成绩来衡量学生生态位的态。大学英语四、六级考试的目的在于"准确衡量我国在校大学生的英语综合应用能力，为实现大学英语课程教学目标发挥积极作用"(全国大学英语四、六级考试委员会,2006)[1]。全国绝大部分在校大学生都会参加这项英语能力测试，笔者可以收集到足够的考试成绩数据用于研究。笔试成绩不包括口语考试成绩，所以无法反映"说"的能力及部分社会语言能力和语用能力。这是选择四级笔试成绩的局限性。但补充口语能力的测试成绩较为困难，因为具有四级考试口语成绩的学生比例较低，无法在抽样班级找到足够的研究对象。历经近30年的发展，大学英语四级考试已具备良好的信度和效度，可以较好地衡量学生的词汇、语法、语义、听力、阅读、写作、翻译等英语综合应用能力。而且，大学英语四级考试"分数都进行等值处理，即考生成绩不会因为试卷难易度的变化而受到影响，因此，四、六级考试成绩具有可比性"(王守仁, 2008)[92]。不管研究对象是否参加同一场大学英语四级考试，他们的成绩都具有可比性。综合以上因素，选择大学英语四级考试的笔试成绩作为学生生态位态的指标，是现有条件下本研究衡量学生群体的英语语言知识与应用技能的最佳方案。

2) 势的维度设计

学生生态位的势包括以下六个方面的能力：学习策略能力、思辨能力、沟通合作能力、跨文化交际能力、创新能力和信息素养。因测量点较多，每一维度的题项无法充分扩展。笔者借鉴已有的成熟量表，按对应的维度选择相应的题项，进行适当的增减和改编。

学习策略能力维度参考了 Oxford 的语言学习策略量表和文秋芳、王海啸的英语学习情况调查问卷。文秋芳、王海啸(1996)从三个维度设计量表的学习策略部分,包括形式操练策略、功能操练策略和母语策略。笔者借鉴了这一维度设计,并增加了元认知策略维度,参考 Oxford(1990)的语言学习策略量表中的元认知策略部分。

思辨能力和创新能力都属于复杂的高级思维能力,已研发很多量表对其进行测量。思辨能力方面代表性的量表有"加利福尼亚思辨技能量表"和"加利福尼亚思辨倾向问卷",以及剑桥思维能力测试等(文秋芳,王建卿,赵彩然,等,2009)。创新能力方面代表性的量表有"南加利福尼亚大学创造力测验"和"托兰斯创造性思维能力测验"(兰春寿,黄远振,2014),以及加拿大会议委员会研发的"创新能力倾向测验量表(General Innovation Skills Aptitude Test)"(王欣苗,彭晓霞,黄昊,等,2015)。相关量表维度和题项众多,无法纳入本研究的问卷设计,所以笔者将思辨能力和创新能力的测量融入信息素养维度的设计。

本研究在第 3.7 节中对信息素养进行了定义。有关信息素养的评价标准种类繁多。比较权威的是美国大学与研究型图书馆协会发布的《高等教育信息素养能力标准》(Association of College & Research Libraries [ACRL],2000)。该标准包括 5 项指标,22 个条目,界定了对大学生信息素养评价的具体指标:

(1) 能确定所需信息的性质和范围;
(2) 能有效且高效地获取所需信息;
(3) 能批判性地评价信息及其来源,并将其融入自己原有的知识背景和价值体系;
(4) 能有效利用信息达到一定目的;
(5) 理解与信息技术使用有关的经济、法律和社会问题,并能在获取和使用信息中遵守道德规范和法律。

其中第三项指标体现了思辨能力和创新能力。笔者根据上述前四项指标进行信息素养维度的设计。因为第五项指标与英语学习领域关联不够紧密,笔者未将其纳入问卷设计的信息素养维度。

跨文化交际能力方面,"目前国内外学者对跨文化交际能力的内涵和构成要素还未达成一致意见,普遍认可的测量工具也尚未出现"(钟华,白谦慧,樊葳葳,2013)[47]。针对中国大学生跨文化交际能力的测量,钟华、白谦慧、樊葳葳(2013)初步构建了跨文化交际能力自测量表,经过实测,结果显示具有良好的信度和效度。该量表可分为语言能力、社会语言能力、语篇能力、策略能力、跨文化知识、跨文化态度、跨文化意识和跨文化技能八个分量表。笔者选择了语篇能力和策略能力的个别题项纳入问卷设计的跨文化交际能力维度。

沟通合作能力是一项普通的人际关系能力,普遍存在于学生在校园生活中与教师、同学等人群的互动中。笔者基于大学英语课内外的沟通合作活动设计了沟通合作能力维度的题项。

3)影响学生生态位的内部因素维度设计

影响学生生态位的内部因素由学生生态位的势和主要的语言学习者个体差异因素构成。势的维度设计已经完成,下面针对学习观念、学习态度、学习动机、自我效能、归因、效价、学习风格和语言焦虑进行维度设计。

文秋芳、王海啸(1996)在对大学生英语学习观念的问卷调查中,将学习观念划分为形式操练观念、功能操练观念和母语观念。笔者依据这样的划分设计了学习观念维度。学习态度方面,笔者参照第三章论述的程幼强、张岚(2011)编制的大学生英语学习态度问卷及 Rosenberg、Hovland(1960 转引自程幼强,张岚,2011)提出的态度所包含的认知、情感和行为意向三个维度进行设计。

学习动机方面,秦晓晴(2007)通过问卷调查,建立了中国大学生外语学习动机内在结构的结构方程模型。他的问卷包含英语学习目的、英语学习目标、英语学习成败的原因、英语学习效价、英语学习兴趣、英语自我效能、语言焦虑和努力程度八个部分,涵盖面广,较全面地测量了动机行为。研究结果显示,"最能预测动机行为的变量是学习兴趣,其次为自我效能、远期目的、目标定向、结果归因、近期目的和效价,而语言焦虑和过去英语成绩对动机行为的预测力最小"(秦晓晴,2007)[44]。笔者参考了其中的学习兴趣、自我效能、归因、效价和语言焦虑维度,借鉴或改编了部分题项,纳入本研究的问卷设计。Gardner、Lambert(1972)构建了融入型动机的概念,指的是语言学习者的学习动机来自对外语的语言文化本身的兴趣。与之相对的是工具型学习动机,语言学习者的学习动机是出于通过考试或有利于找工作之类的功利性目的。所以,本研究的学习动机维度设计分为学习兴趣和其他学习动机两个次维度。自我效能、归因和效价作为与学习动机密切相关的维度并列出现。语言焦虑则属于学习者个体差异因素。

笔者参考了 Oxford(1993) 的学习风格分析问卷,其分为五个部分,因题项众多而无法纳入本问卷。Witkin(1976) 将学习者分为"场独立型"和"场依存型"两类。前者属于分析型学习者,具有较好的逻辑推理能力,倾向于独立学习。后者属于感性的学习者,受学习环境影响较大,喜欢与人交往,在互动中学习。笔者据此在问卷的第二部分设置了以下题项以大致区分研究对象的学习风格:

您喜欢的学习方式是:

A. 按计划一步步地有序学习,通过独立分析得出结论。
B. 在情境中,通过与他人互动学习。

4) 影响学生生态位的外部因素维度设计

影响大学英语教学生态系统的外部因素来自宏观、中观和微观层面的教育生态环境以及生态系统中与学生发生互动的主要生态因子。这两部分叠加在一起,对学生生态位来说,可以统称为学习环境因素。对学习环境的测量研究主要集中在针对课堂环境的微观层面。Fraser(1998) 对课堂环境量表的发展、效度和应用作了详细的梳理。代表性量表有学习环境量表(LEI)、课堂环境量表(CES)、个性化课堂环境问卷(ICEQ)、我的课堂量表(MCI)、建构主义课堂环境量表(CLES)等,它们都是适用于中等教育程度的量表。大学课堂环境问卷(CUCEI)适合高等教育课堂环境的测量,问卷的主要维度涉及个性化、参与度、学生凝聚力和满意度等,主要关注的是师生之间和生生之间的相互关系。这一点和本研究对学习环境测量的维度设计是一致的。笔者在设计问卷的学习态度维度时,已经将其认知子维度设计为测量学生对大学英语教学生态系统的生态环境和主要生态因子的评价,所以这一部分维度即为学习环境维度。

至此,问卷所有维度设计完毕。表4-9列出了预测问卷第三、第四部分的具体维度和所涉及题项。

表4-9 预测问卷的维度及所涉及题项

| 问卷维度 | 次维度 | 问卷题项 |
| --- | --- | --- |
| 学习观念 |  | 1,2,3 |
| 学习态度 | 认知维度(学习环境) | 4,7,8,10,13,14 |
|  | 情感体验 | 5,6,12 |
|  | 行为意向 | 9,11 |

续表

| 问卷维度 | 次维度 | 问卷题项 |
| --- | --- | --- |
| 学习动机 | 学习兴趣 | 15,16 |
| | 其他学习动机 | 17,18,19,20,21,22,23 |
| 自我效能 | | 24,25,26 |
| 归因 | | 27,28,29 |
| 效价 | | 30,31,32 |
| 语言焦虑 | | 33,34,35 |
| 学习策略能力 | 元认知策略能力 | 36,37,38,39,40,41 |
| | 其他学习策略能力 | 42,43,44,45,46,47 |
| 信息素养 | 使用信息技术获取信息 | 48,49,50,51 |
| | 信息处理和加工（思辨能力和创新能力） | 52,53 |
| | 信息分享与综合利用 | 54,55 |
| 沟通合作能力 | | 56,57,58,59 |
| 跨文化交际能力 | | 60,61,62 |

#### 4.5.1.3 问卷修改及预测

笔者请专家和同行审阅了预测问卷的设计维度和具体题项，得到了宝贵的修改意见。例如：第17题，"我学习英语仅仅是为了通过考试"，专家认为"仅仅"过于绝对，研究对象的学习动机应该是多元化的，如果这样设置，大部分受试者可能都会选择否定，应改为"我学习英语主要是为了通过考试"，笔者根据专家和同行的建议作了相应修改后，开始问卷的预测工作。

笔者选择了江苏省的一所高校进行问卷预测。在两个班级发放问卷150份，回收有效问卷132份。数据录入后，笔者用统计分析软件SPSS 21.0进行统计分析。

首先，笔者删除了有效问卷中的个别奇异值，设置为缺省值状态。然后对缺省值进行替换，选择SPSS软件提供的"连续平均值"选项，缺省值部分被替换为所有受试者在该题项得分的平均值。其次，问卷设计时，40、42、43、48、64、68这六题是反向题，笔者在替换问卷的缺省值后对其进行了反向赋值，即得分为1的题项被赋值为5，得分为2的题项被赋值为4，得分为4的题项被赋值为2，得分为5的题项被赋值为1。随后，笔者对问卷数据作了项目分析，分别通过极端分组法和内部一致性分析法检验问卷各个项目的区分度。

应用极端分组法的程序是：先计算出受试者在问卷所有项目的得分总和，而后按总分由高到低排序，抽取前 27% 和后 27% 分别作为高分组和低分组，进行独立样本 $t$ 检验，查看高分组和低分组在每个项目上的差异是否达到了显著性水平（$p \leq 0.05$），如果在某一题项上没有达到，则说明该项目区分度不高，考虑删除。

内部一致性分析法要求对问卷每个项目和总分作相关分析。如果相关系数大于或等于 0.3，且达到了显著性水平（$p \leq 0.05$），表示该项目具有较好的区分度（秦晓晴，2009）[209]。

经过以上两种方法进行项目分析，发现以下题项区分度不高，应予以删除：1，2，3，4，17，18，25，31，32，33，34，38，39，56，60，61。

在项目分析后，笔者接着对研究数据作信度分析。"信度也称可靠性，它是指测量结果的稳定程度或一致性程度"（秦晓晴，2009）[211]。测量信度的方法很多，常用的信度检验方法有 Cronbach's Alpha 系数及折半信度。笔者选择前一种方法进行检验。信度检验不仅要针对总量表数据进行，而且要对每一个维度分别进行检验。吴明隆、涂金堂（2012）指出，因子层面的信度系数最好在 0.7 以上，达到 0.6 为勉强可以接受，而总量表的 Alpha 系数最好在 0.8 以上，如果达到 0.9 以上则信度更佳。

笔者进行信度检验后，得到总量表的 Alpha 系数为 0.830，符合信度要求。而后分别检验各个维度的信度，其 Cronbach's Alpha 系数见表 4-10。因为学习态度所包含的认知次维度代表了学习环境维度，所以笔者也对其作了信度检测。

表 4-10　预测问卷的各维度信度检测

| 问卷维度 | Cronbach's Alpha 系数 |
| --- | --- |
| 学习态度 | 0.683 |
| 学习环境 | 0.738 |
| 学习动机 | 0.736 |
| 归因 | 0.501 |
| 自我效能 | 0.771 |
| 学习策略能力 | 0.675 |
| 信息素养 | 0.841 |
| 沟通合作能力 | 0.739 |

学习观念维度和语言焦虑维度的题项在项目分析时因为区分度不好已经全部被删除。效价和跨文化交际能力维度在项目分析后也分别只剩下一个题项。效价所剩的题项关于英语学习的有用性，可以并入学习动机维度。跨文化交际维度剩下的题项是关于与外国人交流的意愿，可以并入沟通合作能力维度，有利于扩充该维度测量的内容。同时，原来设计的归因维度信度低于0.6，无法保留。笔者发现该维度原先的三个题项归因的结果分别为学习环境、教师和学习投入，前两题可增加至学习环境维度，后一题可并入元认知策略维度。经过以上调整后，笔者重新测量各维度的信度，其Cronbach's Alpha系数见表4-11。几乎所有经过调整的维度其信度系数都有所提高。除学习策略能力维度外，所有维度的信度系数都达到了0.7以上。整个问卷的信度较为理想。

表4-11 调整后的预测问卷各维度信度检测

| 问卷维度 | Cronbach's Alpha系数 |
| --- | --- |
| 学习态度 | 0.700 |
| 学习环境 | 0.732 |
| 学习动机 | 0.757 |
| 自我效能 | 0.771 |
| 学习策略能力 | 0.684 |
| 信息素养 | 0.841 |
| 沟通合作能力 | 0.742 |

调整后得到的正式问卷共保留46个题项，各维度和所涉及题项见表4-12。正式问卷详见附录1。

表4-12 正式问卷的维度及所涉及题项

| 问卷维度 | 次维度 | 问卷题项 |
| --- | --- | --- |
| 学习态度 | 认知维度（学习环境） | 3,4,6,9,10,11,12 |
| | 情感体验 | 1,2,8 |
| | 行为意向 | 5,7 |
| 学习动机 | 学习兴趣 | 13,14 |
| | 其他学习动机 | 15,16,17,18,19,20 |

续表

| 问卷维度 | 次维度 | 问卷题项 |
|---|---|---|
| 自我效能 | | 21,22 |
| 学习策略能力 | 元认知策略能力 | 23,24,25,26,27,28 |
| | 其他学习策略能力 | 29,30,31,32,33,34 |
| 信息素养 | 使用信息技术获取信息 | 35,36,37,38 |
| | 信息处理和加工（思辨能力和创新能力） | 39,40 |
| | 信息分享与综合利用 | 41,42 |
| 沟通合作能力 | | 43,44,45,46 |

### 4.5.2 访谈提纲

通过问卷调查可以获得大规模的数据，但无法深入获得研究对象对某些问题的看法，也无法更多了解研究对象的行为、经历与情感。访谈提供了一个进一步了解研究对象的途径。通过访谈可以获得更加全面而细致的数据，与问卷收集的数据形成相互补充和印证。本研究采用半结构式访谈，笔者分别设计了学生访谈提纲和教师访谈提纲，详见附录2。

1）学生访谈提纲设计

学生访谈提纲设计主要关注以下三个方面：

(1) 学生对学习过程的反思和评价

笔者认为学生经过多年的英语学习，必然会从丰富的学习经历中有所感悟。过去的学习体验会使学生逐渐形成自己的学习观念和学习策略等学习特征。在访谈中，应当请学生分析自身的学习过程和特点，根据问卷调查的维度反思出现的问题。这一类问题对应了影响学生生态位的内部因素的分析。

(2) 学生对大学英语教学的评价

这一类问题旨在请学生对大学英语教学生态系统的生态环境和主要生态因子作出评价，对应于学生生态位的外部影响因素研究。访谈中，请学生重点分析对自己的英语学习产生重要影响的外部因素。

(3) 学生对提高自身英语水平的建议

这一类问题是在前两类访谈问题的基础上，请学生针对发现的问题和影响因素寻找对策,寻求学生生态位的扩充途径。同时可以从中看到学生需要得到的帮助,为研究启示部分提供参考。

2) 教师访谈提纲设计

教师访谈提纲设计主要关注以下三个方面:

(1) 教师如何看待学生的英语学习

通过访谈请教师描述学生英语学习的现状,并作出分析和评价。

(2) 教师的教学理念、教学方法和教学体会

通过请教师详细描述自己的教学理念和教学方法,可以看到教师为学生提供的教学环境,反思教师的教学态度和对学生的期待。从教师的教学体会中寻找教师遇到的问题和对策。

(3) 教师对整个大学英语教学系统发展的建议

请教师从自己的教学经历出发,思考提高大学英语教学效果的途径。具体包括学生应该采取的学生生态位扩充策略以及教师和教学管理人员在各自的生态位上应该做出的相应变化。

### 4.5.3 个案研究量表

为了深入收集个案研究对象的数据,笔者除了采用访谈法和观察法,还用相关量表分别测量个案研究对象的学习策略能力、学习风格、思辨能力、创新能力、信息素养和跨文化交际能力。

1) 学习策略能力

Oxford(1990)的语言学习策略量表分为记忆策略、认知策略、补偿策略、元认知策略、情感策略、社交策略6个部分,共50个题项,详见附录3。笔者请个案研究对象完成问卷后,按评分表所列评价标准分析个案研究对象的学习策略能力。

2) 学习风格

Oxford(1993)的学习风格量表分为5个部分,共110个题项,包括如何运用感官学习、如何与他人相处、如何处理可能性、如何处理任务、如何进一步处理信息,详见附录4。笔者请个案研究对象完成量表后,按评分表所列评价标准分析个案研究对象的学习风格特点。

3) 思辨能力

思辨能力的量具种类很多。王建卿、文秋芳(2011)对比了七种国外思辨能力量具,并总结了采用客观题和主观题测量各自的优缺点。采用主观题的

优点是"答案开放,可反映受试者的思维过程,可考察受试者逻辑思维的清晰性、相关性与逻辑性,还可考察辩证思维的深刻性与灵活性"(王建卿,文秋芳,2011)[42]。笔者认为,主观题能够更好地让个案研究对象展示他们的分析推理过程,所以选择主观题量具进行测试。

著名教育心理学家比格斯(Biggs)最早提出"SOLO"分类法,是英文"Structure of the Observed Learning Outcome"的缩写,意为"可观察的学习成果结构",是一种以等级描述为特征的质性评价方法,它将学习成果划分为以下五个层次(李祥兆,2005):

(1) 前结构层次:学生基本上无法理解问题、分析问题、解决问题,只能尝试非常简单的方式解答问题;

(2) 单一结构层次:学生通过简单分析找到一个解决问题的思路,并能稍作阐释,但论据分析较少;

(3) 多元结构层次:学生通过分析找到多个解决问题的思路,但未能把这些思路进行深入的分析和有机整合;

(4) 关联结构层次:学生有多个解决问题的思路,能够把这些思路结合起来思考,形成对问题理解的整体意义,进行逻辑推理,解释具有宽度和广度;

(5) 抽象拓展层次:学生能够通过反思评估对问题进行进一步抽象的概括,从理论的高度来分析问题,而且能够将这种抽象概括拓展到新的领域,使问题本身的意义得到拓展。

根据这些标准,可以通过学生对主观题的回答,评定其思辨能力水平。本研究评定个案研究对象思辨能力水平所用的主观题引自 Tong(2007)提供的案例,详见附录 5。

4) 创新能力

创新能力反映了人类思维的高级形态,是一系列连续而复杂的高水平心理活动(汪基德,宫火良,毛春华,等,2009)。Sternberg(2012)认为创新能力的结构由三个维度六个因素组成。创新能力的三个维度分别为智力维度、认知风格维度和人格维度。六个因素分别为智力过程、知识、认知风格、人格特征、动机和环境。王欣甜、彭晓霞、黄昊等(2015)研究了加拿大会议委员会研发的"创新能力倾向测验量表 2.0(General Innovation Skills Aptitude Test 2.0)"(The Conference Board of Canada,2013),并在医学生中实施调查,结果显示该量表具有较好的结构效度和内容效度。该量表分为创新思维、风险控制、关系建立、贯彻实施四个部分,能够较全面地测试创新能力的多个维度。该量表每一题项同时用于个人创新能力自测和创新能力对工作重要性的评定。本研究采用该量表测量个案研究对象的创新能力,仅使用个人创新能力自测部分,详见附录6。笔者请个案研究对象完成量表后,按评分表所列评价标准分析个案研究对象的创新能力。

5) 信息素养

美国肯特大学针对大、中学生设计的信息素养能力标准评估(Standardized Assessment of Information Literacy Skills, SAILS)是参照美国大学与研究型图书馆协会发布的《高等教育信息素养能力标准》(ACRL,2000)经重新整合形成九项测试主题,共140个评估项目,可以提供实时在线测试。该测评指标完善,评估程序合理,成为国内外信息素养评估的典范(李耀俊,2010)。笔者采用该在线问卷为个案研究对象测试信息素养。因该测试为付费在线测试(https://www.projectsails.org),所以问卷只能在线显示,无法下载打印。

6) 跨文化交际能力

钟华、白谦慧、樊葳葳(2013)初步构建了跨文化交际能力自测量表,经过实测,结果显示具有良好的信度和效度。该量表可分为语言能力、社会语言能力、语篇能力、策略能力、跨文化知识、跨文化态度、跨文化意识和跨文化技能八个分量表。笔者采用该量表测量个案研究对象的跨文化交际能力,详见附录7。

### 4.5.4 课堂观察系统

本研究的课堂观察,目的是对三位个案研究对象的课堂表现进行观察记录。本研究采取非参与型观察,借助课堂录像收集观察数据,而后利用课堂观察量表对课堂录像进行分析。

Gass 和 Mackey(2011)总结了观察量表的不同类型。第一类是一些简单的观察量表,用于记录观测的某一具体行为的频率,如 Nunan(1989)[78]的举例,用"/"记录频率。第二类是复杂一些的观察量表,需要观测者对所观测行为的功能或意义进行评价,根据评价的程度包括高推理类型和低推理类型,或者二者相结合的类型,如 Creswell(2007)[137]的举例,分为对课堂事件的描述性记录和相对应的反思性记录。第三类观察量表则关注课堂话语的某一细节,属于微观层面的课堂观察。

刘永兵、王冰、林正军(2009)结合我国英语教学的实际情况,研究设计了

"英语课堂教学观察系统"。他们主要参考、借鉴了 Spada 和 Fröhlich(1995)在前期研究的基础上进一步细化的"交际教学指向的课堂观察系统"以及卢克(Luke)设计并使用的"新加坡课堂教学观察系统"。Spada 和 Fröhlich(1995)的观测量表分为两部分,分别观测课堂宏观和微观系统。"英语课堂教学观察系统"只观测课堂宏观系统,不考虑课堂微观话语过程。同时该观察系统还借鉴了目前在我国高校实施的《课程要求》,使所设计的观察系统更适合我国英语教学研究的实际,以期能够更加全面有效地用于大学英语课堂观察研究。笔者考察了该观察系统的各观测点,能较好地观察大学英语课堂的教学活动和知识建构过程。所以,笔者对"英语课堂教学观察系统"作了一些微调,用于观测三位个案研究对象所在的大学英语课堂。该观测系统分为两大部分,每一部分由若干类项或范畴构成。第一部分"课堂架构"主要指"师生、生生之间是否为意义协商、思想交流、知识传输或建构创造了有利或不利的课堂环境/空间"。第二部分"知识架构"是对知识内容和建构的方式进行观察,主要考察师生之间所建构知识的呈现方式和结构。其中"互动空间"主要考察教师是否为学生提供了互动的机会及机会的多少。"互动空间"的大小取决于学生是否有话语权,而知识架构中的"话语控制"小类可以反映"互动空间"的大小,所以笔者决定删除"互动空间"小类,保留"话语控制"小类。每一小类又提供了具体的分类选项,大部分分类选项的含义一目了然,对个别术语的含义作了界定,详见表 4-13。

表 4-13 英语课堂教学观察系统(改编自刘永兵,王冰,林正军,2009)

| | | |
|---|---|---|
| 课堂架构 | 课段:持续一段时间,师生为完成某种特定教学任务进行的特定的课堂活动 | 三话轮互动:教师首先就之前的学习任务向学生提问,然后学生回答,接着教师提供核对或评价<br>独白讲授、全班提问与讨论、齐声重复朗诵、座位上的个人活动、小组活动、学生个人演示、小组演示、配对演示、教师主导全班演示、测验、语言实验室、其他 |
| | 学生座位安排 | 单行排列、双行排列、圆桌形式、席地环绕、其他 |
| | 课堂话语类型 | 课堂组织话语:教师用于组织课堂教学、安排课堂活动、布置作业等所使用的话语 |
| | | 课堂规约话语:教师用于规约学生行为的话语 |
| | | 课堂教学话语:教师用于知识或技能的讲解、讨论、提问、反馈等的话语 |
| | | 应试技巧话语:教师在教学中明确讲解、提示当前所学为考试内容或策略所用的话语 |
| | | 课堂闲话:教师在课堂中谈论与教学内容无关的话语 |

续表

| 课堂架构 | 个案参与程度 | 频率等 |
|---|---|---|
| | 课堂氛围 | 师生参与教学活动的热情:非常活跃、较活跃、活跃、不太活跃、平淡<br>若为非交际型教学活动,则依据学生专注程度进行评价 |
| 知识架构 | 话语控制 | 教师控制、学生控制、师生共同控制 |
| | 教师工具 | 教师在课堂中所使用的主要媒介,以辅助进行或完成所预设的教学任务。选项:课本、练习册/题集、课外读物、视听材料、黑板、实物、图片/卡、幻灯片PPT、投影仪、互联网、多媒体设备、其他 |
| | 学生工具 | 学生在课堂中所使用的主要媒介,以辅助进行或完成所预设的教学任务。选项:课本、练习册/题集、课外读物、视听材料、黑板、实物、图片/卡、幻灯片PPT、投影仪、互联网、多媒体设备、其他 |
| | 语言教学焦点 | 语言形式、语言功能、语言使用、交际策略 |
| | 学生语言技能 | 听、说、读、写、译 |
| | 学生话语产出 | 简短口语应答、持续连贯口头表达(包括口头作文)、口头选择题填空、口头造句、笔头选择题填空、笔头造句、持续连贯笔头表达(包括作文)、口头翻译、笔头翻译、多语码作文、其他 |
| | 知识深度 | 基本知识、过程知识、高级概念、知识与运用 |
| | 教师语码转换 | 英语和汉语的转换频率 |

## 4.6 数据收集过程

### 4.6.1 问卷数据收集

笔者于2015年5月至6月期间在上海、江苏和四川的六所高校发放问卷。其中理工类高校、师范类高校和综合类高校各两所,且每一类高校中有一所为"985工程"或"211工程"高校(编码为A),另外一所为非"985工程"或"211工程"省属高校(编码为B)。表4-14显示了问卷数据的收集情况。共计发放问卷1 258份,回收1 217份,回收率达96.7%,其中有效问卷998份,占回收问卷总数的82%。

表 4-14  问卷数据收集情况

| 学校专业类型 | 发放数量 | 回收数量 | 有效问卷数量 | 各类高校有效问卷数量 | 男女生问卷百分比 |
|---|---|---|---|---|---|
| 理工类 A | 185 | 167 | 162 | 310 | 男：240 77.4% |
| 理工类 B | 198 | 183 | 148 | | 女：70 22.6% |
| 师范类 A | 218 | 218 | 158 | 348 | 男：68 19.5% |
| 师范类 B | 220 | 214 | 190 | | 女：280 80.5% |
| 综合类 A | 227 | 230 | 178 | 340 | 男：158 46.5% |
| 综合类 B | 210 | 205 | 162 | | 女：182 53.5% |
| 合计 | 1 258 | 1 217 | 998 | 998 | 男：466 46.7% 女：532 53.3% |

所有问卷均在课堂上发放、作答并回收。绝大部分问卷由任课教师配合笔者亲自发放。任课教师介绍笔者后，笔者会向学生介绍问卷调查的目的和填写注意事项，并向学生表示感谢。对于笔者无法亲自到场的情况，笔者事先做好委托，确认任课教师与被委托人已经提前取得联系，并分别详细告知问卷发放注意事项，确保问卷发放和回收过程顺利进行。

### 4.6.2  访谈数据收集

笔者于2015年5月至6月期间在上海、江苏和四川的六所高校发放问卷，同时对部分学生和教师作了访谈，共计访谈36名学生和22名教师。在每所高校发放问卷前，笔者就与相关教师联系安排问卷发放后的学生访谈和教师访谈事宜。学生访谈多以集体访谈方式进行。笔者为了取得较好的访谈效果，将每组访谈人数控制在四人以内，以给予每位受访者充分的话语机会。通常每所高校需要进行两组或三组学生访谈。教师访谈分为个人访谈和集体访谈两种形式。同样，笔者也将每次参与教师访谈的人数控制在四人以内，而且尽量安排个人访谈，给每位访谈者充分的交流时间。因为学生访谈的对象大多是在填写问卷后随机抽样的，所以无法事先告知访谈的内容。

教师访谈的对象一般可以提前确定,所以在与教师访谈对象联系访谈时间时,笔者会同时将访谈提纲发送给访谈对象,以便访谈对象提前思考准备,有利于访谈取得更好的效果。

访谈开始前,笔者会通过寒暄或聊天的形式营造轻松愉快的氛围,使受访者感到自然亲切,以便取得受访者的信任。随后,笔者简要介绍访谈的目的和内容,正式开始访谈。笔者征得了受访者的同意,用录音笔记录访谈的全过程,同时适当做访谈笔记,随时记录访谈中的要点。访谈进行期间,笔者参照访谈大纲有步骤地实施半结构化访谈,积极思考受访者谈论的内容,通过追问的方式对表达不够清晰或可能造成误解的部分要求受访者进一步澄清。对于与研究密切相关的内容,笔者会引导受访者提供更加丰富的信息。平均每组访谈持续约 45 分钟,笔者收集了大量的音频数据和访谈笔录,供数据分析使用。

对于个案研究对象,笔者采取深度访谈进行访谈数据的收集。笔者安排与每位个案研究对象进行三次深度访谈。三次访谈的时间分别是 2015 年 6 月、7 月和 10 月,每位个案研究对象平均每次访谈时间约为 1.5 小时。第一次访谈,笔者侧重了解个案研究对象的英语学习观念和行为,并观察个案研究对象的学习观念如何影响他的学习行为。第二次访谈,笔者重点结合个案研究对象填写的英语学习情况调查问卷,请个案研究对象深入描述学习行为及各方面影响因素。前两次访谈时,个案研究对象都处于在校大学英语学习的第二学期。第三次访谈安排在第三学期,笔者请个案研究对象描述他在第三学期的英语学习情况,并与前两个学期进行对比,关注英语学习的动态变化。整个深度访谈过程中,笔者与个案研究对象深入交流,共同反思其生态位特征和各方面内外部影响因素。笔者利用每次访谈结束后的时间,用相关量表完成了对个案研究对象的学习策略能力、学习风格、思辨能力、创新能力和跨文化交际能力的测试。关于信息素养,笔者将在线测试的网址和登录信息发给个案研究对象,待个案研究对象完成在线测试后,笔者以测试管理员身份登入测试系统,获得其测试结果。

### 4.6.3 观察数据收集

笔者为了全面把握个案研究对象在不同教学活动中的表现,给每位个案研究对象拍摄了一个课程单元的课堂录像。三位个案研究对象的任课教师根据教学计划用六个课时(45 分钟/课时)完成一个单元的教学活动。因为最后一课时被用来做单元测验,以听写、翻译、词汇测试等为主要测试形式,并无常规授课活动,所以笔者给每位个案研究对象拍摄了一个单元教学中前五个课时的课堂录像。

三位个案研究对象的课堂录像中,有一位是笔者亲自拍摄的。笔者委托硕士学习期间的两位同学分别完成了另外两位个案研究对象的课堂录像拍摄。笔者的两位同学分别在两位个案研究对象所在学校工作。他们与个案研究对象的大学英语任课教师都很熟悉,为课堂录像的拍摄带来了很多便利。因为拍摄对象是个案研究对象,所以摄像机需放置在教室讲台的一侧,面向个案研究对象坐的位置。但不需要移动摄像机,因为教室大小适中,经试验,能保证拍摄的视频清晰,从教室各个位置传来的声音效果也都很好。同时,笔者利用了教室内安装的监控摄像头。经向个案研究对象所在学校的数字化电教中心申请,笔者成功提取了教室内的监控摄像头拍摄的课堂录像,从而获得了教师授课过程的录像,与拍摄的个案研究对象录像配合使用,全面记录了课堂教学过程。课堂录像的拍摄于 2015 年 6 月在三位个案研究对象所在的高校同时展开。笔者于 6 月底收集到所有课堂录像资料,共计 15 课时,开始根据课堂观察量表进行观察、整理和分析。

## 4.7 数据分析方法

(1) 问卷数据分析

笔者采用 SPSS 21.0 软件对问卷调查收集的数据做统计分析,包括因子分析、因子的描述统计分析和推断统计分析。目的为从数据分析中描述大学英语教学生态系统中学生生态位的现状及相关影响因素。通过因子分析获得影响力最强的因素集合,而后利用推断统计分析在不同层面展开方差分析,比较按不同标准分类的学生生态位之间是否存在显著差异,从多视角讨论学生生态位在群体层面的特点。

(2) 访谈数据分析

访谈数据收集后,笔者对访谈录音做了逐字逐句的转写。根据访谈提纲对访谈数据做了第一轮初步的整理。而后,将第 3.7.4 节提出的本研究框架作为访谈意义编码系统,对访谈数据进行进一步编码和整理,其核心是围绕大学英语教学生态系统中影响学生生态位的内外部因素进行分析。通过反复阅读访谈数据,厘清意义分布,结合问卷数据的分析结果,为本研究的结果与讨论部分做好充分的准备。

(3) 课堂观察数据分析

对于课堂录像的数据分析,笔者采用了"英语课堂教学观察系统"(刘永兵,王冰,林正军,2009)作为数据分析工具。课堂观察是以课段为基本单位进行的。课段是持续一段时间,师生为完成某种特定教学任务而进行的特定的课堂活动(刘永兵,王冰,林正军,2009)。每一个课时可以按照课堂教学活动依次划分为不同的课段,笔者在划分课段的同时记录每一课段所用的时间。然后,以课段为单位,记录观察系统中其他各观测项的观测结果。完成对所有课堂录像的观察记录后,笔者选择重要指标对每一位个案研究对象所在课堂的观察数据进行统计分析并汇总,用于分析个案研究对象在课堂的学习表现以及课堂生态环境。

## 4.8 本章小结

本章介绍了研究设计,包括研究问题的设置、相应的抽样原则与研究方法的选择、研究对象、不同研究方法的优点和局限性,以及研究工具的制定,并详细叙述了数据收集的过程和数据分析方法。本研究的定量研究部分采用问卷调查法。笔者根据研究问题,参考相关文献,结合大学英语学生生态位在本研究中的工作定义,确定了对学生生态位进行问卷调查的各个维度。通过借鉴已有信效度较好的量表,按本研究的需要进行改编,形成了初步的问卷。问卷维度包含学生生态位的态、势及影响学生生态位的内部因素和外部因素。问卷经过预测和修改,最终形成了共计46个题项的正式问卷。同时,笔者分别设计了学生访谈提纲和教师访谈提纲,并确定了课堂观察系统和个案研究所需要的各类量表。笔者在抽样的六所高校对研究对象进行了深入细致的数据收集,待数据收集完毕后,利用SPSS统计分析软件对定量数据进行了分析。笔者基于访谈提纲和研究框架形成了访谈意义编码系统,用于访谈数据分析。针对课堂观察,采取定性和定量结合的方法,利用课堂观察系统分析了课堂录像数据。本章完成了数据收集和分析方法的界定,第五章和第六章将进行数据分析,并讨论相关结果。

# 第五章

# 群体研究结果与讨论

## 5.1 引　　言

通过问卷调查的数据收集和访谈数据收集,本研究收集到了大学英语教学生态系统中的学生生态位及其影响因素的各项数据。本章将对问卷和访谈数据进行分析、展开讨论,描述群体层面的学生生态位现状,分析生态位的态与势及其他内外部影响因素对其产生的影响。首先,基于抽样时的不同专业类型高校进行统计分析。基于因子分析的结果可以得到对学生生态位影响力最大的影响因素集合,并结合访谈数据对这些主要的影响因素做进一步的分析与讨论,包括因子的描述统计分析和推断统计分析,以对比不同专业类型高校的学生生态位特点是否具有显著差异。其次,按学校层次分类进行数据的对比分析,考察不同层次学校的学生生态位是否具有显著差异。最后,基于不同的学生生态位层次进行统计分析,在纵向维度上获得学生生态位的特点描述,并对主要影响因素做推断统计分析,对比不同学生生态位层次之间的差异。

笔者在六所高校发放问卷。其中理工类高校、师范类高校和综合类高校各两所,表5-1显示了不同专业类型高校的编码及各类高校有效问卷的数量。本章对理工类、师范类和综合类高校分别编码为1、2、3,并对每一类高校中的"985工程"或"211工程"高校进一步编码为A,对非"985工程"或"211

工程"高校编码为 B。本研究共计发放问卷 1 258 份,回收 1 217 份,回收率达 96.7%,其中有效问卷 998 份,占回收问卷总数的 82%。本章将从问卷数据分析入手,结合访谈数据展开分析与讨论。

表 5-1 学校专业类型编码及有效问卷数量

| 学校专业类型编码 | 有效问卷数量 |
| --- | --- |
| 1 理工类 | 310 |
| 2 师范类 | 348 |
| 3 综合类 | 340 |

## 5.2 基于高校专业类型的分析

### 5.2.1 频数分析

问卷第二部分第 5 题至第 9 题是有关学生英语学习的基本状况。表 5-2 显示了这一部分频数分析的结果。

表 5-2 基于高校专业类型的频数分析

| 题项 | 学校专业类型编码 | | 百分比/% |
| --- | --- | --- | --- |
| 学习方式:场独立 | 1 | | 72.3 |
| | 2 | | 71.6 |
| | 3 | | 74.7 |
| 学习方式:场依存 | 1 | | 27.7 |
| | 2 | | 28.4 |
| | 3 | | 25.3 |
| 每周课外接触英语的时间 | 1 | 0—1 小时 | 21.9 |
| | | 1—2 小时 | 26.1 |
| | | 2—3 小时 | 24.8 |
| | | 3—4 小时 | 15.2 |
| | | 4—5 小时 | 5.8 |
| | | 5 小时以上 | 6.1 |

续表

| 题项 | 学校专业类型编码 | | 百分比/% |
|---|---|---|---|
| 每周课外接触英语的时间 | 2 | 0—1 小时 | 13.2 |
| | | 1—2 小时 | 19.5 |
| | | 2—3 小时 | 26.1 |
| | | 3—4 小时 | 18.1 |
| | | 4—5 小时 | 11.2 |
| | | 5 小时以上 | 11.8 |
| | 3 | 0—1 小时 | 15.6 |
| | | 1—2 小时 | 24.4 |
| | | 2—3 小时 | 19.7 |
| | | 3—4 小时 | 14.1 |
| | | 4—5 小时 | 13.5 |
| | | 5 小时以上 | 12.6 |
| 使用最多的三类英语学习资源 | 1 | 英语影视剧 | 83.2 |
| | | 英语歌曲 | 78.4 |
| | | 英语教学类内容 | 55.2 |
| | 2 | 英语影视剧 | 98.4 |
| | | 英语歌曲 | 94.5 |
| | | 英语教学类内容 | 80.6 |
| | 3 | 英语影视剧 | 89.1 |
| | | 英语歌曲 | 88.2 |
| | | 英语教学类内容 | 64.1 |
| 英语学习中经常使用的信息技术平台和相关软件 | 1 | QQ | 61.9 |
| | | 微信 | 35.8 |
| | | 电子词典 | 56.8 |
| | | 英语学习手机应用 | 42.3 |
| | | 英语学习网站 | 16.8 |
| | | 教学光盘 | 6.1 |
| | | 网络教学平台 | 13.2 |
| | | 网络公开课 | 15.2 |

续表

| 题项 | 学校专业类型编码 | | 百分比/% |
|---|---|---|---|
| 英语学习中经常使用的信息技术平台和相关软件 | 2 | QQ | 58.7 |
| | | 微信 | 50.0 |
| | | 电子词典 | 69.3 |
| | | 英语学习手机应用 | 49.7 |
| | | 英语学习网站 | 21.6 |
| | | 教学光盘 | 26.5 |
| | | 网络教学平台 | 9.3 |
| | | 网络公开课 | 16.1 |
| | 3 | QQ | 59.4 |
| | | 微信 | 40.3 |
| | | 电子词典 | 65.9 |
| | | 英语学习手机应用 | 46.8 |
| | | 英语学习网站 | 29.7 |
| | | 教学光盘 | 13.2 |
| | | 网络教学平台 | 19.7 |
| | | 网络公开课 | 16.8 |
| 英语口语能力自我评价 | 1 | 处于班级的前 1/3 | 13.2 |
| | | 处于班级中等水平 | 49.7 |
| | | 处于班级的末 1/3 | 37.1 |
| | 2 | 处于班级的前 1/3 | 10.9 |
| | | 处于班级中等水平 | 67.8 |
| | | 处于班级的末 1/3 | 21.3 |
| | 3 | 处于班级的前 1/3 | 15.9 |
| | | 处于班级中等水平 | 59.7 |
| | | 处于班级的末 1/3 | 24.4 |

由表 5-2 可知,学生的学习风格倾向于场独立型的学习方式。场独立型学习者属于分析型学习者,具有较好的逻辑推理能力,"这类学习者在正规的课堂学习中具有一定的优势"(蒋祖康,2002)[F26]。与场独立型学习风格相

反的场依存型学习风格,更加适合在自然语言环境中,通过口头语言的交际与他人互动学习。刘美(2013)的调查也得到类似结果,多数受试者擅长独立的逻辑思考,而擅长合作学习的人数较少。笔者从访谈中也了解到,大学生的学习风格更加倾向于独立学习,不仅是大学英语课,在其他的课程学习中学生也不大主动开展合作学习。可是这一学习风格特点,只能在口语能力之外的英语应用技能上表现出优势,例如阅读和写作,但对英语交际能力的培养不利。

每周课外接触英语的时间在 3 小时以上的学生比例,理工类高校为 27.1%,师范类高校为 41.1%,综合类高校为 40.2%。可见,理工类高校学生课外接触英语的时间较少,师范类高校和综合类高校学生课外接触英语的时间较长。理工类高校学生的英语学习时间投入较少,可能与其学习动机等因素有关。

关于第 7 题,每一类高校使用最多的三类学习资源是一样的,依次是英语影视剧、英语歌曲、英语教学类内容。其差异主要在于师范类高校使用这三类资源的比重大大高于理工类和综合类高校。可见师范类高校学生的英语学习资源类型较为集中。以英语游戏为例,在理工类高校和综合类高校学生中的占比分别为 27.4% 和 20.0%,然而在师范类高校学生中只占 15%。

对有效问卷的 998 名受试者进行统计,表 5-3 显示了使用各资源的学生人数占总体样本人数的比重。其中英语游戏排在第四位,对大学英语教学来说,游戏学习的应用还很有限,但在学生常用资源中占据一定的比重,应当有所关注。

表 5-3 学习资源使用状况

| 资源类型 | 使用者的比重/% |
| --- | --- |
| 英语影视剧 | 86.8 |
| 英语歌曲 | 83.8 |
| 英语教学类内容 | 64.0 |
| 英语游戏 | 20.5 |
| 英语新闻 | 10.5 |
| 英语报纸杂志 | 9.2 |
| 英语文学作品 | 7.9 |

关于第 8 题,各类型高校对英语学习手机应用的使用情况类似。观看网络公开课的学生比例也较为接近。理工类高校学生在电子词典和英语学习

网站的使用上略低于师范类高校和综合类高校;在教学光盘和网络教学平台的使用上显著低于师范类高校和综合类高校十个百分点左右。教学光盘一般是由出版社附在教材后面,提供与课本配套的听说材料和练习题等内容。网络教学平台通常有两种类型。一类作为技术媒介,用来传递教学文件、批改学生作业和建立师生交流。有些学校也会把教学光盘的内容上传到网络教学平台,方便学生在平台上使用。另一类通常是一套计算机辅助教学系统,以听说类系统为主,供学生以测试的形式进行自主学习。这两类网络教学内容一般由教师布置课后作业,学生需要随着课程进度按时完成相应的学习任务。教师会将自主学习的部分内容纳入平时小测验或期中、期末考试中。然而,从使用者比重来看,在所有信息技术平台和软件中,教学光盘和网络教学平台的利用率是最低的。它们虽然与教学内容和考试内容密切相关,但只有相对少部分学生经常使用。在学生中更为广泛使用的是英语学习手机应用、英语学习网站和网络公开课。学生利用这些平台和软件最常获取的资源是英语影视剧、英语歌曲和英语教学类内容。可见,为了获取教材内容之外的英语资源,学生更多地借助教学光盘和网络教学平台之外的媒介。电子词典则是学习过程中解决生词问题最快捷的工具,所以在学生中的使用比例也很高。

  以下访谈中也发现,造成网络教学平台的利用率偏低也有技术不成熟的因素产生的影响。

    教师(师范类 A):"可能是因为技术方面的问题,机器经常坏,承载不了自主学习的要求,里面的网络资源也比较陈旧,学生可能不是特别感兴趣。所以,就时而断断续续的吧,有的时候跟学生提出要求,然后去了两三个星期就突然说系统崩溃了,又不去了。现在每一次跟学生讲,学生首先就问老师,这学期有没有要求,或者跟期末成绩有没有关系,所以这方面工作没有那么成体系,也没有坚持下来。"

以下访谈内容说明,还有一些抽样高校也遇到了类似技术问题。

    学生(综合类 A):"老师这个群就是被大家投诉的,而且出了不少问题,每天都有人投诉,每天都有人做那个系统里的题目遇到问题。"

技术的保障和资源的更新在信息化教学中尤为重要。蔡基刚(2006)、陈坚林(2010)都提出了缺乏技术保障给大学英语教学带来的负面影响。

基于总体样本进行统计,表 5-4 显示了使用各信息技术平台和相关软件的学生人数占总体样本人数的比重。

表 5-4 信息技术使用状况

| 信息技术平台和相关软件 | 使用者的比重/% |
| --- | --- |
| QQ | 57.7 |
| 微信 | 40.4 |
| 电子词典 | 61.6 |
| 英语学习手机应用 | 44.5 |
| 英语学习网站 | 22.0 |
| 网络公开课 | 15.4 |
| 教学光盘 | 14.6 |
| 网络教学平台 | 13.7 |

第 9 题请学生自我评价其英语口语能力在班级所处的位置,作为对学生口语能力的评价参考。在各类型高校中,约半数以上的学生都认为自己的口语水平处于班级中等水平。相比之下,理工类高校的学生认为自己的口语水平处于班级的中等和后三分之一水平的比例要高于师范类高校和综合类高校的学生。

### 5.2.2 因子分析

笔者利用 SPSS 21.0 软件对问卷的第三部分和第四部分共计 46 题进行了统计分析。首先,笔者删除了有效问卷中的个别奇异值,设置为缺省值状态。然后对缺省值进行替换,选择 SPSS 软件提供的"连续平均值"选项,缺省部分被替换为所有受试者在该题项得分的平均值。其次,问卷设计时第 8 题是反向题,笔者在替换问卷的缺省值后对其进行了反向赋值,即得分为 1 的题项被赋值为 5,得分为 2 的题项被赋值为 4,得分为 4 的题项被赋值为 2,得分为 5 的题项被赋值为 1。在开始因子分析前,笔者还测量了问卷的信度。Cronbach's Alpha 系数为 0.931,表示问卷具有很好的信度。此外,如表 5-5 所示:KMO 检测值为 0.930,Bartlett 球形度检验也达到了显著性水平($p \leqslant 0.05$),且有效样本量达到了问卷题项数量的 5 倍以上,因此判断学生问卷数据适于进行因子分析(吴明隆,涂金堂,2012)。

表 5-5 KMO 和 Bartlett 检验

| 取样足够度的 Kaiser-Meyer-Olkin 度量 | | 0.930 |
|---|---|---|
| Bartlett 球形度检验 | 近似卡方 | 19 347.641 |
| | df | 1 176 |
| | Sig. | 0.000 |

因子分析按以下原则进行:(1)定义因子抽取方法为最常用的主成分分析方法,定义因子旋转方式为最大方差法。(2)提取因子的特征值大于等于1。(3)在系数显示格式中,选择按因子负荷大小排序,并排除负荷值低于0.4的因子。如果某个题项在不止一个因子上的负荷值超过0.4,则选择将其归入最高负荷值所在的因子。(4)每个因子至少包含三个题项。按以上标准进行因子分析。有些题项的负荷值小于0.4而被删除;有些因子下的题项少于三个,不能被提取为一个因子,可选择逐项删除题项,依据每次因子分析运行的结果决定下一步的处理方式。倘若一次删除不止一个题项,对整个问卷的因子提取会产生较大的影响,容易丢失题项承载的有效信息。因子分析结果显示方差总解释率为54.117%,见表5-6。表5-7为旋转成分矩阵表,共提取了八个成分。

表 5-6 解释的总方差

| 成分 | 初始特征值 | | | 提取平方和载入 | | | 旋转平方和载入 | | |
|---|---|---|---|---|---|---|---|---|---|
| | 合计 | 方差的 % | 累积 % | 合计 | 方差的 % | 累积 % | 合计 | 方差的 % | 累积 % |
| 1 | 11.996 | 26.657 | 26.657 | 11.996 | 26.657 | 26.657 | 3.699 | 8.220 | 8.220 |
| 2 | 2.784 | 6.187 | 32.844 | 2.784 | 6.187 | 32.844 | 3.647 | 8.105 | 16.326 |
| 3 | 2.264 | 5.032 | 37.876 | 2.264 | 5.032 | 37.876 | 3.525 | 7.833 | 24.159 |
| 4 | 1.820 | 4.045 | 41.921 | 1.820 | 4.045 | 41.921 | 3.392 | 7.537 | 31.696 |
| 5 | 1.700 | 3.778 | 45.698 | 1.700 | 3.778 | 45.698 | 3.354 | 7.452 | 39.148 |
| 6 | 1.356 | 3.013 | 48.711 | 1.356 | 3.013 | 48.711 | 2.274 | 5.053 | 44.201 |
| 7 | 1.259 | 2.798 | 51.509 | 1.259 | 2.798 | 51.509 | 2.269 | 5.041 | 49.243 |
| 8 | 1.173 | 2.607 | 54.117 | 1.173 | 2.607 | 54.117 | 2.193 | 4.874 | 54.117 |

提取方法:主成分分析。

表 5-7 旋转成分矩阵

| | 成分 | | | | | | | |
|---|---|---|---|---|---|---|---|---|
| | 1 | 2 | 3 | 4 | 5 | 6 | 7 | 8 |
| SMEAN(Q37) | 0.674 | | | | | | | |
| SMEAN(Q41) | 0.622 | | | | | | | |
| SMEAN(Q36) | 0.609 | | | | | | | |
| SMEAN(Q40) | 0.586 | | | | | | | |
| SMEAN(Q39) | 0.574 | | | | | | | |
| SMEAN(Q42) | 0.462 | | | | | | | |
| SMEAN(Q5) | 0.427 | | | | | | | |
| SMEAN(Q43) | | 0.686 | | | | | | |
| SMEAN(Q44) | | 0.614 | | | | | | |
| SMEAN(Q33) | | 0.582 | | | | | | |
| SMEAN(Q45) | | 0.553 | | | | | | |
| SMEAN(Q46) | | 0.549 | | | | | | |
| SMEAN(Q34) | | 0.497 | | | | | | |
| SMEAN(Q35) | | 0.418 | | | | | | |
| SMEAN(Q29) | | 0.404 | | | | | | |
| SMEAN(Q8) | | | 0.712 | | | | | |
| SMEAN(Q2) | | | 0.710 | | | | | |
| SMEAN(Q1) | | | 0.643 | | | | | |
| SMEAN(Q13) | | | 0.627 | | | | | |
| SMEAN(Q14) | | | 0.468 | | | | | |
| SMEAN(Q19) | | | 0.426 | | | | | |
| SMEAN(Q10) | | | | 0.745 | | | | |
| SMEAN(Q9) | | | | 0.715 | | | | |
| SMEAN(Q4) | | | 0.404 | 0.670 | | | | |
| SMEAN(Q3) | | | 0.440 | 0.655 | | | | |
| SMEAN(Q6) | | | | 0.503 | | | | |
| SMEAN(Q12) | | | | 0.502 | | | | |

第五章 群体研究结果与讨论

续表

| | 成分 | | | | | | | |
|---|---|---|---|---|---|---|---|---|
| | 1 | 2 | 3 | 4 | 5 | 6 | 7 | 8 |
| SMEAN(Q11) | | | | 0.442 | | | | |
| SMEAN(Q27) | | | | | 0.643 | | | |
| SMEAN(Q28) | | | | | 0.640 | | | |
| SMEAN(Q25) | | | | | 0.586 | | | |
| SMEAN(Q23) | | | | | 0.496 | | | |
| SMEAN(Q30) | | | | | 0.479 | | | |
| SMEAN(Q26) | | | | | 0.470 | | | |
| SMEAN(Q21) | | | | | | 0.660 | | |
| SMEAN(Q22) | | | | | | 0.641 | | |
| SMEAN(Q32) | | | | | | 0.550 | | |
| SMEAN(Q7) | | | | | | 0.467 | | |
| SMEAN(Q16) | | | | | | | 0.655 | |
| SMEAN(Q18) | | | | | | | 0.655 | |
| SMEAN(Q17) | | | | | | | 0.631 | |
| SMEAN(Q15) | | | | | | | 0.488 | |
| SMEAN(Q31) | | | | | | | | 0.661 |
| SMEAN(Q38) | 0.432 | | | | | | | 0.555 |
| SMEAN(Q20) | | | | | | | | 0.440 |

笔者根据旋转成分矩阵表尝试为提取的八个因子命名。发现成分8的三个题项分属不同的维度。笔者对成分8所包含的题项作了信度检验,得到的Cronbach's Alpha系数为0.509。因子的信度系数通常要求达到0.7,达到0.6为勉强可以接受,如果在0.5以下则不能保留(吴明隆,涂金堂,2012)。此外,吴明隆(2010)指出,在共同因素的选取上,必须同时考虑统计结果和实际意义。有时,统计上有意义的共同因素在实际应用中没有意义,无法命名或命名无法包括共同因素的所有题项内容,应根据研究实际需要结合统计分析选取共同因素。因此,笔者决定将成分8拆除。其中,第31题为认知策略,在提取的其他七个因子中没有这一维度,所以舍去。第20题虽然和学习动机联系紧密,但严格说来属于英语学习的效价,笔者决定尽量保持

因子分析的结果，所以同样舍去。第38题的内容是：我会利用英语学习网站或应用软件来辅助我的英语学习（例如英语作文批改网站、单词记忆应用软件等）。该题属于应用信息技术进行英语学习的范畴，且本题在因子1的负荷值为0.432，所以归入第一个因子。

经过以上调整后，共提取七个因子，笔者对每个因子所包含的题项分别作了信度检验。结果显示，除"其他学习动机"外，所有因子的Cronbach's Alpha系数均达到0.7以上，具有较好的信度。表5-8列举了各因子的命名、包含的题项及信度检验Cronbach's Alpha系数。

表5-8 学生生态位的主要影响因素归类

| 序号 | 因子名称 | 题项 | Cronbach's Alpha系数 |
| --- | --- | --- | --- |
| 1 | 信息素养 | 37、41、36、40、39、42、5、38 | 0.828 |
| 2 | 沟通合作能力 | 43、44、33、45、46、34、35、29 | 0.827 |
| 3 | 学习兴趣 | 8、2、1、13、14、19 | 0.810 |
| 4 | 学习环境 | 10、9、4、3、6、12、11 | 0.805 |
| 5 | 元认知策略能力 | 27、28、25、23、30、26 | 0.766 |
| 6 | 自我效能及实现途径 | 21、22、32、7 | 0.711 |
| 7 | 其他学习动机 | 16、18、17、15 | 0.672 |

在这七个因子当中，前三个因子处于主导地位，它们可解释的总方差为41.921%。其中因子1"信息素养"可解释的总方差最高，达到26.657%，因子2"沟通合作能力"达到6.187%，因子3"学习兴趣"的解释力达5%。

从理论上来说，每位受试者在这七个因子上的总得分越高，说明其生态位的势越强，并且周围其他影响因素对其英语学习发挥的正向推动作用越强。信息素养、沟通合作能力、学习兴趣、元认知策略能力、自我效能及实现途径、其他学习动机这六个因子属于影响学生生态位的内部因素，而学习环境属于外部影响因素。学生在这些影响因子上的问卷得分越高，说明内部和外部影响因素对英语学习的促进作用越强，越有利于学生生态位的扩充，起到了增强"总势能"的作用，促进态的变化。所以，笔者将每位受试者在这七个因子上的总得分作为描述学生生态位总势能的变量，结合各因子的均值进行统计分析。

笔者利用积差相关分析考察了七个因子和学生生态位总势能之间的相关性，结果见表5-9。

表 5-9 主要影响因素与生态位总势能的相关性

| | | 生态位总势能 | 信息素养 | 沟通合作能力 | 学习兴趣 | 学习环境 | 元认知策略能力 | 自我效能及实现途径 | 其他学习动机 |
|---|---|---|---|---|---|---|---|---|---|
| 生态位总势能 | Pearson 相关性 | 1 | 0.793** | 0.833** | 0.735** | 0.690** | 0.766** | 0.702** | 0.652** |
| | 显著性（双侧） | | 0.000 | 0.000 | 0.000 | 0.000 | 0.000 | 0.000 | 0.000 |
| | 平方与叉积的和 | 448 152.886 | 10 489.551 | 11 297.108 | 10 698.628 | 9 111.541 | 10 235.134 | 10 556.723 | 10 186.517 |
| | 协方差 | 449.501 | 10.521 | 11.331 | 10.731 | 9.139 | 10.266 | 10.588 | 10.217 |
| | N | 998 | 998 | 998 | 998 | 998 | 998 | 998 | 998 |

** 在 0.01 水平（双侧）上显著相关。

可见,这七个因子与生态位总势能表现出显著的正相关(显著性概率值 $p<0.01$)。生态位总势能越高的学生在这七个因子上的得分也越高。它们之间的可决系数为 Pearson 相关系数的平方。可决系数为方差分析中的关联性强度系数。两个变量的关联强度与可决系数成正比(吴明隆,涂金堂,2012)。以沟通合作能力因子为例,它与生态位总势能的可决系数为 0.6939,表示生态位总势能有 69.39% 的变异量可以为沟通合作能力因子所解释,属于很高相关。吴明隆、涂金堂(2012)指出,按五级分类方法,相关系数在 0.2 以下为微弱相关,0.2—0.4 为低相关,0.4—0.6 为中相关,0.6 以上为高度相关,0.8 以上为很高相关。表 5-10 根据可决系数,将这七个因子对生态位总势能的可解释变异量从大到小进行了排序。

表 5-10 各影响因素对生态位总势能的可解释变异量

| 可解释变异量 | 沟通合作能力 | 信息素养 | 元认知策略能力 | 学习兴趣 | 自我效能及实现途径 | 学习环境 | 其他学习动机 |
| --- | --- | --- | --- | --- | --- | --- | --- |
| 生态位总势能/% | 69.39 | 62.88 | 58.68 | 54.02 | 49.28 | 47.61 | 42.51 |

显然,沟通合作能力因子与生态位总势能的关联强度最高,其次是信息素养因子,接下来是元认知策略能力因子和学习兴趣因子,这四个因子对生态位总势能的可解释变异量都达到了 50% 以上。所有七个因子与生态位总势能都保持高度相关。

然而,当笔者用这七个因子和生态位总势能与大学英语四级考试成绩代表的学生生态位的态进行相关分析时却发现,学习环境因子与四级考试成绩不相关。生态位总势能和其他六个因子虽然与四级考试成绩存在显著相关关系,但相关系数较低,如表 5-11 所示均在 0.3 以下,属于低度或微弱相关。

可见,学生生态位的态与生态位总势能没有建立起较强的关联强度。笔者认为主要原因是生态位的态仅仅由四级考试的笔试成绩来衡量具有很大的局限性。造成局限性的原因主要是测量维度不够全面,至少口语能力和社会语用能力等都没有被纳入对态的考察。所以,从目前的量化分析来看,学生生态位的态与势之间只是低度相关。

表 5-11 主要影响因素和生态位总势能与四级成绩的相关性

| | | 生态位总势能 | 沟通合作能力 | 信息素养 | 元认知策略能力 | 学习兴趣 | 自我效能及实现途径 | 学习环境 | 其他学习动机 |
|---|---|---|---|---|---|---|---|---|---|
| 大学英语四级考试成绩 | 大学英语四级考试成绩 | | | | | | | | |
| | Pearson 相关性 | 1 | 0.207** | 0.193** | 0.116** | 0.184** | 0.243** | 0.225** | 0.003 | 0.105** |
| | 显著性（双侧） | | 0.000 | 0.000 | 0.000 | 0.000 | 0.000 | 0.000 | 0.918 | 0.001 |
| | 平方与叉积的和 | 3 587 936.342 | 262 403.617 | 7 389.712 | 4 334.805 | 6 967.049 | 10 029.337 | 9 555.207 | 121.299 | 4 625.979 |
| | 协方差 | 3 598.733 | 263.193 | 7.412 | 4.348 | 6.988 | 10.060 | 9.584 | 0.122 | 4.640 |
| | N | 998 | 998 | 998 | 998 | 998 | 998 | 998 | 998 | 998 |

** 在 0.01 水平（双侧）上显著相关。

### 5.2.3 因子的描述统计分析

表 5-12 显示,在所有七个因子中,学习兴趣因子的均值位列第一;沟通合作能力因子的均值最低;信息素养因子和元认知策略能力因子的均值分列倒数第三、四位。下面就各因子分别作描述统计分析。

表 5-12 主要影响因素的因子得分

| 因子 | 均值 | 标准差 |
| --- | --- | --- |
| 沟通合作能力 | 2.82 | 0.641 23 |
| 信息素养 | 3.05 | 0.625 77 |
| 元认知策略能力 | 3.23 | 0.632 00 |
| 学习兴趣 | 3.42 | 0.688 74 |
| 其他学习动机 | 2.88 | 0.738 74 |
| 自我效能及实现途径 | 3.30 | 0.711 42 |
| 学习环境 | 3.28 | 0.625 16 |

(1) 沟通合作能力

描述统计显示,沟通合作能力因子的均值为 2.82,是所有七个因子中最低的。除了第 29 题"虽然我担心说英语时会犯错误,但我会鼓励自己多说英语",所有题项的均值都在 3.0 以下。这一题描述的是自我鼓励的情感策略,可以间接反映学生具有一定的交流意愿,希望多练习口语。然而,无论是课内还是课外,学生与老师以及学生之间就英语学习进行的交流都较少。

第 43 题涉及学生在课堂小组活动中是否积极说英语。接近 40% 的学生都表示不够积极。其中部分原因和课堂小组活动的监督管理有一定关系。小组活动中出现无所事事或者开小差的情况;有些小组活动变成了只有好学生讲,差学生一直听的情况(陈映苹,2002)。教师一人很难保持对小组活动的不间断管理,特别当班级人数较多时,小组活动只能依赖学生的自我管理。教师可以指定小组活动的负责人,保证小组活动的正常进行,使每位小组成员都有交流互动的机会。同时,教师应指导学生有意识地促进小组活动的有效开展。学生在小组活动中的角色应该是动态变化的,有时发表自己的观点,有时对他人的观点进行评价,还有的时候充当组织者,协调小组成员的互动节奏等。学生需要增强小组活动的参与意识,提高课堂合作学习的效果。

学生课外有关英语学习的沟通合作状况更加不容乐观。第 33 题"课外我会用英语与同学或老师对话"均值只有2.44,是沟通合作能力因子的所有题项中均值最低的。在中国,英语是作为一门外语被教授和使用的,在这样的环境里学习英语是非常缺乏真实语境的,更加需要创造英语的使用情境,特别是增加听说的机会。最直接的方法就是在不断的语言使用中提高英语能力。但第33题选择"完全不适合"和"通常不适合"的学生接近60%。

第44题"遇到不明白的内容,我会在课上或课后合适的时机向老师或同学请教",选择通常会向老师和同学请教的学生约占四分之一。40%左右的学生选择有时会这样做。第33题和第44题的结果说明,学生需要老师或同学的帮助,但交流的频率偏低。

从访谈中了解到师生之间和生生之间课后就英语学习的交流程度偏低主要有两方面原因。其一,有学生提到,有些问题问了同学,结果经常是大家都不会解答,久而久之,就不会再问同学;其二,现在学生遇到问题都习惯于上网直接搜索答案,基本上不去问老师。虽然信息技术为学生自主解决英语学习的相关问题提供了极大的便利,但英语学习的交流绝不局限于解题,还包括对语言文化的探索和学习方法的总结,以及合作进行口语能力的训练。徐锦芬(2013)进行了为期14周的大学英语课外合作学习实验,结果证明学生之间的合作学习有助于学生解决学习上遇到的疑问,提高英语学习的动力和英语表达能力,并逐渐改变英语学习的态度,养成自主学习的习惯。合作学习使学生受益匪浅,但目前大学英语的课外合作学习没有充分展开,学生在课外的英语学习活动基本都是独立性的。

第45题"课后我愿意利用网络平台就英语学习和老师、同学交流分享信息"均值也未达到3.0。表5-4的频率分析显示,近60%的学生会在英语学习中用到QQ,约40%的学生会用到微信。但当被问及他们在这些信息技术平台上交流的具体内容时,大部分学生的回答是用来接收教师的通知和作业,或者询问同学作业要求、考试安排等信息。真正对学习内容的思考、讨论和分享则相对较少,由此造成QQ群或微信群没有充分发挥信息技术平台的作用。以下访谈反映出教师也有同感。

> 教师(理工类B):"QQ群现在也确实很好,这个好像叫学习共同体,我觉得真的是挺不错的,确实是方便很多学生的课下交流。课下交流,说实话有而且还很频繁,但是90%的情况不是问我学习上的东西,可能学生问的更多的是比如说作业什么时候交。"

由此可见,信息技术创造的课外网络学习空间虽然在一定程度上促进了师生和生生之间的交流,但沟通合作的内容集中于教学管理方面,而缺乏对学习内容本身的交流。笔者从访谈中了解到,学生提到的课外合作学习偶尔发生的情况是为了完成教师布置的课堂小组汇报任务。通常每个小组就一个讨论话题进行研究,然后向全班汇报他们的研究结果。这样的活动有利于调动学生的积极性,创造合作学习的机会。但受到班级人数和教学时间等因素的限制,这样的课外合作学习活动每学期通常最多只有一次。从这一角度来看,学生课外的英语合作学习频率低与缺乏合作学习任务有关。大学英语教学不应忽视对学生课外自主学习的指导,包括以多种形式的课外合作学习任务促进学生之间、师生之间的沟通合作,强化大学英语教学生态系统的生态网络,促进学生生态位的扩充。

(2) 信息素养

信息素养因子包含的 8 个题项中有 4 个题项的均值在 3.0 以下,分别是第 37 题、第 39 题、第 40 题、第 41 题,反映出学生的信息素养普遍偏低。

第 37 题"我能够利用图书馆等机构提供的电子数据库进行英语学习资源检索"反映了学生们在应用信息技术获取学习资源时,忽视了非常重要的电子资源来源——图书馆订购的电子数据库,或是其他机构提供的专门类的数据库。从访谈中了解到,学生检索信息的最常用方法就是在万维网搜索。一方面,普通搜索引擎上搜索到的信息种类繁多,有相当一部分信息的真实性和权威性无从考证。另一方面,专业数据库存储的信息已经过加工整理,易于查找到所需的合适的信息。所以,与普通万维网的信息检索相比,专业数据库无论是在检索效率上还是在信息质量方面都更胜一筹。在接受访谈的 36 名学生中,只有一位学生提到了曾使用图书馆提供的电子数据库辅助英语学习。

第 39 题"我可以对搜集到的英语学习资源进行筛选、归纳、分类、存储记忆和分析处理"测试的是学生对所接收信息的评价、分析和处理能力,反映了学生的思辨能力。第 40 题"我能够在外界信息输入的基础上形成自己的观点,做出信息的创新"测试了学生的创新能力。可见,大部分学生对自己这两方面的能力信心不足。描述统计显示,认为自己的思辨能力和信息处理能力尚可的学生不到三分之一;认为自己具有一定创新能力的学生不足四分之一。第 41 题"我会将信息分享到多种不同的网络平台"反映出学生在信息技术使用中的活跃度和复杂度。描述统计显示,近一半的学生在网络平台的使用中分享度较低,或者拥有不同网络平台的数量偏少。说明他们对信息技术领域可提供的资源环境尚没有充分开发,未利用好信息技术提供的强大的分享功能。这一现象在前述沟通合作因子的分析中已经说明,学生分享的意愿较低。

第 38 题涉及利用英语学习网站或应用软件进行英语学习的情况,均值相对较高,达到了 3.5 以上。结果显示,接近一半的学生使用手机应用进行英语学习,访问英语学习网站的学生比例接近四分之一。抽样的高校中近一半都规定大学一年级新生不许携带电脑入校,客观上促使学生更加依赖手机进行计算机辅助学习。同时,使用手机学习方便快捷,更容易为学生所接受,如以下访谈内容所示:

> 学生(理工类 B):"课外几乎都用手机,比如说现在下课了你到宿舍了,下午两点又有课,现在还有一点点时间的话,就用手机刷一下,所以有时看一些英语视频都是用一些比较零碎的时间。"

面对信息技术带来的海量资源,学生在访谈中也表达了困惑。

> 学生(师范类 A):"不知道上哪些网站学英语比较好。手机软件比较多,比如说沪江英语,大的门户性的网站,里面资源非常多,包括各种考试的。大家不清楚哪一个好,该去看什么。"

可见,信息素养中非常关键的是信息的检索、归纳与吸收能力以及思辨能力和创新能力。学生首先需要有较强的信息检索能力,挖掘所需要的信息;其次需要甄别信息的来源与质量,从海量资源中筛选出精华;最后通过归纳吸收,将信息的精华部分内化,与原有信息结合形成新的信息,用以完成相应的学习任务。师生之间和生生之间对资源的检索、分享与推荐也非常重要。资源的共享可以有效提高学习任务完成的质量和效率。

信息素养特别体现了学生对学习资源的支配力,是学生生态位势的重要能力之一。传统大学英语教学在信息技术因子进入后,转变为理论、方法和技术三者的结合,逐步完成了信息技术与大学英语教学的整合(陈坚林,2010)。如今进入"互联网+"时代,随着信息技术的应用途径、方法和程度的不断变化,在持续动态发展中形成了大学英语教学的"新常态"(陈坚林,王静,2016),对学生的信息素养不断提出更高的要求。大学英语教学的发展要求把对学生信息素养的培养融入教学的各个环节中,帮助学生拓展获取学习资源的渠道,加强思辨能力和创新能力,有效利用信息,为语言学习服务(刘奇志,2008;胡帅,2010;严映雪,2014)。

(3) 元认知策略能力

元认知策略能力是自主学习能力的核心,对学生生态位的发展有重要的作用。对英语学习时间和精力的投入可以反映学生对自主学习时间的管理。问卷第二部分第 6 题的频数统计显示,40%的学生平均每周课外英语学习时间在 2 小时以下。显然,这一时间投入对于语言学习来说是远远不够的。学生需要提高元认知策略能力,加强对英语学习的时间管理,投入更多的时间和精力。

第 23 题问及学生是否制定英语学习目标和计划。约三分之一的学生几乎从来没有制定过英语学习目标和计划。第 25 题问及英语学习的自我监督和管理。约四分之一的学生在这方面没有做任何的投入。

虽然学生在元认知策略的使用上相对不足,但第 27 题和第 28 题告诉我们近 90%的学生有这方面的意识,愿意对自己的英语学习负责,愿意对学习过程做反思和调整。总的来说,学生的元认知策略能力偏低。大学英语教学强调培养学生的自主学习能力,但以下访谈反映出学生自主学习任务的完成情况普遍堪忧。

> 教师(师范类 A):"每个学期学生必须得完成一定时间的网上自主学习,会出现什么状况呢?就是平时不去网络学习中心,到最后发现快期末考试了,没有完成嘛,集中去,排长队。"
> 
> 教师(理工类 A):"每单元课文后的练习题,我们是不在课上处理的,作为预习或复习的练习由学生自己完成,我一定要安排抽查,不然就会有学生根本不做。"
> 
> 学生(理工类 B):"上完课看英语的时间不会很多,因为没有强制力,而且其他课程学习也很花时间。"
> 
> 学生(综合类 A):"我有很多同学在外国语类大学,他们平常在学校经常碰到外国人,和外国人交流得用英语,他有那个语言环境。我们学校没有。而且,英语就两个学分,大家不是很重视,课后要求做的任务,也有同学没做。"

胡阳、张为民(2006)的研究也得到类似的结果。学生在英语学习中的元认知策略能力不足,具体表现在学习目标制定、学习方法和内容的选择及对学习的自我监控和评估方面能力欠缺。学生生态位的发展在很大程度上取决于学生自主学习能力的发挥。元认知策略能力的欠缺将直接影响自主学习的开展。

相关研究表明,自主学习能力的提高与学业成绩的进步呈正相关关系(王笃勤,2002;徐锦芬,2007)。通过对学生元认知策略的培训可以提高自主学习能力(王笃勤,2002;严明,2009)。信息技术与大学英语教学整合后,提供了丰富的学习资源、灵活多样的信息呈现方式和教学方式、开放的交互平台,非常有利于学习者自主性的发挥。相关研究表明,网络环境下的自主学习比传统课堂教学更有利于培养学生的英语能力(徐锦芬,2007;陈青松,许罗迈,2006)。但其也对学习者在网络环境下的元认知策略能力提出了更高的要求。由于对专业课更加重视,学习任务也很繁重,很多学生的课外英语学习时间会被其他课程挤占。信息技术应用于英语教学,使得碎片化时间的利用成为可能,学生需要培养自己运用信息技术进行英语学习的策略能力,更加高效地取得学习进步,扩充自己的生态位。

(4)学习兴趣

英语学习动机可以分为工具型动机和融入型动机(Gardner,1985)。学习兴趣因子属于融入型动机范畴,主要表现为对英语语言和文化方面的学习兴趣及对学习情境和学习过程本身的兴趣。

第19题"我学习英语是为了多掌握一项技能"在学习兴趣因子的所有题项中均值最高,反映了学生希望把英语当作一项技能来掌握的学习动机。频数统计显示,90%以上的学生持这一观点。

第13题"我对英语语言文化很感兴趣"均值最低。相反,第2题"英语具有独特的语言魅力"和第14题"对英语影视剧或歌曲和文学作品的爱好使我对英语产生了浓厚的兴趣"均值都较高。可以推断,学生认可英语的语言魅力,对英语影视剧或歌曲及文学作品有一定的兴趣,但对英语语言和文化的兴趣不强。

根据表5-3显示的学生使用最多的三类英语学习资源,显然英语影视剧和英语歌曲的使用者比例大大高于英语教学类内容,紧随其后排在第四位的是英语游戏。这说明学生对学习资源的选择更加偏向于趣味性和娱乐性

强的资源类型,期待轻松有趣的教学方式,具体参见以下访谈内容:

学生(理工类B):"最感兴趣的每单元的课文导入部分,经常会有一个影片的节选什么的,然后会有图片就觉得比较有意思,比单纯的讲课有意思,虽然没有什么实际的内容。"

教师(师范类B):"我觉得每次的导入部分,如果安排比较好的话是比较出彩的一个环节。导入的形式比较活泼,学生会感觉有新意,不是千篇一律地讲课文。老师肯定还是要引导的。比如说就听力材料、视频材料,或者是一个话题,大家展开讨论。所以这个环节要是组织得好的话,学生是挺开心的。"

教师(师范类A):"期中教学检查的时候还会有学生提出来说:'老师,好像这个讲语言点啊,解释课文啊,这些都已经过时了,现在我们可以排排电影、排排短剧,给个视频什么的。'他们对网络、视频、音频材料特别感兴趣。因为现在都用电脑,所以他们觉得就应该多放视频。他们对课堂展示也很感兴趣。因为我也做过调研,应该95%的学生都认为这是一个很好的方式,他们很感兴趣,但是真正去做的时候你会发现不是所有的同学都很认真。也许就是敷衍了事,他去网上随便搜个东西随便讲一下。所以说,学生说视频很好,如果我真的给他们播放视频,或者微课之类的,他们是不是真的会用心去学?"

从教师和学生的访谈中,我们清晰地看到学生对教学内容与方式的偏好,以及教师和学生在具体操作上的不同认识。视频通常作为话题的导入,生动地呈现课文讨论的背景信息,有助于激发学生思考,体现了信息化教学的优势。视频播放后,应当有广泛的、深入的观点表达,才不至于出现访谈中学生认为的没有什么实际内容。从上述教师访谈来看,教师对此有清晰的认识。但是学生似乎没有意识到播放视频的目的和意义。当进入其他教学环节,比如说课文和字词讲解,不如视频生动有趣,学生就开始抱怨。视频是动态的、生活化的,而字词是静态的,虽然也是通过信息化手段呈现给学生,但显然从形式上逊色很多。所以,解决问题的关键是师生如何共同协调选取的教学资源、内容呈现的形式和教学方式,使其既可以满足学生的学习兴趣又能保证良好的教学效果。

上述调查结果显示,学生对英语的学习兴趣主要表现为课外对英文影视剧和歌曲等娱乐性较强的学习资源的兴趣，显著高于对教学类内容的兴趣。大学英语教学要提高学生对教学类内容的学习兴趣，就需要在教学内容和教学方法上进行调整。余千华、樊葳葳、李娜(2008)[64]调查了学生的话题兴趣点和教材内容的匹配程度，发现学生感兴趣的话题"不仅涉及大学生活、友谊和情感、文化休闲娱乐及冒险、职业及成功之道等，而且还包括文化价值、宇宙地球、学习策略与方法、计算机与信息安全等方面。而学生最不感兴趣的则是那些有关婚姻、克隆、伦理道德、吸毒、恐怖主义及世界冲突等一些与学生日常生活相对较远且感觉比较沉重的话题"。这一调查结果也同样支持了本研究的发现，学生对于联系生活、娱乐性强及相对话题轻松的学习内容更感兴趣。课堂教学一定程度上受到教材所选内容的限制，正如余千华、樊葳葳、李娜(2008)的研究发现，有些教材所选内容和学生兴趣的匹配度偏低。但通过课外自主学习，可以给学生结合学习兴趣选择学习内容的自由。张文忠、夏赛辉(2011)开展了以兴趣驱动的个性化英语学习课程。学生可以根据自己的兴趣选择课外英语学习内容，并签订学习协议，开展个性化学习。结果显示，结合个人兴趣后，学生对个性化英语学习课程投入了大量的时间和精力，获得了语言能力发展、兴趣发展和学习信心增强等多方面收益。可见，大学英语教学要善于发现学生的兴趣点，引导学生围绕自己的兴趣点进行个性化的自主学习，将收到较好的教学效果。

(5) 其他学习动机

其他学习动机因子反映的主要是除了学习兴趣之外的工具型英语学习动机。

第15题"信息技术在英语学习中的广泛使用大大提升了我学习英语的热情"反映的是信息技术的使用对于学习动机的影响作用，均值达3.24。可见，信息技术受到学生的欢迎，对英语学习起到一定的促进作用。

第16、17、18题表达的是英语学习的不同工具型动机，涉及出国深造、找工作、传播中国文化和满足父母的期望，其均值普遍偏低。

从以下访谈内容中笔者发现，学生最根本的英语学习动机还是偏向于通过考试。当学生缺乏对英语的学习兴趣，同时又对英语学习的目的和意义认识不足时，就无法有足够的动机投入到英语学习中来，剩下的唯一动机来自短期内的学习压力，即通过课程考试。

学生（综合类A）："我们这些刚进大学的学生，虽然读了一年，但是我们还是无法认识到英语的重要性,英语以后有什么用我们现在看不明白,好像现在学了完全是为了考试。除了出国可以学,好像我们留在国内的学了没多大用处,应该是很多人都有这样的想法,没有多大热情。老师基本上没有这方面的引导。"

学生(师范类 A):"学英语,生活中遇到一个人问路,能回答就差不多了,就是能正常交流就好了,太深入的话我觉得没什么用了。所以现在只要考试通过就好。"

教师(理工类 A):"其实我教了两年基础差的学生。就是因为口语不行,有的动机也不强,认为学英文我就这样了,反正我四级也过不了,我也不喜欢英语。有的缺课,或者上课来了也不听。"

教师(理工类 B):"我感觉在这个六级班里面讲课,我现在有一个口头禅,每次要引起他们注意的时候,我会说这是六级考试里面比较重要的一个东西,然后他们就会开始记笔记。说到底我觉得还是一个目的性驱动比较明显的动机。他有这种动机,他觉得我还是需要把六级考过。但大部分学生考六级的动机特别低。所以造成课堂表现不是那么积极,学生并不觉得过六级是一个很迫切的事情。"

正如上述教师(理工类 B)在访谈中所描述的,即使在分班时明确提出了目的是通过六级考试,但因为其紧迫感不如四级考试强,学生们在课堂学习时表现也不够积极,学习动机还是不足。周燕、高一虹(2009)对北京五所高校的大学生英语学习动机类型和强度变化作了跟踪调查。结果发现,长远的工具型动机是大学生基础阶段主导且稳定的英语学习动机。同时,来自学习情境的动机和对英语语言文化的内在兴趣动机逐渐增长。本研究调查结果与之不同之处在于,学生对英语有利于个人长远发展的重要价值认识非常欠缺。从上述两位学生(综合类 A、师范类 A)的访谈可见一斑,说明学生对相关信息了解不足。访谈中,学生解释到,已经毕业工作的学长回母校座谈时没有提到英语在工作中的作用,自己周围的教师、同学和家人也没有特别强调学好英语对未来发展的价值,所以形成了对英语学习的态度是仅仅当作一门课程,学习的动机局限于通过考试。即便今后有考研或出国的计划,学习的动机在大学英语基础学习阶段还不够清晰,待进入高年级学习阶段才逐渐显现。周燕、高一虹、臧青(2011)对大学英语高年级阶段学生学习动机的跟踪调查反映出,"出国"动机在毕业前出现显著增长。调查还发现"内在兴趣"

动机继续保持上升。可见,进入高年级英语学习阶段,学生对于英语语言文化的兴趣会随着学习的深入而逐渐提高。

综合上述关于学习兴趣和其他学习动机的讨论,可见学习兴趣是内在的融入型动机,相比工具型学习动机更加持久和稳定。本研究调查结果说明,学生的融入型动机存在,但利用的资源多为倾向于娱乐性的影视、歌曲或其他视频资源,对这些资源的利用缺乏合适的学习策略,未能有效促进英语学习。在工具型学习动机方面,学生未能充分认识到英语学习的长远利益,造成以通过考试为主的较单一的工具型学习动机。大学英语教学生态系统应增加对社会其他领域系统的开放性,促进系统内外的信息循环,使学生接触到足够的信息,从而意识到英语学习对个人长远发展的益处是多方面的,绝不仅仅是工作中是否需要使用英语这么简单。同时,大学英语教学要充分考虑学生的学习动机,在教学方法、教学资源和教学管理等方面灵活调整,把学习动机作为一个调节因子,发挥其对于英语学习的激励作用,推动学生生态位的扩充。

(6) 自我效能及实现途径

自我效能及实现途径因子的得分显示,学生具备一定的自我效能。相关题项表明,学生对于阅读能力的自我效能感高于口语能力的自我效能感,说明学生对于口语能力的提高不够自信。虽然现在的大学英语教学已经明确提出了重点发展听说能力,培养学生用英语交际的能力,但学生口语能力的提高仍需要更多的努力。

第46题"我喜欢主动和外国人交流"均值为2.55,说明学生在与外国人交流方面不够主动。从访谈中也得知,很多学生很少有跨文化交际的机会,与英语本族语者交流的机会更少,所以这方面的能力也不够强,对其口语能力的自我效能评估也造成了一定影响。

关于第21题"到本科阶段的所有大学英语课程结束时,我预计自己可以读懂英语报纸、杂志上的文章",接近一半的学生对自己的阅读能力很有信心。但教师的下列相关评价说明,其实学生的阅读能力还有待提高。

> 教师(理工类B):"学生现在可能自己觉得阅读还不错,但实际上考试做下来还是有很多问题。他可能自己觉得比听力好,因为听力一直不好,感觉阅读相对还挺好的,但是实际上现在表现也不好。"

考试中的阅读要求学生在有限的时间内迅速而准确地把握文章的信息，如果是阅读英语报纸杂志则没有这样的压力，学生的自我效能感会高一些。然而，阅读的速度和对于文章的准确理解都是培养阅读能力的重点。

第7题"教材以外的学习内容在我的英语学习资源中占有很大的比重"和第32题"课外我主动阅读英语报纸、杂志和小说或听英语广播、看英语电视和电影"，作为自我效能的实现途径也反映了学生课外自主学习的情况。近半数的学生通常会利用教材以外的学习资源补充自己的英语学习内容。40%左右的学生课外会主动阅读英文报刊或听英文广播、看影视剧。相关数据说明，学生群体表现出一定的学习自主性，但还有待进一步提高。

相关研究发现，自我效能感对自主学习有很好的预测作用。自我效能感越高，越有利于取得好的英语学习效果（刘萍，2014；李斑斑，徐锦芬，2014；Raoofi, Tan, Chan, 2012）。岳好平、施卓廷（2009b）研究发现，自我效能感影响学习者对学习任务的选择。自我效能感高的学习者对学习充满信心，即使遇到困难也不会轻易放弃，而是付出更多努力取得成功。相反，自我效能感低的学习者适应性差，在困难面前更多的是焦虑。可见，自我效能感对于克服学习过程中的困难至关重要。在自我效能及实现途径因子中，起主导作用的是自我效能。有了足够的自我效能感，学生才能积极地投入到英语的各项学习活动中。自我效能培养的关键在于帮助学生积累成功的学习体验，逐渐增强成功的信心。因此，教师对学习任务的选择要适合学生的现有水平，如果因难度太大而无法完成，会挫伤学生的自我效能感。张庆宗、吴喜艳（2010）对自我效能感的培养进行了为期14周的教学实验。从学习目标、学习环境、学习过程和学习结果四个方面干预教学。结果发现，自我效能感培养对一年级学生的自主学习能力有显著增强作用，但对三年级学生没有显著影响。因为三年级学生经过两年的学习，自我效能感水平、自主学习能力和英语学业成就已经相对稳定，不易产生大的变化。因此，自我效能感的培养需要及早开始。

（7）学习环境

学习环境因子中的所有题项均值都超过3.0，较为均衡。总体说来，学生们对大学英语的教学内容、教学方式、学校政策及英语学习环境均表示一定的认可。但每所高校情况不同，具体的大学英语教学生态环境可能存在差异。

各题项中，第6题"同学之间的相互帮助对我的英语学习起到了重要作用"均值最高，达到了3.52。结合沟通合作能力部分的讨论可见，同学之间的英语学习交流频率偏低,但交流的信息非常重要。师生访谈都告诉我们关于考试、作业、教学进度安排等信息是课后师生之间和同学之间交流的主要内容,虽然不是关于学习内容本身,但是对于学生来说是很重要的信息。可以说,学生之间的生态网络是畅通的,但是网络中传递的信息还不够丰富,缺乏学习所需的给养。

学习环境因子题项中与教学联系较紧密的是第3、4、11题,反映了学生对于教学内容、教学方式和教师作用的评价。频数分析可见,对于教师的教学内容和方式,大部分学生给予了一定的肯定,且半数以上的学生认为自己的英语学习得益于教师的教学。

同样,对于学校制定的与英语课程有关的政策,大部分学生也持基本肯定的态度。只有17%左右的学生对政策不是很满意。一方面,有些同学希望本科一年级的第一学期就可以参加大学英语四级考试。但抽样的六所高校中只有三所允许所有学生进校后在第一学期报考。其他高校只允许分级考试后少数被分在高级别的学生报考,其余学生需要等到第二学期或第三学期才可以报考。另一方面,针对目前普遍的大学英语减少学分和学时的政策,访谈中有些同学表达了希望增加课时的要求。

学生(理工类A):"希望能增加课时,现在一周一次课太少。自己课后也不会在英语上花太多时间,所以课上的时间可以增加一些。"

这一观点恰好和政策制定者的初衷相反。教师访谈中也有提及,学校采取减少学时的政策,有一方面的考虑是为学生的课外自主学习腾出时间。而学生对自主学习的管理不够,很难实现政策的初衷。

第9题和第12题分别调查学生对学校英语学习氛围和具体学习环境的整体评价,其均值在该因子所有六个题项中是最低的两项。由访谈得知,大部分学校在营造英语学习氛围方面还有一定的欠缺。例如,抽样的六所高校中有一半没有定期组织英语角活动,还有一半虽然组织,但因为各种原因参与的学生不是很多。举例如下:

学生(师范类A):"之前去过一次英语角,那是别的学院办的,但是因为地方很小,所以能容纳的人比较少。"

学生(理工类B):"我跟宿舍几个好朋友说能不能我们一起去参加

英语角。说了以后突然发现他们都不去,自己去也没什么意思。我也不认识其他人,说起英语来也很蹩脚的样子,跟他们讲讲也讲不下去,几个朋友在身边的话会好一点。经过这样一个过程以后,我也没什么兴趣了,也不想去了,就是这样。"

大部分学校主要通过组织各级各类竞赛的方式营造英语学习的氛围,包括演讲比赛、写作比赛、大学生英语竞赛等。在访谈中学生对此也表示肯定,但举办这类活动的效果和受众面仍有待提高。

学生(综合类 B):"这些比赛确实很多。但一般像我们这种水平的就不参加了,参加也拿不到奖,都是他们英语好的去参加,和我们关系不大。"

学生(理工类 A):"学校在这方面,我觉得是比较重视的。因为我们刚进校就会有演讲比赛。我们上早自习的时候,每个班每个星期四的时候就会有三个同学上去进行英语演讲。我觉得学校在营造英语学习氛围方面其实是比较尽力地。但是学生比较被动,学生内部的氛围比较少,毕竟是工科学校,平时更加注重物理、微积分的学习。"

如上述学生访谈所述,看似学校营造了很好的英语学习氛围,但实际上并没有被学生充分利用。学生的参与面可能不够广,有些活动即使参与可能也不够投入,收不到好的效果。所以,当学生没有从学习环境中获得给养时,也就没有学习的成就感和对学习环境的肯定。校方对英语学习的政策制定和相关投入是否能切实提高广大学生英语学习的兴趣和效果,仍需要细致的评估并及时做出相应的调整。

学习环境因子所涉及的影响因素主要是中观层面的学校相关政策、环境及教师、学生、教学管理人员等主要生态因子。访谈中,学生对于教学管理人员生态因子感到相对陌生。因为学生遇到所有与英语学习相关的问题都是首先想到去找任课教师,包括在网络学习中心遇到技术问题等。所以,各级教学管理人员与学生的直接接触较少。但这并不意味着教学管理人员没有影响力。处在不同级别的教学管理人员既包括专职教学管理人员,也包括兼职管理人员工作的任课教师。他们参与制定学校有关大学英语教学的各类政策,涉及课程设置、教材选择、分级教学和学分管理等多方面内容。他们对于学生的影响主要是通过相关政策的实施间接产生的。

### 5.2.4 因子的推断统计分析

1) 推断统计分析方法说明

笔者就三个专业类型高校在上述七个因子层面上分别作了单因素单变量方差分析,观察作为学生生态位主要影响因素的这七个因子在三类高校中是否具有显著差异。自变量为高校类型,因变量分别为以下各因子:沟通合作能力、信息素养、元认知策略能力、学习兴趣、其他学习动机、自我效能及实现途径、学习环境。

采用方差分析需要满足下列几项基本假定(吴明隆,涂金堂,2012)。

(1) 正态性。样本来自的总体在观测变量方面服从正态分布。因为本研究样本量达到998,属于大样本。根据中心极限定理,接受正态性假定。

(2) 随机抽样。观测值是从总体中随机抽样得到的。本研究遵循随机抽样,也符合此假定。

(3) 独立性。保持从各总体抽出的各随机样本互相独立。这一点是为了满足下列等式的成立,即:总离差平方和=组间离差平方和+组内离差平方和。本研究从总体中抽取的各组随机样本是相互独立的。

(4) 方差齐性。保证各组样本的总体方差相同。可以通过方差等同性检验进行判断。如果方差等同性检验显示未违反方差齐性假定,则选择Scheffe法进行事后比较;反之,选择未假设方差相等的Tamhane's T2方法。

方差分析的数据报表包括方差等同性检验、主体间效应的检验和事后比较三部分。针对每个影响因子所做的单因素单变量方差分析的数据报表详见附录8。

2) 方差分析结果与讨论

方差分析结果显示,信息素养、自我效能及实现途径、其他学习动机这三个因子的主体间效应检验的F值没有达到显著性水平($p>0.05$),所以接受零假设,表示不同专业类型的高校在这三方面没有显著差异。相反,就沟通合作能力、元认知策略能力、学习兴趣、学习环境四个因变量而言,F检验达到显著性水平($p<0.05$)。因而拒绝零假设,表示不同专业类型的高校在这四个因子上存在显著差异。

方差分析的事后比较显示,理工类高校学生在沟通合作能力方面显著落后于师范类高校和综合类高校,同时在学习兴趣上显著落后于综合类高校,在元认知策略能力方面显著落后于师范类高校。在学习环境方面,师范类高校学生的评价显著高于理工类高校。但综合类高校和师范类高校之间在这四个因子上不存在任何显著差异。由关联强度可以看到,高校专业类型对各相关因子的解释量不高,属于微弱相关。

从以上结果可见,理工类高校在这四个因子层面上都处于劣势。而师范类高校和综合类高校在显著优于理工类高校的同时,两者之间却不存在显著差异。为了进一步寻找原因,笔者以全体问卷调查对象的大学英语四级考试成绩为因变量,用单因素单变量方差分析考察三类高校的大学英语四级考试成绩是否存在显著差异。结果显示,理工类高校学生的四级考试成绩显著低于师范类高校和综合类高校。师范类高校和综合类高校学生的四级考试成绩没有显著差异。由此可以推断,理工类高校学生的英语水平是造成以上方差分析结果的一个重要原因。

根据生态位"态—势"理论,态是势的基础,势促进态的变化。所以,当学生生态位的态不足时,其势必然受到影响,从而使态的发展速度下降,甚至停滞。理工类高校学生的四级考试成绩显著低于师范类高校和综合类高校。态的落后,导致了理工类高校学生在属于势的沟通合作能力和元认知策略能力两方面显著低于师范类高校或综合类高校。同时,根据问卷第二部分第9题学生对其口语能力自我评价的统计分析结果,理工类高校学生的口语水平自我评价相对低于其他两类高校。可以进一步解释理工类高校学生在沟通合作能力方面显著落后于师范类高校和综合类高校的原因。因为口语能力的自我评价较低,会直接影响学生对英语学习活动参与的积极性。访谈中,有理工类高校的学生表示,因为口语能力特别差,不好意思说英语,由此导致恶性循环,严重阻碍了英语口语能力的提高,乃至整体英语水平的提高。

从教师的角度而言,教学活动的开展也要建立在学生生态位一定的态的基础上。从下面的访谈中可以看到态对英语学习沟通合作方面产生的影响。

> 教师(理工类B):"针对程度好的学生,上课可以跟学生对话,也可以进行一些讨论。但是如果碰到有些专业,我印象中是生物还是化学的,相对来说会弱一点,只能就一般性的话题作一些讨论,没法深入。对他们来说,能够把文章看完,能够把语言点掌握,就是最大的目标。他们就希望把课文掌握好,把这些知识点掌握好,通过考试。"

以上可见，理工类高校学生的学习动机也因为态的不足，而局限于通过考试。因为考试的压力对他们来说比师范类高校和综合类高校更大，成为主导性学习动机，以至于他们对于英语学习的兴趣也受到工具型学习动机的影响，所以在学习兴趣上显著落后于综合类高校。元认知策略方面的相关研究也说明，英语水平高的学生在元认知策略使用方面较强（Ellis，2013；程月芳，马广惠，董娟，2003；岳好平，施卓廷，2009a）。所以，理工类高校学生英语水平总体偏低也导致了其在元认知策略能力因子上处于显著劣势。

理工类高校在学习环境因子上显著落后于师范类高校。笔者从访谈中找到了部分原因。本研究抽样调查的两所理工类高校都允许学生入校后第一学期就参加大学英语四级考试。理工类B高校依据学生四级考试通过与否对其第二学期的英语学习分班。如果通过四级考试则进入"六级班"，开始为大学英语六级考试做准备。如果没有通过，则继续留在"四级班"，准备下一次大学英语四级考试。理工类A高校则允许通过四级考试的学生开始英语选修课程。第一学期就通过四级考试的学生，在第二学期的英语学习开始后会有一种懈怠感。在理工类A高校，学生开始英语选修课程，对课程的重视程度相应降低。在理工类B高校，虽然学生被编入"六级班"，但因为六级考试的重要性和紧迫感都不如四级考试，所以学生的学习积极性也不高。而且，学生开始大学本科第二学期的学习，已经熟悉了教学环境，失去了第一学期的新鲜感，所以在课内外对英语学习的投入都相应减少。在整体学习热情明显降低的情况下，理工类高校学生对于学习环境的评价也相应降低。这一推断得到了问卷第二部分频数分析结果的支持。理工类高校学生课外接触英语时间较少，显著低于师范类高校和综合类高校学生。理工类高校学生在教学光盘和网络教学平台的使用上显著低于师范类高校和综合类高校十个百分点左右。

## 5.3 基于高校层次的分析

笔者根据是否为"985工程"或"211工程"高校将问卷数据分为两组，研究其在七个因子及大学英语四级考试成绩上是否存在显著差异。"985工程"或"211工程"高校编码为1，其余高校编码为2，数据分析报表汇总如下：

表 5-13 基于高校层次的因子描述统计

| 因子 | 高校层次 | 问卷数量 | 均值 | 标准差 | 均值的标准误 |
| --- | --- | --- | --- | --- | --- |
| 大学英语四级考试成绩 | 1 | 498 | 531.11 | 51.339 | 2.301 |
|  | 2 | 500 | 492.04 | 61.660 | 2.758 |
| 沟通合作能力 | 1 | 498 | 2.819 0 | 0.668 82 | 0.029 97 |
|  | 2 | 500 | 2.815 6 | 0.613 19 | 0.027 42 |
| 信息素养 | 1 | 498 | 3.055 8 | 0.641 99 | 0.028 77 |
|  | 2 | 500 | 3.052 2 | 0.609 82 | 0.027 27 |
| 学习兴趣 | 1 | 498 | 3.412 7 | 0.726 57 | 0.032 56 |
|  | 2 | 500 | 3.421 5 | 0.649 56 | 0.029 05 |
| 其他学习动机 | 1 | 498 | 2.937 2 | 0.729 19 | 0.032 68 |
|  | 2 | 500 | 2.814 1 | 0.743 79 | 0.033 26 |
| 元认知策略能力 | 1 | 498 | 3.251 5 | 0.647 71 | 0.029 02 |
|  | 2 | 500 | 3.200 4 | 0.615 54 | 0.027 53 |
| 学习环境 | 1 | 498 | 3.276 9 | 0.648 58 | 0.029 06 |
|  | 2 | 500 | 3.283 3 | 0.601 57 | 0.026 90 |
| 自我效能及实现途径 | 1 | 498 | 3.347 1 | 0.742 56 | 0.033 28 |
|  | 2 | 500 | 3.252 6 | 0.676 44 | 0.030 25 |

表 5-14 基于高校层次的独立样本检验

| | | 方差方程的 Levene 检验 | | 均值方程的 t 检验 | | | | | 差分的 95% 置信区间 | |
|---|---|---|---|---|---|---|---|---|---|---|
| | | F | Sig. | t | df | Sig.双侧 | 均值差值 | 标准误差 | 下限 | 上限 |
| 大学英语四级考试成绩 | 方差相等 | 13.084 | 0.000 | 10.874 | 996 | 0.000 | 39.066 | 3.592 | 32.017 | 46.116 |
| | 方差不等 | | | 10.878 | 965.673 | 0.000 | 39.066 | 3.591 | 32.019 | 46.114 |
| 沟通合作能力 | 方差相等 | 1.066 | 0.302 | 0.082 | 996 | 0.934 | 0.003 35 | 0.040 62 | −0.076 35 | 0.083 05 |
| | 方差不等 | | | 0.082 | 987.888 | 0.934 | 0.003 35 | 0.040 62 | −0.076 37 | 0.083 07 |
| 信息素养 | 方差相等 | 0.025 | 0.875 | 0.090 | 996 | 0.928 | 0.003 56 | 0.039 64 | −0.074 22 | 0.081 34 |
| | 方差不等 | | | 0.090 | 992.956 | 0.928 | 0.003 56 | 0.039 64 | −0.074 23 | 0.081 35 |
| 学习兴趣 | 方差相等 | 4.768 | 0.029 | −0.200 | 996 | 0.841 | −0.008 73 | 0.043 62 | −0.094 34 | 0.076 87 |
| | 方差不等 | | | −0.200 | 982.875 | 0.841 | −0.008 73 | 0.043 63 | −0.094 36 | 0.076 89 |
| 其他学习动机 | 方差相等 | 0.498 | 0.481 | 2.640 | 996 | 0.008 | 0.123 09 | 0.046 63 | 0.031 58 | 0.214 59 |
| | 方差不等 | | | 2.640 | 995.751 | 0.008 | 0.123 09 | 0.046 63 | 0.031 59 | 0.214 59 |
| 元认知策略能力 | 方差相等 | 0.004 | 0.947 | 1.278 | 996 | 0.202 | 0.051 12 | 0.040 00 | −0.027 37 | 0.129 61 |
| | 方差不等 | | | 1.278 | 993.007 | 0.202 | 0.051 12 | 0.040 00 | −0.027 38 | 0.129 62 |
| 学习环境 | 方差相等 | 0.907 | 0.341 | −0.159 | 996 | 0.873 | −0.006 31 | 0.039 60 | −0.084 02 | 0.071 39 |
| | 方差不等 | | | −0.159 | 989.808 | 0.873 | −0.006 31 | 0.039 60 | −0.084 03 | 0.071 40 |
| 自我效能及实现途径 | 方差相等 | 2.960 | 0.086 | 2.102 | 996 | 0.036 | 0.094 52 | 0.044 96 | 0.006 29 | 0.182 76 |
| | 方差不等 | | | 2.102 | 986.718 | 0.036 | 0.094 52 | 0.044 97 | 0.006 28 | 0.182 77 |

由表 5-13 和表 5-14 可见,在大学英语四级考试成绩、其他学习动机和自我效能及实现途径三个方面,t 检验达到显著性水平,"985 工程"或"211 工程"高校和其他高校之间存在显著差异。"985 工程"和"211 工程"高校的大学英语四级考试成绩显著高于其他本科高校。

进一步对其他学习动机和自我效能及实现途径两个学生生态位内部影响因素求其效果值大小。表 5-15 和表 5-16 显示,高校层次对上述两个变量的方差的解释量分别为 0.7% 和 0.4%,属于微弱相关。

表 5-15 基于高校层次的 ANOVA

| | | 平方和 | df | 均方 | F | 显著性 |
|---|---|---|---|---|---|---|
| 其他学习动机 * 高校层次 | 组间（组合） | 3.780 | 1 | 3.780 | 6.968 | 0.008 |
| | 组内 | 540.323 | 996 | 0.542 | | |
| | 总计 | 544.103 | 997 | | | |
| 自我效能及实现途径 * 高校层次 | 组间（组合） | 2.229 | 1 | 2.229 | 4.420 | 0.036 |
| | 组内 | 502.373 | 996 | 0.504 | | |
| | 总计 | 504.603 | 997 | | | |

表 5-16 基于高校层次的 Eta

| 相关性度量 | | |
|---|---|---|
| | Eta | Eta 方 |
| 其他学习动机 * 高校层次 | 0.083 | 0.007 |
| 自我效能及实现途径 * 高校层次 | 0.066 | 0.004 |

本研究在第 4.2 节讨论抽样调查原则时曾假设,不同专业类型的高校,由于在学科构成上的不同比重,可能会形成各具特色的办学理念和校园文化,从而影响到大学英语教学生态系统和其中的学生生态位。此外,"985 工程"高校、"211 工程"高校和其他本科高校因生源质量和国家投入的不同,各方面办学条件和办学理念也不尽相同,可能对大学英语教学生态系统产生影响,进而影响到学生生态位。上述基于不同专业类型高校的推断统计分析结果显示,理工类高校学生的大学英语四级考试成绩显著低于师范类和综合类高校,且在学生生态位的四个主要影响因子上显著低于另两类高校或其中之一。理工类高校的应试导向较为明显,体现在以考试通过与否划分班级。理

工类 A 高校与理工类 B 高校的政策不同之处在于,理工类 A 高校对于通过大学英语四级考试的学生,不做六级考试的要求,而理工类 B 高校会将学生分到"六级班",以大学英语六级考试为下一个应试目标。根据第 5.2.4 节的讨论,理工类高校的这一政策,在某种程度上导致了学生第二学期学习动机的不足和学习氛围的下降。理工类 A 高校主张,第一学期通过大学英语四级考试后,学生可以结合自己的兴趣选择英语选修课。这一政策的初衷是好的,为学生提供多样化的选修课,结合学习兴趣,提高学习热情。但从访谈中发现,课程的教学效果并不理想。选修课的课程设置区别于第一学期以语言技能为主的必修课程,多为结合某一专业领域的课程,如科技英语、文学选读等。学生虽然通过了大学英语四级考试,但分数不高,特别是口语能力较差,在生态位的态不足的情况下,脱离了以语言技能为主要培养目标的课程,转而进行难度更高的与专业领域结合的课程,无法迅速适应。同时,因为英语课程的性质变成了选修课,学生的重视程度也受到影响。理工类 B 高校主要出于追求考试成绩,而提出明显的应试导向的大学英语教学政策。但因为六级考试的重要程度不如四级考试且紧迫感不强,导致学生学习动机减弱,影响学习效果。这里发现的有关理工类高校与其他高校的差异,并不是由专业类型的不同造成的,而更多是学校的相关政策本身导致的。

基于不同层次高校的推断统计分析发现,"985 工程"高校和"211 工程"高校的大学英语四级考试成绩显著高于其他本科高校,且在其他学习动机和自我效能及实现途径两个因子上显著高于其他本科高校。"985 工程"高校和"211 工程"高校的生源质量好,英语水平较高,所以自我效能感更强。同时,这两类高校的学生选择毕业后出国或考研的人数较多,所以在其他学习动机上也表现更强。

以上可见,"985 工程"高校和"211 工程"高校的学生生态位与其他本科高校存在一定差异。但不同专业类型高校的不同学科构成对学生生态位的影响还没有显现。说明不同高校大学英语教学的个性化课程设置还未充分展开,没有根据高校本身的学科优势和特色建立适合本校学生的校本化课程。冯瑷(2016)对不同层次和不同专业类型高校的大学英语校本化课程进行了研究,发现课程多样性不够丰富,大多数高校没有进入较为成熟的课程群体系阶段,课程开设形式也不够灵活,更缺乏与院系匹配的个性化课程。由此可见,目前各高校的大学英语教学课程设置较为同质化,尚未形成特色鲜明的校本化课程,与多样化的学生生态位匹配度不高,需进一步推进大学英语的个性化教学,以满足不同学生生态位的扩充需求。

## 5.4 基于学生生态位层次的分析

笔者依据学生生态位总势能高低将其分为高分组、中等组和低分组三组,如表5-17所示,编码依次为1、2、3。高分组和低分组各占样本总数三分之一左右,中等组占比约为37%。

表5-17 学生生态位层次基本数据

| 生态位层次 | 人数 |
| --- | --- |
| 1 低分组 | 323 |
| 2 中等组 | 365 |
| 3 高分组 | 310 |

### 5.4.1 基于生态位层次的描述统计分析

表5-18显示了根据问卷第二部分收集的数据所做的频数分析。可见,随着学生生态位总势能的提高,学生的学习风格没有明显变化,依然是集中于场独立型。每周课外接触英语时间在3小时以上的学生比例,在低分组生态位为25.4%,到中等组生态位时增长至37.8%,再到高分组生态位时达到了46.4%。可见,学生生态位总势能越高,其课外接触英语的时间越长。

关于问卷第二部分第7题,在每一生态位层次上,使用最多的三类资源是一样的,依次是英语影视剧、英语歌曲和英语教学类内容。使用其他资源的学生比重偏低,由高到低大致是英语游戏、英语新闻、英语报纸杂志、英语文学作品,且在每一生态位层次上基本保持同样的排序。第8题中,随着生态位层次的提高,利用各类信息技术平台和相关软件进行英语学习的学生比例也相应升高。第9题的数据说明,随着学生生态位层次的提高,学生对口语水平的自我评价也相应提高,认为自己处于班级前三分之一的学生比例逐渐增加,认为自己处于班级末三分之一的学生比例逐渐减少。

总体趋势为:学生生态位层次越高,学生群体在英语学习的各方面能力也越强,投入也更多。

表 5-18　基于学生生态位层次的频数分析

| 题项 | 生态位层次 | 百分比/% |
|---|---|---|
| 学习方式场独立 | 1 | 70.6 |
| | 2 | 74.5 |
| | 3 | 72.9 |
| 学习方式场依存 | 1 | 29.4 |
| | 2 | 25.5 |
| | 3 | 27.1 |
| 每周课外接触英语的时间 | 1 0—1 小时 | 27.2 |
| | 1—2 小时 | 26.6 |
| | 2—3 小时 | 20.7 |
| | 3—4 小时 | 14.9 |
| | 4—5 小时 | 4.6 |
| | 5 小时以上 | 5.9 |
| | 2 0—1 小时 | 13.2 |
| | 1—2 小时 | 25.2 |
| | 2—3 小时 | 23.8 |
| | 3—4 小时 | 15.9 |
| | 4—5 小时 | 11.5 |
| | 5 小时以上 | 10.4 |
| | 3 0—1 小时 | 10.0 |
| | 1—2 小时 | 17.4 |
| | 2—3 小时 | 26.1 |
| | 3—4 小时 | 16.8 |
| | 4—5 小时 | 14.8 |
| | 5 小时以上 | 14.8 |

续表

| 题项 | 生态位层次 | | 百分比/% |
|---|---|---|---|
| 使用最多的三类英语学习资源 | 1 | 英语影视剧 | 85.4 |
| | | 英语歌曲 | 83.6 |
| | | 英语教学类内容 | 65.0 |
| | 2 | 英语影视剧 | 87.7 |
| | | 英语歌曲 | 81.9 |
| | | 英语教学类内容 | 65.8 |
| | 3 | 英语影视剧 | 87.1 |
| | | 英语歌曲 | 86.1 |
| | | 英语教学类内容 | 61.0 |
| 英语学习中经常使用的信息技术平台和相关软件 | 1 | QQ | 57.0 |
| | | 微信 | 35.3 |
| | | 电子词典 | 57.3 |
| | | 英语学习手机应用 | 38.4 |
| | | 英语学习网站 | 17.6 |
| | | 网络公开课 | 13.0 |
| | | 教学光盘 | 11.5 |
| | | 网络教学平台 | 8.0 |
| | 2 | QQ | 55.6 |
| | | 微信 | 41.1 |
| | | 电子词典 | 65.8 |
| | | 英语学习手机应用 | 46.3 |
| | | 英语学习网站 | 20.5 |
| | | 网络公开课 | 14.5 |
| | | 教学光盘 | 15.6 |
| | | 网络教学平台 | 16.2 |

续表

| 题项 | 生态位层次 | | 百分比/% |
|---|---|---|---|
| 英语学习中经常使用的信息技术平台和相关软件 | 3 | QQ | 61.0 |
| | | 微信 | 44.8 |
| | | 电子词典 | 61.3 |
| | | 英语学习手机应用 | 48.4 |
| | | 英语学习网站 | 28.4 |
| | | 网络公开课 | 19.0 |
| | | 教学光盘 | 16.8 |
| | | 网络教学平台 | 16.8 |
| 英语口语能力自我评价 | 1 | 处于班级的前1/3 | 6.8 |
| | | 处于班级中等水平 | 49.2 |
| | | 处于班级的末1/3 | 44.0 |
| | 2 | 处于班级的前1/3 | 14.2 |
| | | 处于班级中等水平 | 63.6 |
| | | 处于班级的末1/3 | 22.2 |
| | 3 | 处于班级的前1/3 | 19.0 |
| | | 处于班级中等水平 | 65.2 |
| | | 处于班级的末1/3 | 15.8 |

### 5.4.2 基于生态位层次的推断统计分析

(1) 因子的方差分析

以下为因子分析提取的七个因子在三组不同生态位层次学生群体上的单因素单变量方差分析结果,数据报表详见附录8。

方差分析结果显示,生态位总势能越高的学生,在所有因子上的表现也显著高于生态位总势能低的学生。根据关联强度数值判断,除了在其他学习动机因子上属于中度相关外,在其余各因子层面都存在高度相关。说明学生生态位层次变量对于七个因子的解释量很高。

(2) 大学英语四级考试成绩的方差分析

笔者依然以学生生态位层次为自变量,将表征学生生态位态的大学英语四级考试成绩作为因变量进行单因素单变量方差分析,数据报表详见附录8。

方差分析结果显示,生态位低分组的学生四级考试成绩显著低于生态位中等水平组和高分组的学生。而中等水平组和高分组的学生在四级考试成绩上没有显著差异。可以推断,当生态位总势能从低分组增加到一定程度后,整体生态位的发展会逐渐趋于平缓。同时,自变量和因变量的关联强度为3.3%,属于低度相关。说明四级成绩虽然在不同的学生生态位层次上有显著差异,但对四级成绩的解释量偏低,还有很多其他因素对四级成绩产生影响。

基于学生生态位层次的推断统计分析表明,学生生态位的态与势呈正相关关系。态的高低与势的强弱保持一致。生态位总势能越高,在所有影响生态位的因子上的表现也越好,而且这种相关关系属高度相关。在第4.3节中,讨论了低分组、中等组和高分组三个生态位层次上的学生来源高校构成,发现在每一层次上的各类高校比例较为均匀。说明生态位层次在不同高校的结构分布是类似的。不论是否在同一高校内,生态位层次越高,学生对学习环境的评价也越高,说明大学英语教学生态系统的生态环境是有利于处在高分组生态位层次的学生发展的。同样的大学英语教学生态环境,对不同层次的学生生态位将产生不同的影响。例如,在第5.2.3节有关学习环境的讨论中,发现部分学生因受到自身英语水平的限制或对英语学习的认识不足而阻碍参与学校组织的各类英语活动。大学英语教学不能忽视中、低层次的学生生态位,应开展个性化教学,为不同层次的学生生态位扩充提供有利条件。

## 5.5 群体层面学生生态位现状及影响因素

综合以上对问卷数据和访谈数据的分析,本研究分析了大学英语教学生态系统中学生生态位群体层面的现状及影响因素。在态的方面,从大学英语四级考试成绩来看,学生总体达到了中等水平,相当于百分制的70—80分档次。其中,理工类高校的成绩显著低于师范类高校和综合类高校。师范类高校和综合类高校之间并无显著的成绩差异。在势的方面,通过对问卷数据的统计分析确定了对学生生态位产生重要影响的七个因素,包括沟通合作能力、信息素养、元认知策略能力、学习兴趣、自我效能及实现途径、学习环境和其他学习动机。其中沟通合作能力、信息素养、元认知策略能力和学习兴趣四个因素的影响力最强。问卷数据还反映出学生的学习风格倾向于场独立型的学习方式。学生课外对英语学习的时间投入不多,对学习资源的使用倾向于娱乐性较强的英语影视剧和英语歌曲,教学类资源位列第三。学生在英语学习中经常使用的信息技术平台和软件有电子词典、QQ、手机应用和微信。但是访谈中发现,当利用信息技术平台进行沟通合作时,学生与教师之间以及学生之间针对教学内容本身的交流很少。

总体看来,学生无论是在课内还是课外,在线上或是线下,都表现出较低的沟通合作能力,缺少对英语互动型活动的参与。学生的信息素养偏低,未充分发挥信息技术平台的作用,在信息处理和加工所特别需要的思辨能力和创新能力方面表现较弱。学生的元认知策略能力不足,表现在英语学习的时间投入不够,计划性不强,自主学习管理情况堪忧。虽然学生有学习的责任感,并愿意反思学习中遇到的问题,但缺乏计划性和计划的执行力,所以没有取得显著的学习成效。在学习动机方面,学生对英语的学习兴趣主要表现在课外经常使用英文影视剧和歌曲等娱乐性较强的学习资源,显著高于对教学类内容的兴趣。工具型动机则以通过课程考试为主。学生未能有效利用学习动机提高英语学习成效。学生具备一定的自我效能,且对于阅读能力的自我效能感高于口语能力,这一结果与学生已有的学习经历密切相关。可见,口语能力的提高给学生带来了更大的挑战。学生对于大学英语的教学内容、教学方式、学校政策及具体英语学习环境表现出一定的认可,但对于英语学习氛围和具体的学习环境仍期待有所改善。

基于学校专业类型的统计分析显示,学生生态位的态与势之间不存在显著相关关系。理工类高校在学生生态位态的方面和势当中的沟通合作能力、元认知策略能力以及学习兴趣方面显著落后于师范类高校或综合类高校,对于学习环境的评价也显著低于师范类高校。基于学校层次的统计分析表明,"985工程"和"211工程"高校的学生生态位在态的方面和势当中的其他学习动机与自我效能及实现途径两方面显著优于其他高校。基于学生生态位层次的统计分析表明,学生生态位的态与势之间在群体层面存在高度正相关关系,且不同层次的学生生态位之间在态与势的各个方面都存在显著差异。这一统计分析结果有力支持了生态位的"态—势"理论:态是势的基础;势反过来促进态的变化。同理,当理工类高校的态显著落后于师范类高校或综合类高校时,其势的某些方面也同样表现出显著落后。

学生的沟通合作能力较低,影响了对互动中产生的给养的发掘,缺少足够的学习机会,特别是需要合作进行的口语练习过少,从而造成了口语能力发展受限,影响学生口语能力的自我效能,反过来给学生积极投入以沟通合作形式为主的英语交际能力训练带来了负面影响。学生的信息素养偏低,直接影响了对学习资源的筛选、处理和对其中蕴含的给养的利用,特别需要发展思辨能力和创新能力以进行弥补。元认知策略能力的不足影响了学生的自主学习管理,学习时间和精力的投入有限,对计划的执行力不够,无法保证学生生态位的扩充。学生具有一定的学习动机,但过于倾向于娱乐性强的学习资源,同时因为缺乏相应的有效学习策略而没有充分发挥学习动机对英语学习的积极推动作用。基于学生生态位层次的统计分析表明,生态位层次越高的学生群体对学习环境的评价越高。可以推断,学习环境对于大部分处于中、低生态位层次的学生来说不是最有利的。以上主要内外部影响因素互相关联,共同作用于学生生态位,影响其发展变化。

## 5.6 本章小结

本章为问卷与访谈数据的结果分析与讨论。通过对问卷数据的统计分析确定了对大学英语教学生态系统中学生生态位产生重要影响的七个因素,包括沟通合作能力、信息素养、元认知策略能力、学习兴趣、自我效能及实现途径、学习环境和其他学习动机。其中沟通合作能力、信息素养、元认知策略能力和学习兴趣是影响力最强的四个内部影响因素。总体看来,学生的沟通合作能力与信息素养都偏低,元认知策略能力不强,思辨能力和创新能力较弱。学生对英语学习有一定的学习动机,但集中于娱乐性较强的学习资源,未能采取有效的学习策略利用学习资源中的给养以促进英语学习。学生具有一定的自我效能,但口语能力的自我效能感相对较低,需进一步提升。因子的方差分析结果显示,不同专业类型高校的学生在沟通合作能力、元认知策略能力和学习兴趣方面存在显著差异。理工类高校在学生生态位的态与势在上述各方面都显著落后于师范类高校或综合类高校。理工类高校学生对于学习环境的评价也显著低于师范类高校。基于不同学校层次的方差分析结果显示,"985工程"或"211工程"高校学生的大学英语四级考试成绩、学习动机、自我效能及实现途径显著高于其他高校。基于学生生态位层次的分析结果表明,生态位层次越高,生态位总势能当中的每个因子的影响作用就越强,基本呈高度正相关关系,同时与生态位的态也呈高度正相关关系。学生生态位在主要内外部影响因素的共同作用下不断发展变化。

# 第六章

# 个案研究结果与讨论

## 6.1 引　　言

第五章通过对问卷调查数据和访谈数据的分析,描述了学生生态位在群体层面的整体现状,并找到了影响学生生态位的主要影响因素。但学生生态位的形成受到来自大学英语教学生态系统的生态环境和其他生态因子诸多因素影响,与学习者以往的学习和生活经历等也密切相关,是一个相对复杂的过程。问卷和有限的访谈无法涉及学生生态位的方方面面,获得的数据只能反映学生群体层面的生态位主要特点。为了深入了解学生生态位的影响因素作用,本章从个案研究入手,通过深度访谈和课堂观察,在微观层面研究影响因素对学生生态位的影响作用,并对比不同个体间的差异。个案研究将涉及每位个案研究对象的沟通合作能力、信息素养、元认知策略能力、学习动机、自我效能及实现途径、学习环境、跨文化交际能力、其他学习策略能力、学习风格、思辨能力和创新能力。

## 6.2 学生 A 的个案研究结果与分析

### 6.2.1 学生 A 的问卷和访谈数据分析

学生 A 所在高校为综合类高校,是一所"985 工程""211 工程"高校。学生 A 问卷中的生态位总势能得分为 150 分,属于高分组生态位层次。学生 A 所在高校要求学生完成三个学期的英语学习,每学期两个学分。根据分级考试将学生分为二级、三级和四级三个级别。成绩最好的四级起点的学生只需一个学期的基础阶段学习,然后就进入高级阶段,选修高级英语课程,包括高级阅读、高级写作、高级翻译、雅思、托福等课程。三级起点的学生需要进行两个学期的基础阶段学习,然后进入高级阶段。二级起点的学生需要完成三个学期的基础阶段学习。学生只有在进入基础阶段四级学习的那个学期才可以报名参加全国大学英语四级考试。学生 A 大学一年级进校后参加英语分级考试,分在三级。作为个案研究对象进入本研究时,她正在第二学期进行四级的学习。现在她已完成基础阶段的英语学习,进入第三学期的高级阶段英语学习,选修了高级英语阅读。同时,学生 A 所在经管学院在第三学期为其所在专业开设了两门全英文专业课和一门双语专业课。

学生 A 课堂上积极回答问题,与老师保持很好的互动;课外花大量时间学习英语或进行与英语有关的活动,平均每周投入 5 小时以上的时间。她使用最多的三项英语学习资源是英语影视剧、英语歌曲和英语教学类内容,经常使用的信息技术平台和相关软件有 QQ、电子词典和网络教学平台。任课教师和她自己都认为她的英语总体水平处于班级前列。

表 6-1 学生 A 的问卷数据统计

| 因子 | 学生 A 均值 | 总体样本均值 | 高分组生态位均值 |
| --- | --- | --- | --- |
| 沟通合作能力 | 3.88 | 2.82 | 3.41 |
| 信息素养 | 3.25 | 3.05 | 3.59 |
| 元认知策略能力 | 4.0 | 3.23 | 3.77 |
| 学习兴趣 | 3.33 | 3.42 | 3.97 |
| 其他学习动机 | 3.5 | 2.88 | 3.42 |
| 自我效能及实现途径 | 3.5 | 3.30 | 3.82 |
| 学习环境 | 3.0 | 3.28 | 3.76 |

根据学生 A 的问卷,分别计算出七个因子的均值,详见表 6-1。学生 A 仅在学习兴趣和学习环境因子上略低于总体样本的因子均值,在其余因子上的均值都高于相应的总体样本因子均值。她在沟通合作能力、元认知策略能力和其他学习动机方面特别突出,均值均高于高分组生态位的均值。

(1) 学生 A 的沟通合作能力

在沟通合作方面,学生 A 的问卷得分很高。学习风格问卷结果显示她是一个外向性格的人,偏好交互式的英语学习任务,如对话、讨论、角色扮演等。在课堂观察中可以看到,学生 A 与教师的互动次数明显多于其他同学。首先,学生 A 每次上课都坐在教室的第一排,离教师距离很近,注意力集中,基本保持抬头看着教师听讲。教师提出问题时,经常会主动示意她可以回答。有时,教师期待全班集体回答,她会直接给出回应。在小组活动中,学生 A 也积极参与讨论,并在讨论后代表小组发言。教师与她的课堂互动次数很多。

她在访谈中说到,教师请自己回答问题时,就尽量回答得好一点,让教师印象好一点。如果教师在授课过程中期待学生自由发言,就可以直接回应教师,这样可以给教师留下好的印象。在小组讨论的时候,一般都是选一个代表汇报,那自己就主动请缨。虽然英语只有两个学分,但是这么做能拿到比较高的平时分数。

学生 A 课后通常很少与同学进行有关英语学习的交流。和大多数学生一样,除了平时英语课在教室讲英语外,她基本不会在其他场合用英语和教师或同学对话。对于问卷中第三部分的第 6 题,学生 A 表示同学间的互相帮助对她的英语学习并未起到重要的作用。她认为同学之间的互相帮助仅限于诸如下次考试马上到了,该怎么准备;或者下次老师上课要讲些什么内容。除了问这类问题以外,不会讨论其他内容,所以虽然有必要但对英语学习来说不是特别重要。

学生 A 积极参与各类课外英语活动。她入校后加入了英语协会的英语表演与演讲部。当初参加英语协会时,她考虑到自己的英语基础还不错,英语协会符合自己的特长,所以决定加入。学生 A 在大学一年级参与排演了两部英语话剧,参加了全校的英文话剧比赛,取得了很好的成绩。但她对英语话剧其实不太热衷,用她的话来说,"是抱着代表英语协会的态度参加英语活动的,既然参加了这个社团就应该为这个社团做点事"。她认为英语协会的活动比较单一,平时主要去看看别人的演讲,然后参加英语话剧排演,但还是感觉锻炼不够。她希望有更多的英语竞赛机会。学生 A 已参加过全国大学生英语竞赛和校内的阅读竞赛等英语类竞赛,但一直没有获奖,这对她打击比较大。因为她认为自己从小到大英语基础还是比较好的。可见,学生 A 期待参加更多形式多样的英语活动,特别是在英语竞赛中获奖,以证明自己的实力。

以上可见,学生 A 无论在课内还是课外都有很多接触英语的机会。她能较好地与师生沟通合作,融入各类英语活动当中,但在课外的沟通合作还需要加强。

(2) 学生 A 的信息素养

学生 A 的信息素养并不是非常突出,低于高分组生态位的均值。她能够熟练地利用信息技术搜集自己需要的英语学习资源,对资源也具有一定的筛选和判断能力。比如说,她不太相信各种各样的英文搜索引擎和翻译网站,输入中文就会弹出一个符合英语语法的翻译,这基本上就是逐字翻译。所以她从来不用,而是自己查字典,自己组织翻译。但是,学生 A 在英语学习中对信息技术的使用主要是被动地接受,局限于老师布置的学习任务所需要使用的信息技术。学生 A 经常使用的信息技术平台和相关软件是学校的网络教学平台和完成作文用的批改网,因为教师会在这两个平台上布置课后作业。对于英语学习手机应用和网站等其他平台和工具她几乎不怎么使用。学生 A 并没有感觉到信息技术的应用有助于提高她的英语学习热情。

学生 A 的以上表现与她对英语学习资源的态度密切相关。在访谈中,她结合自己的学习体会表达了以下观点:

> 学生 A:"我从图书馆借了一本经典英文歌曲,编得特别好,是六七十年代的英文歌,后面会列出重点单词和词组的解释,比较有用。我觉得听流行的英文歌没用,就是娱乐,像我现在三个室友看美剧是一样的,很搞笑啊,他们也看英语字幕,有用吗?英语还是那样。"

学生 A 也曾收到过老师的建议,可以去看看哈利·波特小说,对写作有帮助;也可以看看英文电影,训练听力,学习口语表达。但她的观点是,对英文小说、诗歌之类的文学作品不太感兴趣,而电影或歌曲之类的资源总的来说对听力作用不大,因为托福考试的听力是讲座形式的,所以她不会花那么多心思在影视资源上。信息技术应用于英语教学的优势主要在于改变了教学资源的组织结构,改变了资源呈现的形式和传播途径,同时也改变了学习方式。学生 A 对学习资源的选择宽度不够,排斥英文影视剧、流行歌曲和文学作品,从而降低了对资源检索和获取的需求,对信息技术的依赖性相应降低,所以对信息技术的利用程度不高。学生 A 的 SAILS 信息素养在线测试成绩也非常低,正确率只有 38%。

(3) 学生 A 的元认知策略能力

学生 A 的元认知策略能力较强,能够做到监控自己的英语学习过程,及时反思学习方法、学习效果和学习遇到的问题,做好学习管理。学生 A 学习努力,课外对英语投入时间很多。除了大学英语课程外,她还参加了托福辅导班,每周 9 个小时课程,再加上她自己的两门全英文专业课和一门双语专业课,学生 A 目前的英语接触量非常大。她能够很好地协调各门课程的学习,并在学习过程中监控其他学习策略的运用,不断探索适合自己的好的学习方法,发展具体的学习策略。

学生 A 提到在高中时,她会把老师上课讲的语法、词组等内容抄在笔记本上。同一个单词或词组如果老是记不住会不断重抄,错了继续抄,加深印象。现在她依然沿用这一方法,积累生词和词组。每天背单词时,她会结合例句看单词的用法。如果例句涉及其他生词,她也会把这个生词抄下来,然后查字典。另外,相关的课后练习,一般老师不会检查,但她会按时完成,并通过网络教学平台核对答案。学生 A 在她的全英文专业课上也不断思考,总结学习中的经验体会。她发现国内外教材的知识组织方式有很大差异。国外作者在教材中不会把某一个概念的定义开门见山地写在某一章节的开始部分,而通常是比较不同文献中的定义,做广泛深入的讨论,最后在某一段落中提出自己的观点,非常具有隐蔽性。所以,她开始更多地应用略读和查读的阅读技巧。

(4) 学生 A 的学习动机

学生 A 自我评价对英语的学习兴趣中等。她对于英语国家的文化、英语本身的语言魅力、英语影视剧或歌曲和文学作品等没有特别的喜爱。但她的其他学习动机很强,有明确的学习目的和具体的学习目标。学生 A 对于通过各类英语考试、出国留学、促进将来事业的发展等学习目的十分明确。访谈中,学生 A 描述了她英语学习动机的主要来源。

> 学生 A:"我想通过英语四级,我想通过英语课程考试,这个目的非常强。就是为了拿这个学分,为了拿这个证书去学英语的。我对英语国

家的文化,不是太狂热,包括对什么莎剧、英语话剧我不是太狂热。"

还有一个非常重要的因素来自她的母亲。学生 A 的母亲从小就注重培养女儿的英语能力,通过家教、辅导班、英语夏令营等各种方式提高学生 A 的英语能力。

学生 A:"上初中前,我妈妈送我到一个高中老师那里去学音标。初中升高中的那个暑假,我妈妈把我送到北京的新东方,参加了一个月的初高中衔接班。然后,高中到大学时,我妈妈是这样想的,听说大学英语也要分级,当然分在高级别要好一些,所以高考后那年暑假就开始让我做四级试卷。另外,高二时我妈妈就让我考托福,准备出国。"

以上访谈内容表明,学生 A 的母亲为女儿从小到大安排的课外英语学习活动主要属于工具型动机驱动,客观上造就了学生 A 的工具型学习动机大大强于她的融入型学习动机,也就是学习兴趣。

学生 A 强烈地希望自己的英语考分超过别人,努力提高英语的应试能力,同时课堂表现也尽量更好,得到老师、同学和家长的认可。访谈中,学生 A 提到同班的一位英语学霸,令她有些不悦。因为这位同学的英语水平特别好,她感觉有差距,所以老师在打平时分的时候肯定会把最高分给那位同学,而她的分数就会相对低一些。另外,学生 A 在期中考试或平时测验后对成绩很敏感。她表示,每次看到其他人的成绩后,她都会很有激情一定要超过成绩比她高的同学。可见,学生 A 表现出很强的竞争意识,工具型动机是她的主要学习动力。

(5) 学生 A 的自我效能

学生 A 在学习情况调查问卷中表现出了很高的自我效能感。除了听力,她对于其他各方面的英语技能发展都很自信。学生 A 对听力的不自信与她的学习经历有关。她自我感觉四级考试听力部分做得不理想,反思了春季学期的四级备考过程,她觉得听力练习做得少了,而且平时老师在课上听力练习偏少,也没有专门针对四级考试内容做一些补充。在四级考试时,她有好几题答案不确定,对考试成绩造成了一定的影响。后来到了秋季学期第三次访谈时,学生 A 再次提起她现在唯一缺少的就是英语听力方面的练习。现在她上的是高级阅读课,听的内容更少了。所以,她很感谢网络教学平台上的

"六级包"（备考大学英语六级的测试题集），通过做里面的听力试题，至少能知道自己哪里做错了。笔者建议学生A听一些新闻、演讲类的材料作为课外的补充，但她更加倾向于模拟试题。可以看到，学生A依然是把应试放在首位，且希望自己所做的英语学习活动得到评估，利于了解自己的水平，发现不足，加以改进。

（6）学生A的学习环境

在学习环境方面，学生A对于学校整体的英语学习氛围和环境的评价为中等。在学习环境因子所包含的各个题项上，学生A基本上都选择了居中的第三级。谈及教学内容和教学方式，学生A讲述了自己大学第一学期英语学习的经历。

> 学生A："当时王老师的课主要教的是演讲，她要求我们自己拍演讲视频传给她。上课时我们还能看到我们同班同学的视频，能看到自己和别人有多少差距，从演讲看到的差距太大了。老师还让我们给动画配音，从中也能看得出来别人对动画语速的掌控，很有趣。能看到别人选什么电影，这种上课方式对我们来说很有趣。她当时还放一些英语视频给我们，让我们根据英语视频写作文，虽然任务多，花了不少时间，但感觉还是比较愿意花精力去做的。"

从学生A的学习风格问卷结果来看，她的感知偏好比较丰富，视觉方面最强，其次是听觉，同时她倾向于在实践中学习的方式。教学活动中观看演讲视频、自己拍摄演讲视频以及与同学合作动画配音都较为迎合她的感知方式。所以，即使课后任务多她也有很高的积极性去完成。对于王老师的教学方式，访谈中学生A表示认可，能力得到了很大的提高，但也给课程考试带来了一些负担。

> 学生A："我觉得那种锻炼，对我现在考托福也挺有用的。但当时对我们考试没什么用。考试必须得看课本，所以导致那时上课完成任务以后我们没有时间看课本，没办法考试前就拼命把课本内容重看一遍。"

学生A描述的经历，正是隐性课程的一个案例。教师根据自己对课程目标的理解和授课经验制定自己班级的隐性课程，与统一的课程设置会有一定的不同。王老师没有按教学大纲的要求以课本教学为主,而是用视频为主要媒体开展演讲和配音等教学活动,收到了较好的教学效果,提高了学生的口语能力。但大学英语课程在高校中通常是基础课,评估方式多为教学部门统一制定,不可能较好地匹配王老师的隐性课程,从而造成上述考前突击的情况发生。学生A结合她的经历对此做了如下反思:

> 学生A:"现在跟我一起在外面上托福课的除了大二,还有大三的一些同学。他们上课时,老师问单词的时候,我觉得他们口语方面的词汇量就已经下降了一点。有一个大三同学说他大一时候考的托福,那时候是他英语的鼎盛期,当时考了90分。所以我在想,我不知道上课到底是应该以课本为准,还是以锻炼能力为准,我觉得王老师应该是本着锻炼我们的能力来做的。"

学生A对在王老师班上的上述学习经历还是充分认可的,但她也强调,那是在大学的第一个学期,没有考四级的压力,也不在准备考托福。言下之意,如果有重要考试的压力,她可能不会对王老师的课做那么多的投入。学生A从大一第二学期起就开始为四级考试和托福考试做准备了,以下访谈内容说明,她对于教学内容的评价,完全建立在是否有利于托福考试的标准上。

> 学生A:"当时王老师让我们演讲,我觉得那种锻炼对我现在考托福挺有用的。我不反对现在所有跟英语有关的课程,像一些选修课,里面的课外知识对我考托福还是很有用的。可能高中那会儿,大家会认为今天不上课文,听听英语歌、看看电影很轻松,那时候挺高兴的。但现在上大学了,我们是以一个利益主义者的角度去看问题,上课的这些内容是不是真正能帮到我。"

所以,学生A对于目前大学英语课程的教学内容和教学方式以及教师对其英语学习的促进作用都只是评价为中等。她记忆深刻且非常感谢的教师是曾对她的英语学习产生重大影响的教师。一位是上初中前教会她音标的教师。学会后她感觉发音不会有任何问题,能看音标读单词,即使那个单词没有音标,也会读。另一位是她的高一英语教师,把学生们带到多媒体教室,给他们看一些教师在英国的经历,讲述剑桥大学的历史,视频展示风土人情等,还会放一些英文电影,极大激发了学生 A 的学习兴趣。那是她最初开始在英语课堂上接触到这些内容,之前很少有机会获得,所以感觉非常有意思。随着她的英语水平不断提高,广泛接触到各类英语学习资源,学生 A 在大学里尚未遇到像以上两位教师那样给她很大帮助、在她的记忆中留下特别深刻印象的英语教师。所以,学生 A 认为她的英语学习取得进步,完全是自己努力的直接结果。

(7) 学生 A 的跨文化交际能力

学生 A 在跨文化交际能力量表中对自己的跨文化交际能力评价较高。她认为和来自不同文化的人们交流时,她有一定的口语能力,能够根据交际对象和交际情景的不同选择合适的方式得体、礼貌地表达自己。这与她从小就开始积累的跨文化交际经历不无关系。学生 A 小学时参加过外籍教师授课的少儿英语培训;中学时定期参加英语沙龙,与外教聊天;假期经常参加培训机构组织的英语课程或英语夏令营,有很多接触外教的机会。在跨文化知识方面,学生 A 感觉不甚了解对方的风俗习惯和价值观念。但这也正是她对跨文化交际感兴趣的方面,愿意从交流中了解对方的文化。学生 A 善于发现和学习,她从跨文化交际中寻找对方的交流习惯,及时调整自己的交际策略。例如,她从与一位美籍教师交谈的经历中发现,和外国人交流需要做到两方面:第一,眼睛要注视对方,不能飘忽不定;第二,要会用一些手势辅助自己的口语表达。做到这两点她就可以实现更好的交流效果。学生 A 还知道在跨文化交际中应避免提及两国之间的政治、军事等敏感话题,以免引起争执。

虽然有较丰富的跨文化交际经历,学生 A 表示在跨文化交际中还是有一定的焦虑感。主要是因为表达的需要,有时候那个特别合适的单词想不到,却没办法用另外一个单词代替,会感觉很尴尬。

因为从小每一年都有和外国人交流的机会,学生 A 目前并不是太热衷于和外国人交流。即使有机会交流,她也觉得没有什么太多的话可说,因为自己在大学接触到的就是以学习为主的校园生活,可说的素材太少了。

(8) 学生 A 的其他学习策略能力

通过学习策略量表了解到学生 A 各方面的学习策略使用频率处于中高程度。她使用最多的是补偿策略和情感策略,得分分别达到了五级量表中的 3.8 分和 4.2 分。认知策略和社交策略相对使用得少一些,分别为 3.0 分和 2.5 分。补偿策略中涉及猜测词义、造新词、同义词替换等策略。学生 A 良好的英语能力基础使她在此方面较为擅长。情感策略中各题项也反映出学生 A 较好的情绪控制能力。其认知策略的不足反映在：缺乏英语交谈,很少看一些英语电视节目或电影,没有出于阅读的享受去阅读英文。因为学生 A 对英语的学习兴趣不足,主要动机为考试等工具型动机,所以她无法在英语学习中调动起所有的认知策略。社交策略方面的测量结果显示,学生 A 在英语学习上很少和同学一起练习,或寻求英语本族语者的帮助,所以得分较低。结合之前对学生 A 沟通合作能力的分析,可以看到,她主要是在课堂学习中与教师积极互动,课外与同学或他人的合作学习不足。

(9) 学生 A 的学习风格

学生 A 的学习风格问卷结果表明,她的感知风格偏好兼有视觉型和听觉型,性格是外向型的,信息加工方式兼有直觉随机型和具体条理型,对学习任务的处理方式属于封闭型,思维方面属于分析型。这样的学习风格,有利于她通过视觉感官接收英语信息,同时她也会喜爱参与各种听说类型的活动,如对话、讨论等,在与他人的互动中学习。对于学习任务的处理,她偏向于发现探索式的,发挥创新能力寻找多种解决途径,同时也会较有条理地管理好自己的学习,一步一步达到设定的学习目标,并且擅长逻辑分析,关注细节。

在学习情况调查问卷中,学生 A 选择喜爱的学习方式是"按计划一步步地有序学习,通过独立分析得出结论",属于场独立型,具有较好的分析推理能力,但不像场依存学习者那样更多依赖环境,喜欢在与他人的互动中学习。可见,学生 A 的学习方式偏好综合了独立学习和互动式的合作学习。从她的学习特点来看,在课堂内她更多参与互动式的学习活动。学生 A 在课外也参与了不少与英语有关的活动,但她的兴趣点在于考试性质的英语竞赛,倾向于独立性学习活动。学生 A 应加强课外社交策略的使用,平衡两种学习方式。

(10) 学生 A 的思辨能力

学生 A 的思辨能力很强,借助"可观察的学习成果结构"分类评价法(SOLO),对其批判性思维能力进行评定,可达到五个层次中的第四层次关联结构层次。这一层次的能力被描述为：学生有多个解决问题的思路,能够把这些思路结合起来思考,形成对问题理解的整体意义,进行逻辑推理,解释具有宽度和广度(李祥兆,2005)。学生 A 对测试案例的理解准确,归纳清晰,分析透彻。她能够设想不同的可能性,预测案例的发展,并从多角度寻求解决方案及评估方案的实施效果。学生 A 在学习风格问卷中的表现也说明她擅长逻辑分析,关注细节和对比。学生 A 还积极应用自己较强的思辨能力,分析学习环境中的各种因素,采取相应对策,为自己创造最佳的学习生态环境。

以选择任课教师为例,学生 A 会通过多种渠道收集相关信息,充分对比后,综合考虑做出决定。访谈中,学生 A 提到她会请教高年级同学的意见,在网上查看教师的个人简介,进行试听,对比学习任务量等多个指标,最终做出最适合自己的选择。

学生 A:"我记得选老师的时候可纠结了。我会听高年级同学的介绍,这是一届一届传下来的,了解这个老师教得怎么样。我还会去网站上看,看他的职称是副教授,我想这个老师一定不错。后来发现还是很失望,他的语速特别慢,比一般人慢一倍。然后我又找到一位老师,她的简介说有 20 年的授课经验,上课语言生动活泼,我看后觉得特别好,就去试听了。但发现她的课节奏快,内容多,压力好大啊。因为这学期要准备四级考试了,所以不能再像上学期那样了,课外没有时间做那些任务了,后来我就选了一个课外学习任务稍微少一点儿的。"

(11) 学生 A 的创新能力

创新能力倾向测验量表结果显示,学生 A 的创新能力整体评价为中等,总的题项平均分为 3.35。在创造性思维能力、风险承受能力、人际沟通能力和实践技能四个维度上,较为突出的是最后一项。该项的能力描述为:倾向于完整地实施新的项目,依实际情况灵活解决问题,对自己和他人的行为负责。可见,学生 A 较为实际,愿意将自己的创新思维付诸具体实施。

### 6.2.2 学生 A 的课堂观察结果与分析

表 6-2 显示了学生 A 课堂观察的课段统计。其他有关学生 A 的课堂观察指标统计详见附录 9。

表 6-2 学生 A 课堂观察的课段统计

| 课段 | 全班提问与讨论 | 座位上的个人活动 | 小组活动 | 学生个人演示 | 小组演示 | 配对演示 | 三话轮互动 | 独白讲授 | 合计 |
|---|---|---|---|---|---|---|---|---|---|
| 频率 | 3 | 2 | 2 | 1 | 1 | 1 | 4 | 1 | 15 |
| 比重/% | 20.0 | 13.3 | 13.3 | 6.7 | 6.7 | 6.7 | 26.6 | 6.7 | 100 |

学生 A 的任课教师在本单元的教学总共包含 15 个课段,其中使用频率最高的课堂组织方式是三话轮互动。除去以教师个体和学生个体为单位进行的课堂活动,其余 73.3% 的课堂活动都是以配对或小组或全班为单位进行的互动型活动。教师控制话语的活动达到了 60%。但是,在 80% 的活动中教师课堂话语时长占所在课段时长的百分比在 50% 以下。也就是说,在这些课段中,教师并没有采取"一言堂"的方式,而是把更多的时间留给了学生进行参与。在课堂氛围方面,不太活跃和平淡的课堂氛围比例约为 40%,主要出现在课文讲解、核对习题答案、教师独白讲授和热身讨论方面。半数以上课段的语言教学焦点在语言使用,其次是语言功能。而且,80% 的课段涉及了知识深度最高层次的"知识与运用"。学生 A 的参与积极性很高,口语产出频率达 12 次,且 80% 以上为持续连贯口头表达类型。学生 A 每次上课都坐在教室的第一排,注意力集中,对重点内容及时做好笔记,积极参与课堂互动,在很多课堂活动中表现出愉快参与的情绪。

### 6.2.3 讨论与小结

学生 A 是语言善学者的代表,学习成绩处于班级前列。作为高分组生态位层次的个案研究对象,她的生态位具有较高的态和势。因为家长的重视,她从小就打下了良好的英语基础,积累了较丰富的跨文化交流经历,同时形成了很强的工具型学习动机和明确的学习目标。访谈中,学生 A 表示她参与课堂活动的目的主要在于争取更好的平时分数;参与课外活动时,她也更加关注竞赛获奖,而不是更多地出于对活动本身的兴趣。由此导致学生 A 非常关注考试成绩和有利于提高成绩的学习资源,也增加了她的竞争意识。学生 A 在访谈中曾抱怨任课教师没有把平时测验和期中考试的成绩公布在 QQ 群里,而只是课间用投影仪很快放给大家看了一下,她没有足够的时间查看自己和其他同学的成绩差距。所以,适当创造竞争的氛围,将有利于激发学生 A 的学习热情。尽管学生 A 的工具型动机大大强于她的融入型动机,但是从访谈和课堂观察结果来看,学生 A 对于英语学习还是具备相当的学习兴趣的。她在课堂上与教师和同学的自然而愉快的英语交流说明她从中体会到了英语交流的乐趣。课外,她也会去图书馆借一本英文经典歌曲书籍作为学习资源,而且很喜欢这本书对于歌词中单词和词组的解释,使娱乐性的资源更加有促进学习的意义。可见,学生 A 对于给养的识别和利用能力很强,并且以最适合她的方式对给养进行改造,促进语言学习。教师在授课过程中如果能抓住这一特点,改编一些教学资源,以适应学生A的学习观念和学习风格,会有利于她拓展应用不同类型的学习资源,从而培养更广泛的英语学习兴趣,也同时能弥补由于学习兴趣不足而导致的信息技术使用较为被动等相关学习策略应用的不足。她的信息素养也会在不断拓展的学习过程中得以提高。

学生A善于从学习过程中发现学习要点,总结好的学习方法,利用自己较强的思辨能力做好学习管理,综合考虑多方面因素,努力创造满足自己需要的学习环境。她对于学习环境的不满主要反映在三个方面:第一,课堂教学中听力资源不足。学生A自我效能感最低的就是听力能力,这是她四级考试成绩不理想的最重要原因。学生A将其部分归因为第二学期的课堂教学听力输入过少。虽然Bandura(1997)指出,成功的学习者通常有较强的自我效能,但是学生A的个案研究表明,成功的学习者也会因语言学习某方面的自我效能不足而对语言学习成效产生较大的影响。这一发现说明,教师同样不能忽视成功学习者的自我效能感,应有针对性地改善语言教学环境,进一步提升其自我效能感。第二,口语资源输入不足。学生A感觉自己的生活局限在校园里,较为简单化,口语表达时没有多少素材可用,缺乏新意。第三,学生A期待学业测试与能力培养的统一。从学生A对本科第一学期英语学习经历的描述中,明显可以看到任课教师实施的隐性课程内容与学校统一的学业测试内容之间的差距。这一差距在学生A第二学期的英语学习中得到了改善。从课堂观察看,第二学期的任课教师提供了很高比例的互动型课堂教学活动,且注重语言使用和知识运用,加上是小班化教学,学生A有更多机会参与课堂活动。学生A的口语产出频率高,且多为持续连贯的口头表达类型。说明学生A所处的课堂教学环境对其英语学习具有良好的促进作用。同时,第二学期的任课教师基本按照统一的教学大纲进行教学,将交际能力的培养与课本教学紧密联系了起来。现在进入第三学期后,学生A面临着高级英语阅读、全英文专业课和双语专业课以及托福考试的多重压力。在英语输入量突然大幅增加后,她感觉投入的时间和精力也随之大幅增加,学习负担加重,需要根据学习环境的变化采取相应的策略加以应对。大量的阅读任务使学生A不得不提高阅读速度,并采用多种认知策略提高学习效率。例如,她从阅读英语原版教材中总结了阅读技巧,更高效地理解阅读内容,查找所需信息。对于教材中学习内容的难点,她通过查阅中文相关参考书籍来解决。学生A凭借自己较强的学习策略能力,能够基本完成各门课程的学习任务。但因为用英语授课,较大的英语听力输入量给其带来了沉重的负担,以至于她课后不愿意再听任何英语材料。学生 A 对学习环境的变化具有较强的适应能力,在不断探索的过程中总结更加有效的学习策略。

## 6.3　学生 B 的个案研究结果与分析

### 6.3.1　学生 B 的问卷和访谈数据分析

学生 B 所在高校是一所"211 工程"师范类高校。学生 B 问卷中的生态位总势能得分为 133 分,属于中等组生态位层次。学生 B 所在高校要求学生完成三至四个学期的英语学习,每学期两个学分。学生进校后参加英语分级考试,分为 A、B、C 三个层次。成绩最好的 A 层次学生将用两个学期完成基础阶段的学习,再用第三学期完成高级阶段的英语选修课程。高级英语选修课程包括英美文化类、文学类、考试类等不同类型供学生选择。B 层次学生需要用三个学期完成基础阶段的英语学习,第四学期完成高级阶段的英语选修课程。C 层次的学生需要用四个学期完成基础阶段的英语学习,而后结束大学英语课程,不再进入高级阶段学习。学生 B 被分在 B 层次,将用三个学期的时间完成大学英语课程。作为个案研究对象进入本研究时,她正在进行第二学期的英语学习。

学生 B 平均每周课外投入 2—3 小时的时间学习英语。她使用最多的三项英语学习资源是英语影视剧、英语歌曲和英语教学类内容。经常使用的信息技术平台和相关软件有 QQ、微信、电子词典和英语学习手机应用。任课教师评定她的英语成绩处于班级的中等水平。

表 6-3　学生 B 的问卷数据统计

| 因子 | 学生 B 均值 | 总体样本均值 | 中等组生态位均值 |
| --- | --- | --- | --- |
| 沟通合作能力 | 2.75 | 2.82 | 2.82 |
| 信息素养 | 2.88 | 3.05 | 3.07 |
| 元认知策略能力 | 4.0 | 3.23 | 3.24 |
| 学习兴趣 | 3.33 | 3.42 | 3.46 |
| 其他学习动机 | 2.5 | 2.88 | 2.89 |
| 自我效能及实现途径 | 2.5 | 3.30 | 3.37 |
| 学习环境 | 3.43 | 3.28 | 3.28 |

根据学生 B 的问卷,分别计算出七个因子的均值,详见表 6-3。学生 B 仅在元认知策略能力和学习环境因子上高于总体样本的因子均值,在其余因子上的均值都低于相应的总体样本因子均值。

(1) 学生 B 的沟通合作能力

学生 B 在沟通合作方面的问卷得分相对较低。从相关题项的选择结果来看,学生 B 只有在课堂小组活动中积极说英语。课外通常不会有英语口语交流的机会,她也几乎很少有和外国人交流的经历。因为学生 B 的校园生活相对简单,主要是在教室上课、学习或者待在宿舍,各种学生活动参加得不多,所以交流的机会比较少。学生 B 使用网络的频率也相对较低。她会使用 QQ 和微信,但不怎么上网,也很少分享信息,甚至经常将英语课班级的 QQ 群屏蔽。

除了以上学生 B 的主观原因,也存在一些客观原因。在第一学期,教师以小组为单位布置了课堂展示作业。为准备课堂展示,小组成员需要在课外进行讨论,会通过 QQ 或微信进行,但这一学期不再布置这样的小组活动,减少了学生 B 与同学沟通合作的机会。尽管学生 B 在英语学习中的沟通合作做得较少,但她在访谈中表示,实际上非常渴望有这样的机会。

> 学生 B:"我记得以前好像有次逛超市就碰到外国人,然后我身边的同学就跟她聊天,挺好玩儿!我也经常会在校园里看到外国人跟我们学校的同学交流,特别顺畅,其实也挺羡慕的,但是也没有机会去跟他们交流。"

笔者感到学生 B 有交流的意愿,但从课堂观察中发现她并没有积极主动地回答教师的提问。学生 B 的解释是,大学课堂里学生是不会自己举手起来回答问题的,都是教师点名的。因为同学们都不主动回答,在这样的环境中她也不愿意显得特殊。所以,学生 B 在课堂上经常会在座位上轻声地说出教师提问的答案,而不愿意提高声音直接回答教师,所以教师经常听不到她的回应。学生 B 对比了她高中的英语学习经历。那时,她在重点班,同学们的英语基础较好,学习主动性也较强,所以课上与教师积极互动,营造了轻松活跃的氛围。她也跟着大家一起积极回答教师的提问。相比之下,现在课堂里只有极个别同学能回应教师的提问,无法带动整体氛围。当大家都不做出回应时,她选择了自己低声回答。可见,学生 B 的交流意愿迫于环境的影响而不能得到充分的满足。

（2）学生 B 的信息素养

学生 B 的信息素养因子问卷得分低于总体样本的均值。在沟通合作能力的讨论中，已经发现学生 B 对网络的使用频率较低。以下访谈可见，她在英语学习中的信息技术使用主要是电子词典、教材配套光盘和教师要求使用的作文批改网，其他方面较少涉及。

> 学生 B："我感觉英语学习的网络技术挺多的，但我会用的没几个。除了用电子词典，还有教材配套的光盘，其他我都不太用了，比如说英语的一些网络课程和教学平台我都不太了解。"

目前，学生 B 的英语学习资源主要来自教材和模拟试题，有时会有计划有目的地去搜集一些学习资源，但她没有尝试通过网络信息技术拓展其他的资源渠道，对资源利用的宽度受到局限。在信息加工处理方面，学生 B 之前在高中的时候做得比现在更好。在高中时，学生 B 会对英语学习资源进行分类和归纳整理。比如说表达某种观点可以有哪几种表达形式，她会列表整理，帮助自己写好作文，到了大学这方面反而做得少了。

学生 B 对信息技术在英语教学中的应用表示认可，但认为只是在一定程度上使教学比纯口头讲授更吸引人，并没有在很大程度上提升她的英语学习热情。这也间接影响了学生 B 的信息素养。学生 B 的 SAILS 信息素养在线测试成绩也非常低，正确率只有 36%。

（3）学生 B 的元认知策略能力

学生 B 的元认知策略能力较强，能够较好地完成学习任务，做好学习管理。学生 B 认为自己在英语学习上付出的时间和精力相对其他课程而言是比较多的。在其他一些课程中，教师上课讲的内容她不会每个星期都跟着学，但是英语一般每个周末都会花一些时间，背背单词，看看文章翻译等。学生 B 需要按课程进度在课外完成相应单元的快速阅读和视听说练习。她通常不会每个星期都做，而是按照一定的节奏和数量集中处理练习，这样感觉效率更高，同时也不会积压过多的练习。教师对这两本练习册不会检查，但会抽取部分内容纳入考试。学生 B 会保证在考前留出足够的时间完成尚未完成的练习。针对第二学期的大学英语四级考试和第三学期的六级考试，学生 B 在完成课程任务的基础上，还为自己定期安排模拟测试，为考试做准备。

学生B注意评估自己的学习方法,并及时做出调整。她曾经试用了一个帮助记忆单词的手机应用。用了一段时间发现,这个手机应用虽然列出了单词的例句,但例句简短,语境不足,觉得记忆起来有些吃力,不太习惯。学生B决定放弃这个手机应用,转而从模拟试卷中积累生词去拓展词汇量。因为试卷中阅读理解部分的单词都是有语境的,遇到生词后记下来,可以放到语境里去记忆。

学生B较强的自我学习管理能力还体现在对英语成绩的自我监控上。访谈中,她表示对英语总评成绩的构成非常清楚,并会为每一部分的学习任务做出努力。

> 学生B:"我感觉现在的平时分主要就是课堂汇报,这个我会准备得认真一点;还有到课率,我一般不逃课;然后就是平时的测验,会认真准备。所以平时分和期末分我都会对自己有较高的要求。"

(4) 学生B的学习动机

学生B的英语学习兴趣偏低,对英语语言文化不太感兴趣,只是偶尔会看看英文电影,听一点英文歌曲。她在其他英语学习动机因子上的问卷得分也较低。学生B的英语学习动机较为单一,主要为了通过考试。虽然她也认为将来英语会对找工作有一定的帮助,但短期内的学习动机还是主要来自通过英语课程考试及大学英语四级考试。但学生B的竞争性明显弱于学生A,她不要求在分数上和课堂表现上超越别人。

学生B认为英语课的质量对其学习兴趣有很大的影响。访谈中,她用高中的英语学习经历作了具体解释。

> 学生B:"我高一刚进去的时候,英语成绩并不算特别好,老师的教学方式也不是我喜欢的,比较枯燥,就讲讲课文什么的,关于语法可能讲得也不是特别细致。后来高二时换了一个英语老师。他很注重教学方法,他会经常跟我们交流一些英语学习方法。英语记单词是非常重要的。以前初中、高一记单词都是对着单词表就这样一个一个地记,其实挺难记的。我们那个英语老师说把单词放到一个语境当中去记,后来我就慢慢这样记,效果挺好,成绩又提高起来,就觉得那个时候对英语越来越有兴趣了。高考我的英语成绩还是比较令我满意的。但是进入大学

之后,感觉学习氛围没有以前那么好了,学英语也比以前松懈了很多。特别刚进校的时候,觉得学英语有点枯燥,因为好像就是每个单元看一下单词,然后就是讲解一下课文。"

从学生B的自述可以看到,高二时新换的英语老师给她带来了新的英语学习方法,帮助她提高了成绩,激发了她更强的英语学习兴趣,高考也取得了令自己满意的成绩。然而,当她最初进入大学英语课堂时,她的感受有些接近她对高一英语课程的描述,觉得有点枯燥,只是看一下单词和讲解一下课文。这样一个大学英语学习的开端多少会对她的英语学习动机产生一些影响。

(5) 学生B的自我效能及实现途径

学生B的自我效能偏低。她对于听力和阅读都表示提高的预期不大,特别是如果要求达到听懂英语新闻或讲座,看懂英文小说,则对她来说难度较大。对于写作和口语方面,她的信心稍微强一点,认为自己可以完成满足日常需要的基本写作和口语任务。学生B对自己的听力和阅读信心不足。从六级的模拟试题中,学生B发现自己的听力很不好,听的时候跟不上音频的节奏。平时做视听说课外练习时,她也需要看原文辅助理解。虽然口语方面的自我效能感稍微强一点,但学生B对于口语交流有一定的焦虑。如果在很多人面前说,她会感到紧张,从而缺乏自信。然而,学生B除了完成课程作业和备考,没有进行更多相关自主学习活动以提高相对薄弱的听力和阅读能力并克服口语表达时的焦虑感。

(6) 学生B的学习环境

学生B对于学习环境的评价高于总体样本的均值。她对课程的教学内容和教学方式基本认可,主要不满的是学校的英语学习氛围。与高中相比,同学们不够投入。在以下访谈中,学生B坦言,高中时一节课40分钟很愉快地就结束了,感觉大家一起学习的氛围也比较好,但是大学就没有这样的氛围了,自己也容易受到学习环境因素的影响。

学生B:"看周围其他人如果对英语学习比较松懈的话,我也会跟着松懈下来。如果其他人对英语比较重视,那我肯定也会更重视一些。"

学生B同时也指出了英语学习环境中的积极方面。首先,在硬件环境上,图书馆有一层楼供大家在那里放开声音朗读课文,有一个专为英语学习创造的环境。其次,每天早上和下午都有一些同学在图书馆前朗读英文或是练习口语对话。但因为时间不合适,学生B没有参与。

学生B对于学习方法的重要性高度认可。从她的高中英语学习经历我们可以看到,在高二英语教师的帮助下,她的学习方法的转变为英语学习带来了新的转机。如果对高中英语学习的成绩归因,她认为自己努力是一部分,老师教得好也是很大的一部分。但进入大学后,学生B认为她的学习方法和高中相比没有多少变化。教师所起到的作用没有比高中时更大,现在的学习进步主要还是依靠自己时间和精力的投入。学生B认为,自己的英语学习在一定程度上受到了同学的积极影响。

> 学生B:"我宿舍有个同学转了英语师范专业,她这个学期开始要听各种音频材料,像英国的BBC啊,还有TED演讲一类的。她们对口语要求也特别高。平时我就会跟着她,多听一听,读一读。"

来自同辈的影响作用,对学生B拓展英语学习资源、增加英语交流机会无疑是很好的促进。

(7) 学生B的跨文化交际能力

学生B的跨文化交际经历非常少,所以通过问卷只能大体看出她对自己跨文化交际能力的预估。问卷结果显示,学生B认为自己具有一定的社会语言能力,能够根据不同的交际情景和对方的不同性别、年龄和身份等因素调整自己的说话方式,并应用一定的交际策略,使交流顺畅地进行。但学生B在跨文化知识方面相对欠缺,不太了解外国文化的风俗习惯、价值观、政治、历史、地理、文学等知识。然而,在跨文化交际态度上,学生B没有表现出对以上欠缺知识的学习兴趣,也不是很愿意主动和来自不同文化的人们交流。另外,在语言能力方面,学生B对自己在跨文化交际中的听力和口语能力自我效能感较低,没有足够的跨文化交际自信。

(8) 学生B的其他学习策略

通过学习策略量表,了解到学生B各方面的学习策略使用频率处于中等程度,比较平均,没有特别突出的方面。她使用最多的是记忆策略、补偿策略和元认知策略,在五级量表中得分均达到了3.33分。认知策略和社交策略使用得相对少一些,分别为2.6分和2.8分。认知策略方面主要考查英听、说、读、写能力的应用和培养,学生 B 整体表现不足。学生 B 的社交策略得分偏低。在这一方面学生 B 与学生 A 的情况类似,没有为英语各方面技能的提高尽可能多创造使用英语的机会,包括寻求与他人用英语交流的机会。

(9) 学生 B 的学习风格

学生 B 的学习风格问卷结果表明,她的感知风格偏好为视觉型,性格是内向和外向兼而有之,信息加工方式为具体条理型,对学习任务的处理方式属于封闭型,思维方面属于分析型。这样的学习风格,说明她倾向于通过视觉感官接收英语信息,不太喜爱听的方式。在学习方式上,既可以参与群体互动式的学习活动,也可以自己独立学习或是仅和一位熟悉的搭档一起学习。从课堂观察中,笔者发现,学生 B 经常仅和坐在自己旁边的搭档进行对话或讨论等课堂活动,几乎不会与前排或后排的同学交流。对于学习任务的处理,她偏向于有条理地管理好自己的学习,按部就班地完成任务,随时评估学习进展,最终达到设定的学习目标,并且擅长逻辑分析,关注细节。

在学习情况调查问卷中,学生 B 选择喜爱的学习方式是"按计划一步步地有序学习,通过独立分析得出结论",属于"场独立"型,具有较好的分析推理能力,不像"场依存"型学习者那样更多依赖与周围环境的互动进行学习。可见,学生 B 的学习风格更多倾向于独立学习。但是学生 B 对学习的氛围较为敏感,周围的环境会对她的英语学习产生一定的影响。学生 B 可以尝试寻找并创造有利于自己的英语学习环境,通过更多参与互动式学习来弥补目前社交策略应用的不足。

(10) 学生 B 的思辨能力

学生 B 的思辨能力一般,借助"可观察的学习成果结构"分类评价法(SOLO),对其批判性思维能力进行评定,可达到五个层次中的第二层次单一结构层次。对这一层次的能力描述为:学生通过简单分析找到一个解决问题的思路,并能稍作阐释,但论据分析较少(李祥兆,2005)。学生 B 在案例分析中,理解正确,归纳清晰,但分析推理不够充分,只找到一个解决问题的思路。

笔者仍以选择任课教师为例,分析学生 B 的思辨能力。学生 B 自入校以来未选过其他老师的英语课。主观上,学生 B 认为要适应不同风格的老师会很累;客观上,与同学聊天后,她觉得别的老师的教学其实也大同小异,而现任老师的教学也挺好的,便不再多考虑。与学生 A 相比,学生 B 对选择任课教师未做足够的信息收集,没有向高年级同学请教,也没有去不同的班级试听。不同教师的教学各有特色,学生 B 未做充分的对比和思考。可见,学生 B 并不善于发现问题,并通过自己的批判性思维能力寻找解决方法。这会对她的生态位发展产生一定的制约。

(11) 学生 B 的创新能力

创新能力倾向测验量表结果显示,学生 B 的创新能力整体评价为高水平,总的题项平均分为 3.8 分。在创造性思维能力、风险承受能力、人际沟通能力和实践技能四个维度上,相对突出的是第一项。该项能力的主要描述为:倾向于在重要任务上做到细致的观察并采取具体行动,愿意寻求新的解决方法。然而,学生 B 在访谈中表达了与此相反的特点。

> 学生 B:"我感觉自己的创新性思维不太好,如果看书什么的就会向作者的观点去靠近,而不是说自己去创新一些东西。主要是去理解他们,很少会加入自己新的想法。因为我怕自己加入的东西都是不正确的。"

可见,学生 B 容易受别人观点的影响。虽然问卷的总体评价结果体现出她有创新的愿望,但一些具体题项的选择结果反映出学生 B 对自己的想法很不自信。一方面她不愿意质疑别人的观点,另一方面不主动表达自己的观点。上文提及的学生 B 在课堂互动中受到整体氛围的负面影响,以及选教师时简单接受别人对教师的评价,都说明学生 B 易受到学习环境因素的过度影响,对发展潜在的思辨能力和创新能力形成制约。

## 6.3.2 学生 B 的课堂观察结果与分析

表 6-4 显示了学生 B 课堂观察的课段统计。其他有关学生 B 的课堂观察指标统计详见附录 9。

表 6-4 学生 B 课堂观察的课段统计

| 课段 | 全班提问与讨论 | 座位上的个人活动 | 小组活动 | 学生个人演示 | 齐声重复朗诵 | 三话轮互动 | 独白讲授 | 合计 |
| --- | --- | --- | --- | --- | --- | --- | --- | --- |
| 频率 | 1 | 1 | 1 | 2 | 1 | 6 | 1 | 13 |
| 比重/% | 7.7 | 7.7 | 7.7 | 15.4 | 7.7 | 46.1 | 7.7 | 100 |

学生 B 的任课教师在本单元的教学总共包含 13 个课段,其中使用频率最高的课堂组织方式是三话轮互动。除去以教师个体和学生个体为单位进行的课堂活动,其余占比 69% 的课堂活动都是以小组或全班为单位进行的互动型活动。教师控制话语的课段达到了 77%。但是在这些课段中,教师课堂话语时长占课段总时长的百分比在 50% 以下。也就是说,教师把更多的课堂时间留给了学生参与。在课堂氛围方面,不太活跃和平淡的课堂氛围比例约为 54%。主要出现在全班提问与讨论、课文问答、核对习题答案以及教师独白讲授方面。在 62% 的课段中,语言教学焦点为语言功能,且 77% 的课段达到了知识深度最高层次的"知识与运用"。学生 B 的口语产出频率达 5 次,其中 40% 为持续连贯口头表达类型。虽然没有主动要求回答问题,但学生 B 会不时地自言自语,跟着教师的问题低声回答,客观上增加了隐性的口语产出。总体说来,学生 B 上课注意力较集中,积极做笔记,记录教师提到的语言点等内容。

### 6.3.3 讨论与小结

学生 B 是中等组生态位层次的个案研究对象,其英语成绩处于班级的中等水平。学生 B 在课外几乎没有参加任何与英语学习有关的活动,也几乎没有跨文化交际的经历。因为对网络的使用频率较低,也很少会通过信息技术进行与英语学习有关的各类活动,她的英语交流活动仅限于课堂。虽然她有意愿学好英语,增加跨文化交流,但从课堂观察来看,学生 B 一般不会主动要求回答问题,以获得更多使用英语进行交流的学习机会。原因在于学生 B 对环境较为敏感,当同学们都不主动发言时,她也不愿意特殊。但因为具有一定的交流意愿,所以学生 B 经常表现出自己低声回答教师的提问。学生 B 的这一特点,从某种程度上来说是一种语言焦虑,但并不属于 Ellis(2013)所列举的主要情境焦虑类型,值得关注。可以预见,活跃的课堂氛围对学生 B 的课堂语言交流会起到积极的推动作用。如果学生 B 能够认识到克服这一焦虑对语言学习的重要意义,则能够尝试逐渐改变自己对课堂交流的态度,并在不断的课堂实践中获得更好的学习体验。

学生 B 的英语学习兴趣不足,学习动机较为单一,主要是为了通过考试。学生 B 的元认知策略能力较强,能较好地监管自己的英语学习。她对于学习方法特别重视,这与她的高中英语学习经历有关。正是高二新任的英语教师带给了她新的有效的学习方法,提高了她的英语学习成绩,并使其在高考中取得满意的成绩,所以学生 B 注重灵活调整自己的学习方法。

学生 B 的信息素养较低,主要原因在于她使用信息技术的频率较低。在她看来,信息技术在英语教学中的使用只是在一定程度上增加了课堂讲授的吸引力,并没有大幅提升她对英语学习的热情。再加上之前使用手机应用背单词不太成功的经历,学生 B 不倾向于使用信息技术进行英语学习。学生 B 的自我效能感也偏低,特别是听力方面。她从六级模拟试题中看到自己的听力成绩很低,对听力的自我效能感也相应降低。

学生 B 的学习环境中既有对她的英语学习正面推动的因素,也有起到负面影响的因素。她认为学校的整体英语学习氛围不足,影响了自己英语学习的热情。但是,她宿舍的同学转了英语师范专业后对英语学习的要求和投入特别高,对她起到了积极的促进作用。虽然学生 B 的学习风格偏向于"场独立"型,但对于学习环境较为敏感,有时容易受到学习环境因素的过度影响而制约自身的发展。学生 B 所在班级人数达到了 68 人,不利于交际型活动的开展。但是课堂观察结果显示,学生 B 参与的课堂活动大部分为互动型活动,且其话语产出的频率尚可,类型也较丰富,基本保证了良好的课堂环境质量,主要欠缺的是学生主动应答的师生互动和活跃的课堂氛围。

目前,学生 B 正处在基础阶段英语学习的第三学期。与前两个学期相比,没有太大的变化。学生 B 在第二学期参加了大学英语四级考试,对考试成绩较满意,现在将精力投入到六级考试的准备中。学生 B 的学习动机还是通过考试,所以在学习策略方面的表现和之前相比没有什么变化,依然围绕应试开展各项学习活动。学生 B 的优点在于,她认为英语学习主要依靠自己,尤其是正确的学习方法非常关键。但她所欠缺的是没有充分利用好现有环境中的学习资源与学习机会,对环境变化的适应能力不足,不能采取有效的应对策略。学生 B 应当积极发展和运用自己的思辨能力和创新能力来更好地适应学习环境的变化,发展自身的生态位。

## 6.4 学生 C 的个案研究结果与分析

### 6.4.1 学生 C 的问卷和访谈数据分析

学生 C 所在高校是一所理工类省属高校。学生 C 问卷中的生态位总势能得分为 123 分,属于低分组生态位层次。学生 C 所在高校要求学生至少完成四个学期的英语学习,每学期四个学分。进校后没有分级考试,第一学期末时,所有学生参加大学英语四级考试,依据考试成绩进行分层教学。通过四级考试的同学进入"六级班"学习,为参加大学英语六级考试做准备。没有通过四级考试的同学进入"四级班"学习,继续为参加大学英语四级考试做准备。通过大学英语六级考试后,学生将进入"六级高级班"继续高级阶段的英语学习,在教材难度和技能训练上比之前提出更高的要求。学生C在第一学期末通过了大学英语四级考试,以个案研究对象进入本研究时正在"六级班"进行第二学期的英语学习。现在学生C已进入第三学期的大学英语学习。因为第二学期参加大学英语六级考试没有通过,所以他仍在"六级班"为下一次六级考试做准备。

学生C平均每周课外投入2—3小时的时间学习英语。他使用最多的三项英语学习资源是英语影视剧、英语歌曲和英语游戏。经常使用的信息技术平台和相关软件有电子词典、英语学习手机应用和网络教学平台。任课教师评定他的英语成绩较低,特别是听力和口语薄弱。他自我评价:因为英语能力不强,有一定的语言焦虑感。

表6-5 学生C的问卷数据统计

| 因子 | 学生C均值 | 总体样本均值 | 低分组生态位均值 |
| --- | --- | --- | --- |
| 沟通合作能力 | 2.38 | 2.82 | 2.24 |
| 信息素养 | 2.25 | 3.05 | 2.53 |
| 元认知策略能力 | 3.33 | 3.23 | 2.69 |
| 学习兴趣 | 4.0 | 3.42 | 2.84 |
| 其他学习动机 | 2.0 | 2.88 | 2.34 |
| 自我效能及实现途径 | 2.5 | 3.30 | 2.71 |
| 学习环境 | 3.43 | 3.28 | 2.83 |

根据学生C的问卷,分别计算出七个因子的均值,详见表6-5。学生C在元认知策略能力、学习兴趣和学习环境因子上的得分高于总体样本的均值;在信息素养、其他学习动机和自我效能及实现途径因子上低于总体样本的均值,同时也低于低分组生态位的均值。

(1)学生C的沟通合作能力

学生C在沟通合作能力方面的问卷得分相对较低。从相关题项的选择结果来看,学生C在课堂上具有一定的交流意愿去参加小组活动,积极说英语。但因为口语不好,所以不太好意思,引用他的话说就是"一句话几个单词,总共五个读错了四个,感觉特别郁闷"。这对他的参与积极性有一定的影响。对于教师提出的问题,学生C并不会主动回答,一方面受到口语水平较低的限制,另一方面,学生C的观念也起到了负面的作用。他认为,这个问题人家回答也可以,反正都是回答。学生C也感觉很矛盾,他既希望提高自己的英语能力,又不愿意多参与练习。在课外,学生C也不会用英语与同学和老师对话。他知道学校有一个英语俱乐部,但也没有去参加活动。据学生C描述,英语俱乐部涉及面很小,而且大家也不是特别主动。因为大家都觉得课后时间是做其他事情的时间,不是去练习英语的时间。因此,学生C在课内外用英语进行交流的时间就非常少了。学生C也表示,他更喜欢独立学习,而不是请教教师或同学。他以高中学习为例,说明自己在高中就很少问老师,比较喜欢独立思考,自己去查找一些资料解决问题。以上这些因素都促成了学生C在英语学习沟通合作方面的匮乏。

(2)学生C的信息素养

学生C的信息素养因子问卷得分非常低。这与他的信息技术使用能力和对信息技术的态度有关,如以下访谈内容所示:

学生C:"手机我也不太会用。电子产品我都不怎么感兴趣。因为我对电脑不太感兴趣,所以在网上找一些资料,是比较困难的。遇到一些手机推送的好的软件,我会下载,一般不会自己去找。"

学生C在信息检索方面能力较弱。访谈中,笔者建议学生C可以听一听TED演讲或VOA、BBC新闻。学生C认为这些是外国资源,不是中国做的网页,外国的网页他一般很少看。其实,这些音视频材料有很多国内网站已经做了收集整理,供大家学习使用,但学生C对此并不了解。学生C对于信息技术在英语教学中的使用也持一定的反对态度。

学生C:"视频还好,PPT那种形式我感觉少了一种交流。所有的东西一下全打在屏幕上了,我一眼就扫完了,不想再去听了,也不想再去看了。"

综合各方面原因,学生 C 的信息素养较低,他的 SAILS 信息素养在线测试正确率只有 18%。

(3) 学生 C 的元认知策略能力

学生 C 的元认知策略能力因子得分超过了总体样本的平均分,处于中等水平。他会监控自己的英语学习,做出反思,并制定目标和计划,但计划的执行力较弱,如以下访谈内容所示:

> 学生 C:"学习上遇到问题,我会找原因。我自己心里面有一个计划,但有时候不按照计划来,就自己按照心里面那个目标来。我尝试执行计划,但有时候三天打鱼两天晒网,不能坚持。"

尽管对于学习计划的执行力不够,但学生 C 对于教师布置的常规作业基本能按时完成。作业主要包括精读课的课后练习、听说课的课前预习、作文和自主学习中心需要定期完成的口语测试系统练习。教师会通过 QQ 群把答案发给同学们自己核对,但不检查作业完成情况。学生 C 基本会自觉完成作业。

(4) 学生 C 的学习动机

与学生 A 和学生 B 不同的是,学生 C 的英语学习兴趣很高,该因子的得分达到了 4 分。通常我们认为,英语学习成绩不好的学生对英语学习没什么兴趣。学生 C 不同,他对英语语言文化不太感兴趣,但他很喜欢听英文歌曲,也爱看英文电影。学生 C 的英语成绩在班级靠后,但在他看来,英语不算难,有一些语法知识只要记住就够了,不像以前的高中语文作文让人很头疼。所以,他不觉得学习英语是个负担。另外,学生 C 对他极其有限的跨文化交际经历感到非常有趣。综合这些因素,他对英语学习有较高的学习兴趣,但实际学习效果并不理想。学生 C 表示自己虽然喜欢听英文歌,但听不懂,对英语学习没有太大作用。看英文电影效果也不大,因为电影对白和考试听力里的对话从来就不是一个风格。所以,学生 C 看似浓厚的学习兴趣没有对提高他的英语水平起到太多实际的促进作用。

从访谈中得知,学生 C 的工具型英语学习动机主要是为考研和以后找工作做准备。同时,他也认为英语在生活中是一项有用的技能,可以用来跟外国人交流。学生 C 在第一学期末就通过了大学英语四级考试。据任课教师反映,他在第二学期学习时不是很努力,可能觉得已经过了四级,六级应该也不难,所以不太重视。因为六级在很多学生看来并不是必须考的,没有考四级时的紧迫感,所以学生C在第二学期的学习动机不足。六级考试失败后,学生C目前进入第三学期的英语学习,开始认真准备六级考试。虽然学生C的英语学习动机总体来说较强,但主要是远期目标。当短期目标不明确、外界压力不足时,学生C的学习动机很快就下降了。

(5) 学生C的自我效能及实现途径

学生C的自我效能感很低。访谈中,他表示对于听力和口语最没有信心。

> 学生C:"我在高中听力就不好,所以四六级还有考研的一些英语听力特别麻烦,碰到整段的听力我就懵了。以前练听力比较少。我比较喜欢听英文歌,虽然听不懂,但不像练习题比较呆板。现在做听力题多一些,我试着去完整地听。"

学生C在高中时听力基础不好。因为更喜爱有一定趣味性的英语学习活动,所以听力方面的练习题做得偏少,听力成绩提高缓慢。学生C虽然听英文歌,但需要反思自己用英文歌曲训练听力的方法是否有效,以取得更高的学习效率,才能逐渐提高自我效能感。

(6) 学生C的学习环境

学生C对于学习环境的评价高于总体样本的均值。他对自己的英语学习环境较为满意的方面是来自同学的帮助,如以下访谈内容所示:

> 学生C:"我们宿舍的人有英语成绩好的,对我也有一些带动。他们会帮我。第一学期的时候,老师让我们朗读课文,录音后发给老师。我发音不好,就会问他们一些单词怎么读,他们就告诉我。"

对于教学内容和教学方式,学生C在访谈中提出了期待改进的方面,但总体还是认可的。

> 学生C:"我感觉还是适合我们的内容比较好,有一些像西方文化、宗教,我们不是特别感兴趣的,讲的话效果也不是特别好。我感觉英语的课上交流,对训练口语能力比较好。但是,对词汇、写作的用处不是特

别大。这些也要讲,而且讲的时候最好反复强调。比如说,大家一起反复强调一个单词,我们一起多互动一些,理解那个单词的意思,怎么解析那个单词,那样效果才好。"

关于学校的整体英语学习氛围和相关政策,学生C提出了一些建议。在学生C看来,学校的整体英语学习氛围不太好,学习的积极性不够。课外活动也不多,只有很少的一些竞赛活动还有英语俱乐部,参加的人都不多。他认为,在大家英语学习热情不高的情况下,如果学校多给一些压力,比如说一定要过六级,那么六级班的同学就会对英语学习认真一些,动机更强一些。

(7)学生C的跨文化交际能力

学生C的跨文化交际经历不多,主要是和校内留学生的一些交谈。跨文化交际能力量表结果显示,学生C认为自己具有一定的社会语言能力,能够根据不同的交际情景和对方的不同性别、年龄和身份等因素调整自己的说话方式。但缺乏语篇能力和策略能力,无法灵活应变保证交谈的顺畅进行。在跨文化知识方面也较为欠缺,不太了解外国文化的风俗习惯、价值观等知识。学生C对不同国家的生活方式和价值观念感兴趣,但他的跨文化交际态度表现出被动地接受。如果来自不同文化的人们主动和他交流,他能积极回应,但是不会主动和来自不同文化的人们交流。

(8)学生C的其他学习策略

学习策略量表显示,学生C各方面的学习策略使用频率处于中高程度,使用最多的是认知策略和元认知策略,在五级量表中都达到了3.5分以上,甚至高于学生A和学生B。其余四项策略的使用频率基本相同,得分在2.8分至2.9分之间。可见,学生C积极调动自己的认知能力,评估自己的英语学习,思考改进的方法。但目前效果还是不够理想,这与他的计划执行力较弱有一定关系。因为偏好独立学习的方式,学生C的社交策略得分偏低。

(9)学生C的学习风格

学生C的学习风格问卷结果表明,他的感知风格偏好综合了视觉型、听觉型和动手型风格,性格略为内向,信息加工方式兼有直觉随机型和具体条理型,对学习任务的处理方式为封闭型,思维方式属于整体型。这样的学习风格,使学生C能灵活适应各种建立在视觉和听觉信息基础上的学习活动,同时他也能从动手型的学习活动中受益。

访谈中,学生C提到他的数字电路课程学习效果很好。其中一个原因是,课程讨论的内容是如何用电工器件改变数字电路,偏于实践,他很感兴趣。笔者由此想到,如果将英语学习融入各种动手型的学习活动中,学生C一定也很乐于参与。

学生C更喜欢独立学习。他在学习情况调查问卷中的选择也说明他属于"场独立"型学习者。对于学习任务,他制定明确的学习目标和计划,既关注长远目标,又关注目前的学习进展。

学生C的思维方式倾向于抓住重点,从整体上进行把握。以阅读为例,他认为对一些长句或难句,只要知道里面几个单词的意思,稍微猜测一下,那句话的意思就可以大致理解了,不需要基于语法一步一步整理句子结构,虽然这样做会理解得更加准确。

总体说来,学生C的学习风格偏向独立,减少了通过与他人互动进行英语学习的机会。但学生C同时是一位动手型的学习者,如果能通过他喜爱的动手型活动创造互动式学习的机会,可能会起到一定的弥补作用。

(10) 学生C的思辨能力

学生C的思辨能力一般,借助"可观察的学习成果结构"分类评价法(SOLO),对其批判性思维能力进行评定,可达到五个层次中的第二层次单一结构层次。对这一层次的能力描述为:学生通过简单分析找到一个解决问题的思路,并能稍作阐释,但论据分析较少(李祥兆,2005)。学生C在案例分析中,理解基本正确,可以做适度的归纳,找到一个解决问题的思路,但分析推理不足,思维逻辑性不强。

在笔者与学生C谈及课外英语学习资源的选择时,曾建议他听一听TED演讲。对此,学生C的观点如下:

> 学生C:"演讲的一些大道理我们都懂,听他们说有一种现场的效果会好一点。但是演讲比电影乏味一些。"

笔者也曾建议学生C可以读一些简写本的文学作品,学生C认为如果是趣味性高一点的文学作品,他应该愿意读。由此看出,学生C非常倾向于趣味性强的学习资源,对于逻辑性强的演讲、讲座、新闻等学习资源会觉得相对乏味。而且,他对平时英语听力或阅读接触到的观点类信息一般不会主动思考,没有通过批判性思维形成自己的观点。学习风格问卷结果也说明他的思维方式是整体型的,不像分析型学习者那样注重细节和严密的逻辑推理。所以,学生C的思辨能力相对较弱。

(11) 学生C的创新能力

创新能力倾向测验量表结果显示,学生C的创新能力整体评价为中等偏上水平,总的题项平均分为3.49分。在创造性思维能力、风险承受能力、人际沟通能力和实践技能四个维度上,相对突出的是第三项。该项能力的主要描述为:愿意与他人合作,尊重个体差异和不同观点,乐于分享信息,协同合作,营造良好的工作关系。学生C的这一特点在访谈中得到了印证。笔者了解到他参与了不少学生活动,具有较强的团队合作能力。如果学生C能把这种能力迁移到英语学习当中,无论是他本人还是整个学习共同体都将获益。学生C目前所处的英语学习环境非常缺乏学习共同体的凝聚,不利于合作学习的开展。

### 6.4.2 学生C的课堂观察结果与分析

表6-6显示了学生C课堂观察的课段统计。其他有关学生C的课堂观察指标统计详见附录9。

表6-6 学生C课堂观察的课段统计

| 课段 | 全班提问与讨论 | 座位上的个人活动 | 测试 | 齐声重复朗诵 | 三话轮互动 | 独白讲授 | 合计 |
| --- | --- | --- | --- | --- | --- | --- | --- |
| 频率 | 2 | 1 | 1 | 1 | 1 | 6 | 12 |
| 比重/% | 16.7 | 8.3 | 8.3 | 8.3 | 8.3 | 50.0 | 100 |

学生C的任课教师在本单元的教学总共包含12个课段,其中使用频率最高的课堂组织方式是独白讲授,达到了50%。只有三分之一左右的课段是以全班为单位进行的互动型活动,没有组织小组活动。所有课段的话语都由教师控制。在75%的课段中,教师课堂话语时长占该课段时长的百分比高于50%。也就是说,在这些课段中,教师把更多的课堂时间留给了自己的课堂话语,在一定程度上影响了学生的参与程度。在课堂氛围方面,没有出现过活跃的课堂氛围,且不太活跃和平淡的课堂氛围比例约为58%,主要出现在全班提问与讨论、课文讲解、核对习题答案以及教师独白讲授方面。在75%的课段中,语言教学焦点为语言功能,且58%的课段的知识深度为基本知识,只有25%的课段达到了最高层次的"知识与运用"。学生C的口语产出频率为3次,其中只有1次为持续连贯口头表达类型。总体说来,学生C在课上

有时出现注意力不集中的情况,做笔记也不是很积极。

### 6.4.3 讨论与小结

学生C是低分组生态位层次的个案研究对象,其英语成绩位于班级偏后。他虽然在大学第一学期通过了大学英语四级考试,但听力和口语非常薄弱,所以在英语交流方面有很大困难,也很不自信,从而降低了英语学习中与他人沟通合作的积极性。但学生C对于英语学习具有一定的兴趣。他很喜欢听英文歌曲,也爱看英文电影,还玩英文的电子游戏。他对于跨文化交流也感兴趣。虽然不会主动去和外国人交流,但他有限的跨文化交流经历令他感觉很有意思。不过,学生C对于英语的学习兴趣目前还没有转化成英语学习的实际效果。这与他的态处在较低水平有很大关系。学生C的听力水平较差,英文歌曲和英文电影几乎听不懂,因此不能有效地利用这些英语学习资源。学生C的其他英语学习动机主要是考研和找工作。对他而言属于长远目标,落实到短期的学习目标则是通过大学英语六级考试。学生C对此紧迫感不强,所以英语学习的工具型动机也相应弱化。他的元认知策略能力处于中等水平,然而往往对于制订的学习计划执行力不够,所以学习成效不明显。学生C的信息素养较低,而且对某些信息技术在英语教学中的使用也持一定的反对态度。在国内外已有研究中,信息素养尚未得到足够的关注。学生C的个案研究说明,其对信息技术的态度决定了其信息素养的水平,与当前技术增强的语言学习存在较大差距,对其生态位的提升必须从态度入手,使其从根本上认识到信息技术对语言学习的价值和意义,才可能改变其态度,提高信息素养。

学生C对于学习环境的评价高于总体样本的均值。他对于教学内容和教学方式总体上认可,也提出内容应该更加适合学生,兼顾口语交流的同时也要关注词汇知识和写作能力。学生C所在的课堂缺乏互动型课堂活动,教师的独白讲授是使用频率最高的一种课堂组织方式。教师在访谈中提到学生的学习动机不足,整体听力和口语能力较弱,而且班级人数达到71人,互动型活动很不好开展,所以课堂以独白讲授为主,教师很多情况下是自问自答。学生C也面临这样的瓶颈,一方面希望提高英语能力,另一方面由于基础太差而几乎无法开展相应的课堂活动,过低的态严重制约了势的提升,阻滞了学生C生态位的发展。学生C目前正在进行第三学期的大学英语学习。因为第二学期大学英语六级考试没有通过,他现在有了压力和紧迫感,较之第二学期的学习更加认真。但由于听说能力水平较低,短期内不易提高,所以并没有太大的改观。学生C所处的学习环境没有显著变化,依然是原先的任课教师,授课内容和方式变化不多。同时,学生C的学习策略能力等内部影响因素没有发生本质变化,所以其生态位未能有所发展。学生C对自己的生态位扩充显得有些束手无策,缺乏应对策略以改变自身的态与势或改变学习环境中的不利因素,反映出学生C适应能力的不足。学生C倾向于独立学习,同时也是一位动手型的学习者,他思辨能力较弱,创新能力较强。学生C应对自身的这些学习特点加强反思,制定个性化的有效学习策略,将学习计划落到实处,以促进生态位的扩充。教师也应当从学生C的态、势特点出发,创造适合他的学习环境。

## 6.5 个体层面学生生态位特点及影响因素

三位个案研究对象分别属于高、中、低三个生态位层次,各自所处的大学英语生态环境也有很大差异,形成了各自独特的生态位特点,影响其生态位发展的主要影响因素也不尽相同。

在态方面,学生A是语言善学者的代表,学习成绩处于班级前列。学生B的英语成绩处于班级中等水平。学生C的英语成绩位于班级偏后,听力和口语非常薄弱。他们的四级考试成绩显示,学生B分数最高,其次为学生A,学生C成绩最低。学生A因听力发挥不理想,所以成绩偏低。可见,影响考试成绩的因素很多,会出现个体的生态位层次高但四级考试成绩偏低的情况。在势方面,学生A较为突出的是沟通合作能力、元认知策略能力和学习动机。学生B仅在元认知策略能力方面表现较强。学生C表现出了一定的学习兴趣和元认知策略能力。学生A的英语水平较高,也因为她的父母从小为她提供了很多英语学习的机会,包括丰富的跨文化交流经历,为她打下了良好的英语基础。学生B和学生C则没有类似的经历,跨文化交流经历更是非常的少。

学生A所在的"985工程""211工程"高校,生源质量较高,学生的整体英语水平较高,课堂氛围较好,互动型课堂教学活动丰富。学生A积极参与课堂活动,获得了很多口语表达的机会。学生B来自一所"211工程"高校。其所在大学英语课堂互动活动略少于学生A的课堂,课堂氛围也相对于学生A的课堂来说偏于平淡。学生B有一定机会参与课堂活动,有一定数量的口语产出。学生 C 所在高校为非"985 工程"或"211 工程"高校。学生 C 所在的课堂,因学生整体英语水平较低,几乎无法开展互动型教学互动,基本以教师独白讲授为主,课堂氛围较平淡。学生 C 的听说能力特别差,影响了其用英语交流的积极性,使得他几乎很少有课堂口语产出的机会。

　　学生 A、学生 B 和学生 C 所在学校的课外英语学习氛围也有各自的特点。学生 A 所在的学校课外英语活动内容较为丰富,有演讲、话剧排演等英语协会组织的活动,也有各级各类英语竞赛供学生选择参加。学生 B 和学生 C 所在的学校,课外英语活动的数量和形式都少于学生 A 所在的学校。学生 A 积极参与各类课外英语活动,而学生 B 和学生 C 都几乎没有参加任何课外英语活动。学生 B 因为不太热衷课外活动,所以没有参与,并非仅针对英语。学生 C 因为觉得现有活动规模小、效果不好,没有参与。至于各级各类竞赛,只有学生 A 参与了。所以在三位个案研究对象中,学生 A 是在课内外参与相关英语活动方面都做得最好的,显示了很强的沟通合作能力。

　　三位个案研究对象的学习动机都以工具型动机为主。学生 A 的学习动机最强,竞争意识也很强,一定要超过成绩比她好的同学。学生 B 的英语学习动机较为单一,主要是为了通过考试,英语学习兴趣不高,对英语语言文化不太感兴趣,这一点与学生 A 类似。学生 C 除了具有工具型动机外,同时也很喜欢听英文歌曲,爱看英文电影,所以表现出比学生 A 和学生 B 都要高的英语学习兴趣。学生 C 的英语水平远低于学生 A 和学生 B,并没有因为学习兴趣高而有所改变。究其原因在于,学生 C 的英语学习兴趣更多关注学习资源的娱乐性,而没有通过有效的学习策略汲取学习资源中的给养,以促进学习的进步。

　　学生 A 和学生 B 的元认知策略能力较强,能有效监督和管理自己的英语学习。她们都注重学习方法的总结。学生 A 表现更加优异。她在学习经历中,善于观察思考,总结经验,改进学习方法。学生 B 的优势在于对各项学习任务能有条理、有步骤地进行安排,保证完成学习任务。相比之下,学生 C 的学习策略量表调查结果显示,他在认知策略和元认知策略方面的得分甚至高于学生 A 和学生 B。但访谈中发现,学生 C 虽然运用元认知策略管理学习,制订学习计划,但计划的执行力较弱,所以没有收到好的学习效果。

　　三位个案研究对象通过自己的学习经历,逐渐形成了各自对于使用信息技术进行英语学习的态度。学生 A 和学生 B 对信息技术在外语教学中的应用表示在一定程度上认可,但积极性不高,都较为被动地按教师的要求使用信息技术。学生 C 对信息技术的使用持有一定的反对意见。三位个案研究对象的信息素养都很低。他们因为没有使用信息技术进行英语学习的成功体验，也没有相应需求，所以失去了应用信息技术促进自主学习的机会。

在自我效能感方面，学生 A 最高，其次是学生 B 和学生 C。这与他们的英语水平密切相关。比如学生 C 的听说能力特别差，成为限制他生态位发展的限制因子，自我效能感自然偏低。

学习风格方面，学生 A 和学生 B 都兼有独立学习和互动式学习两种风格倾向，但学生 C 倾向于独立学习。学生 C 同时是动手型学习者。学生 C 的这两种学习风格都不利于他的英语学习。他应当多参与互动。英语课堂上动手型的活动较少，所以也需要学生 C 为自己创造更多动手参与的英语学习机会。

学生 A 的思辨能力显著高于学生 B 和学生 C。在英语学习中，表现为在自主学习过程中遇到问题后，学生 A 会积极思考应对的策略，而学生 B 和学生 C 基本上是被动接受，不会采取应对策略，适应能力较低。

创新能力方面，问卷结果显示学生 B 的创新能力最高。但访谈中，学生 B 表示自己的创新思维十分有限，容易接受别人的观点，不愿意质疑，没有形成自己的观点。

学生 A 对学校整体英语学习氛围和学习环境的评价为中等。学生 B 和学生 C 都认为学校的整体英语学习氛围不够好。特别是学生 B，易受学习环境的影响。她原先在高中时，因为班级英语学习气氛好，所以上课会积极回答教师提问。但是现在的课堂上，大家都不主动回答问题。学生 B 有参与互动教学的愿望，但她对环境的趋同性使她放弃了主动回答问题，而转为在座位上轻声地自己回答。

学生个体层面的生态位呈现出多样性和复杂性。个案研究揭示了更多来自学习环境和家庭的影响因素，同时反映出与群体层面的问卷调查和访谈数据结果的相同点和不同之处。可见，每个学生个体都在不同的内部和外部影响因素的作用下，形成了各自独特的生态位。只有通过深入细致的个案研究，才能准确把握个案研究对象的生态位特点和影响因素的作用。综合以上三位个案研究对象的生态位特点，可见他们各自亟待提高不同方面的能力，以促进生态位的扩充。学生 A 在态、势都相对较高的情况下，主要任务是提高信息素养。应意识到，信息技术的应用可以带来海量的学习资源和学习网络，有利于扩充生态位的宽度，开展自主化、个性化的英语学习。学生 B 需要克服自己对学习环境过度的趋同性,采取一定的策略,敢于主动参与课堂互动活动,以获得更多英语学习的机会。学生 C 的首要任务是提高听说能力,以摆脱因听说能力过低而几乎无法参与互动型英语活动的限制。一方面,学生 C 要制定明确的目标,积极投入到各种听说的练习中。另一方面,因为学生 C 所在的课堂受到班级总体英语水平偏低的影响而缺乏互动型教学活动,学生 C 需要采取一定的应对策略在课内外为自己创造更多听说方面的学习机会。面对学习环境的变化和不利因素,学生 B 和学生 C 的应对能力较差,应学习学生 A 的成功经验,提高适应能力,为生态位的扩充创造有利的条件。

## 6.6 本章小结

　　本章通过个案研究,从微观层面研究了三位个案研究对象的学生生态位及相关影响因素的作用。三位个案研究对象分别来自学生生态位的高、中、低三个层次,且来自不同专业类型和不同层次的高校,具有不同的课内外英语学习环境,形成了个体差异明显的各自生态位的特点。学生 A 是语言善学者的代表。她的学生生态位的态与势都相对较高。但是她对英语学习的兴趣不足,信息素养较低,失去了很多信息技术承载的英语学习资源。这一结果与学生群体层面的生态位特点相反。在群体层面,生态位势的层次越高,信息素养就越强。可见,即便是语言善学者也会受限于限制因子的作用,对自身生态位的扩充构成负面影响。类似地,对于学生 C 而言,英语听说能力较差,强烈限制了他生态位的扩充。然而,限制因子作用不一定局限于某一学习能力或语言技能的不足而产生的限制作用。对于学生 B 来说,对环境的趋同性阻碍了她主动参与课堂互动活动,对学生生态位的扩充构成限制作用。个案研究对象在英语学习各方面的观念和行为存在共性,但同时也各具特色,通过归纳总结反映了个体层面学生生态位的多样性和复杂性特点,对群体层面的问卷和访谈数据结果做了很好的补充和印证,有利于更加深入全面地研究学生生态位特点和影响因素的作用。

# 第七章

# 研 究 启 示

## 7.1 引　　言

在第五章和第六章的结果分析与讨论中,对问卷数据、访谈数据和个案研究数据的分析分别从群体层面和个体层面回答了两个研究问题,即学生生态位的现状和主要影响因素的作用。量化分析结果显示,沟通合作能力、信息素养、元认知策略能力、学习兴趣、自我效能及实现途径、学习环境和其他学习动机是影响学生生态位的主要因素。其中前四个因素对学生生态位的影响力最强。目前发现的主要问题包括:沟通合作能力不足,信息素养偏低,元认知策略能力堪忧,学习兴趣未充分发挥对学习的促进作用等。第二章的文献综述中也反映出大学英语课程中的学生自主学习能力总体状况不佳。基于学校专业类型的统计分析显示,虽然学生生态位的态与势之间不存在显著相关关系,但理工类高校在学生生态位态与势的主要方面均显著落后于师范类高校或综合类高校。基于学校层次的统计分析表明,"985 工程"和"211 工程"高校的学生生态位在态和势的一些方面显著优于其他高校。基于学生生态位层次的统计分析表明,学生生态位的态与势之间在群体层面存在高度正相关关系,且不同层次的学生生态位之间在态与势的各个方面都存在显著差异。质性分析结果表明,个体学习者因为学习环境、学习动机、学习策略、学习风格等因素的不同而产生各种各样的个体层面学生生态位,呈现了其多样性和复杂性，是开展自主化、个性化的英语学习必须考虑的前提条件。以上两个层面的分析互补，构成了对学生生态位现状的描述和对主要影响因素的分析。

信息技术与大学英语教学的深度融合，给学生生态位的发展带来了机遇，同时也对学生的自主学习能力提出了更高的要求。学生生态位的发展在很大程度上取决于学生的自主学习能力。行使这一能力的前提是扩充学生生态位的势，以应对各方面内外部影响因素给学生生态位带来的挑战，最终实现学生生态位态与势的整体扩充。

本章将借鉴生态学理论，从学生的角度讨论发挥学习自主性实现学生生态位扩充的途径。同时，从大学英语教学生态系统的角度，研究如何为学生生态位的扩充创造适宜的生态环境。生态系统的整体性、开放性、多样性、层次性和复杂性特点为优化大学英语教学生态系统提供了可借鉴的原则，通过对系统不足之处的优化处理，消除负面影响因素，促进学生生态位的扩充，实现系统的良性发展。

## 7.2 "互联网＋外语教学"

陈坚林、王静（2016）回顾了教育信息化近二十年的发展，从起步阶段的信息化设施基础建设，到在教育各领域的应用阶段，直至发展到今天云服务和智慧教育背景下的信息技术与学科教学的有机整合。"互联网＋外语教学"的深度融合，将成为新的外语教学常态。慕课、翻转课堂、微课等新的教学模式不断涌现。多媒体、多模态、多介质的学习资源无处不在。"互联网＋"背景下，大学英语教学生态系统只有与信息技术深度融合，才能整合依托信息技术的新的教学模式和学习资源，促进大学英语教学更加高效地发展。外语教学中的各种信息技术应用层出不穷。例如：课程管理系统、互动白板、电子档案袋等课堂教学工具；语料库、电子词典、智能辅导系统等个人学习工具；语言学习网站、虚拟现实和游戏、聊天室、社交网络平台等基于网络的社交计算；手机、平板电脑等移动学习设备（Golonka，Bowles，Frank，et al.，2014）。信息技术为外语学习提供了海量的学习资源，为学习者提供了便捷的交流渠道，将知识的建构和分享融为一体，创造了"多维的、立体的、无缝链接和泛在的认知语言情境"（贾巍，2011）[107]。在信息化的生态环境中，自主学习是学生取得理想外语学习成效的必要方式。信息技术无论有多么先进,提供的资源多么丰富,如果没有有效的选择和管理,外语学习将在信息的海洋中迷失方向,欲速则不达。相反,如果学生具备了一定的自主学习能力,充分发挥对信息技术的支配和利用,信息化教学生态系统中的教师、学习者和学习资源都将成为给养的来源,满足学生个性化的学习需求,实现学生生态位的扩充。

态的变化依赖于势的促进。所以在"态—势"关系中起主导作用的是势的强弱。学生生态位的整体扩充,应当从对势的提升入手,加强学习的自主性,逐渐提高各方面的学习能力,强化正面影响因素的积极作用,采取有效的策略应对学习环境中的不利影响因素,最大限度利用其他生态因子和学习环境所提供的资源,取得学习成效,促进态与势的综合提升。

## 7.3 学生生态位的扩充途径

### 7.3.1 能量分配原则

生态学中的能量分配策略对确定学习目标具有很好的启示。生物体在各种活动之间的能量分配,反映了特定条件下的每个活动的相对重要性(奥德姆,巴雷特,2009)。生物体首先需要保证个体的生存和维持,其余的能量要兼顾捕食、生长和繁殖等不同活动。由于能量的限制,单位面积能够产生的生物量通常是有限的。例如:植物产生的种子如果数量较多,每粒种子就相对较小较轻;如果数量较少,每粒种子则相对较大(周长发,2010)。生物体在能量的分配上需要根据周围环境条件的变化做出最优化的选择。

在大学英语教学生态系统中,学生生态位的扩充需要充分发挥学习者的自主性。学生需要独立承担学习的所有责任,如确立学习目标、确定学习内容和进度、选择方法和技巧、监控学习过程并评估等(Holec,1981)。自主学习面临的第一个问题就是学习目标的确立。类似于生物体对有限能量分配的策略选择,学生同样需要制定自己的英语学习能量和时间的分配策略。

在确立学习目标时,学生需要考虑以下主要影响因素:(1)大学英语课程的教学目标和要求;(2)自身的英语水平和学习能力;(3)可投入大学英语课程学习的时间和精力。首先,学生应充分了解大学英语课程的教学目标。其次,对自己的英语水平和英语学习能力有一个客观的自我评估,即全面衡量自身生态位的态与势。然后,比较自身现状与教学目标和要求的差距,制定合理的学习目标。学习目标的制定可分为长远目标和近期目标两个方面。长远目标的确定应当结合《指南》提出的教学目标及学生自身的英语学习动机。为了实现长远目标,往往需要分阶段努力,将长远目标分解为各阶段的近期目标,逐个实现,最终实现长远目标。《指南》将现阶段的大学英语教学目标描述为:"培养学生的英语应用能力,增强跨文化交际意识和交际能力,同时发展自主学习能力,提高综合文化素养,培养人文精神和思辨能力,使学生在学习、生活和未来工作中能够恰当有效地使用英语,满足国家、社会、学校和个人发展的需要。"(教育部高等学校大学外语教学指导委员会,2020)[5] 学生必须首先充分意识到教学目标里蕴含的英语学习效价,认同英语学习的重要价值,才能激发强烈的学习动机。《指南》对教学目标的定位主要是围绕个人能力和素养以及不同层面的需要进行的。英语学习有利于个人多方面能力的发展和综合文化素养的提高,同时对国家的战略发展,社会经济、文化的进步,学校国际化实力的增强以及全球化背景下的个人学习、国际交流、就业等方面都有着重要的意义。沈骑(2014)将上述大学英语课程的重要价值归纳为工具价值、内在价值、社会价值和战略价值。访谈中发现,不少学生都没有意识到大学英语学习如此丰富的多元价值取向,造成长远目标的缺失和学习主动性的减弱。

有了长远目标的指引,近期目标的制定就有了依托。对近期目标制定影响最大的就是学生可投入大学英语课程学习的时间和精力。第五章的问卷和访谈结果分析表明,受到其他课程的学业压力影响,学生可以投入到大学英语课程学习的时间和精力是有限的。而且,英语学习的成效并不是通过短期努力就可以立竿见影的。学生在看不到学习成果的情况下很容易失去学习的动力,影响自主学习的实施。所以,近期学习目标的制定要科学合理。语言文化知识和语言技能的学习是密不可分的。即使进行某一特定语言学习活动有其知识和技能的侧重点,也不可避免牵涉其他的知识和技能,以及在学习活动中需要运用的策略能力和社会能力。也就是说,学生生态位的态与势是紧密联系的一个整体。制定学习目标时不但要考虑增加语言文化知识、提高英语综合技能,而且不能忽视学习策略能力和社会能力的培养,它们都是提高英语交际能力的必要条件。制定学习目标时既要有全盘的整体布局,又要有分步进行的阶段性近期目标。

根据李比希最小因子定律,当某个生态因子的量很小时就成为生物体生存发展的最重要的限制因素,称之为限制因子(周长发,2010)。借鉴限制因子定律看待学生生态位中的态和势,其意义在于发现态和势当中的限制因子,消除其限制作用的影响。第6.4节中学生C的个案研究结果表明,学生C的听说能力成为他生态位扩充的限制因子。特别是因为口语能力过低,学生C在英语口语表达方面错误多,自我效能感很低,虽然有进行口语交流的意愿,但参与积极性会受到压制,从而限制了他通过英语口语活动发展思辨能力、沟通合作能力、跨文化交际能力、创新能力等属于势的范畴的能力,其结果自然是对态的发展更加不利。学生C处于低生态位层次,在总体态、势不足的情况下,遇到的限制因子可能会更多。限制因子同样也会对处于高生态位层次的学生发挥作用。例如,高一虹(1999)描述了一位学生参加英语演讲比赛的经历。他具有非常强的英语综合能力,但是在演讲比赛中失利,因为审题出现了偏差,将"The best university is poverty"理解为"The best university is poverty-stricken"。这一案例足见思维能力在整个语言交际能力中的重要性。对这位学生来说,思维能力的不足成了他生态位扩充的限制因子。可以说,识别英语学习中的限制因子是学生制定近期学习目标时的首要考虑。因为限制因子好比木桶效应的"短板",对学生生态位的整体发展构成巨大的阻碍。学生生态位的扩充应当从消除限制因子的影响开始。识别限制因子并确定学习目标之后,下一步就需要制订具体的学习计划,围绕学习目标确定相应的学习内容和学习方法。无论是目标的确定还是具体学习计划的制订和实施都需要发挥元认知策略能力,管理好学习过程,及时反思并调整认知策略、社会情感策略等其他学习策略的使用,以确保学习计划的有效执行。

### 7.3.2 最优化策略

学习内容的选择通常是自主学习中最令学生困惑的方面。尤其是信息技术环境下的英语学习,面对大量的学习资源,学生往往感到无所适从,不知道应该按什么标准来选择最适合自己的学习资源,也不清楚如何判别学习资源的良莠。最优化策略为学习资源的筛选和利用提供了参考。

自然生态中的很多现象都反映了寻求最佳收益的规律。以动物捕食为例,最优觅食的原则是选择能够使捕食者在单位时间内获得最大净能量的猎物,即实现捕猎效益的最大化。如果猎物的个体大,那么可以提供的能量也多,但捕猎和处理猎物所需要投入的能量和时间也会越多,并不能保证效益的最大化。自然界的捕食者会根据环境条件选择捕食猎物的种类,达到最优的成本—效益平衡(奥德姆,巴雷特,2009)。

与自然生态中的生物获取食物资源一样,外语学习中的学习者也需要从学习环境中获得学习资源,开展语言学习活动。在第 2.5.1 节中,讨论了国外语言学习的生态观。其中的核心概念是学习的"给养"(Gibson,1977;van Lier,1997,2003,2010)。学习者需要有能力感知到给养的存在,并有意识地充分利用给养进行语言学习活动,才有可能促成语言学习的发生。所以,对学生来说,识别给养并有效利用就相当于"捕食"的过程,获得的收益即为语言能力的提高,拥有使学习成本—收益最大化的策略能力是学生生态位扩充的关键。

大学英语的学习活动在课堂和课外两种学习环境中进行。课堂学习环境的给养主要来自教材等教学资源的内容及教师和同学围绕教学资源进行的语言学习活动。理想的课堂学习是学习者以有意义的方式主动建构知识的过程。王永祥(2014)[126]指出:"知识不是被传授和接受的,而是由认识主体建构生成的……就外语课程而言,后现代知识观所理解的知识是一种融知识性、技能性和研究性于一体的知识。"后现代知识观下的外语课程要求学生具备足够的思辨能力和创新能力才能完成知识的建构。只有在高级思维能力方面提升,学生才有能力识别以多种形式出现的给养,并通过运用思辨能力、创新能力处理和吸收给养,在与师生的互动中建构知识。这两种高级思维能力的强弱决定了学生从给养中获取收益的大小。即使学生能够识别并利用语言学习的给养,仍需要发展转化给养的能力,不断提高学习成效(Li,Abrar-ul-Hassan,Gao,2020)。

课外学习通常是学生的自主学习。这时的学习投入相比课堂环境中的成本要高,因为学生需要自主寻找合适的学习资源并发现、消化和吸收其中的给养。是否能够实现最优化的成本—收益策略,在很大程度上取决于学生的信息素养。在第 4.5.1.2 节中讨论的大学生信息素养能力评价指标中,核心部分涉及能有效且高效地获取所需信息;能批判性地评价信息及其来源,并将其融入自己原有的知识背景和价值体系(ACRL,2000)。其中,有效且高效地获取所需信息是对时间成本的最优化策略;批判性地评价信息及其来源,是对学习过程中的认知负荷做最优化选择的前提;将信息融入自己原有的知识背景和价值体系则标志着新知识的建构——学习的发生。

为了降低寻找并获取某一学习资源的时间成本,学生需要培养跨媒体信息素养。Thomas et al.(2007)提出,跨媒体信息素养表示跨越不同平台、工具或媒体进行读、写和互动的能力。跨媒体信息素养是学生生态位在学习资源方面进行扩充的必备能力之一,是信息素养的重要组成部分。只有跨越印刷物、广播电视、互联网等多种平台、工具或媒体,才有可能最大化利用学习环境中提供的给养,也就是学生的基础生态位所能覆盖的最大范围内所提供的给养。根据第五章的实证研究结果可见,学生的现实生态位大大小于其基础生态位,因为目前大部分学生所占有的英语学习资源局限于教材、教学光盘、英语歌曲、英语影视剧和少量其他网络相关资源。如果具备一定的跨媒体信息素养,学生可以极大拓展学习资源的来源渠道,增加生态位宽度,有更多的机会利用学习环境中的给养。同时,跨越多种平台、工具或媒体为搜索某一学习资源提供了更加丰富的不同选择途径,各种信息资源互为补充,资源的定位与获取将更加灵活便捷。

当学生选择学习资源时,需要批判性地评价获取的资源质量及其来源,以判定是否适合作为自主学习的内容。根据成本—效益最优化规律,批判性评价的标准之一可以建立在处理学习资源中的给养所需要付出的认知负荷量上。Sweller、van Merrienboer Paas(1998)将认知负荷分为内在认知负荷、外在认知负荷和关联认知负荷三类。内在认知负荷是在学习材料的内在性质和学习者专业技能之间的互动中产生的,其大小受到学习者已有知识的影响。如果学习资源较为复杂,而学习者在这一方面的已有知识相对不足,则认知负荷会增大,学习所花费的时间和努力也会增加。外在认知负荷与学习过程并不直接相关,与学习资源的呈现方式有关。如果呈现方式不适合学习者的认知风格,则会增加认知负荷。关联认知负荷,是指学习者利用认知资源对学习内容做更高层次的认知加工,如比较和推理等。这类认知活动虽然会增加学习者的认知负荷,但会促进学习者的学习,使其具备更强的学习能力。基于认知负荷的类型,学生应当尽量选择内在认知负荷与外在认知负荷都偏小的学习资源,这样在总负荷能力有限的情况下可以省出认知资源用于高级阶段的关联认知负荷的认知加工。在英语学习资源的选择上,为了减少内在认知负荷和外在认知负荷,学生可以结合自己的学习兴趣,选择较为熟悉领域的兴趣较浓的视听说或读写材料,以减少因内容不熟悉而造成的理解困难,也就是降低内在认知负荷;同时选择呈现方式适合自己学习风格的资源,以减少外在认知负荷,从而把更多的认知资源放在语言知识的积累、语言技能的提高及学习策略的实践和总结方面,并尽可能使用关联认知负荷对学习资源中的给养作高级认知处理,以获得更好的学习效果。需要注意的是，基于认知负荷的最优策略选择是动态的，应根据学习者的生态位"态—势"变化做相应的调整。生态位偏低时应当尽量控制总的认知负荷量，以较小的投入获得态的提升。随着态的提高，势也相应增强，这时应当开始选择之前较少利用的学习资源，尽管认知负荷可能增大，但有助于逐渐拓展生态位的宽度，在一定程度上扩展学习风格，增强适应性，推动生态位的整体扩充。

除了以最优化策略选择学习资源，对于学习任务的处理也同样要求学生运用最有效的学习策略。优秀的语言学习者运用学习策略的范围较广，能灵活地对不同的学习任务选择不同的策略，形成一套适合自己的学习策略（程月芳，马广惠，董娟，2003；Ellis，2013）。丁怡（2006）对外语善学者和不善学者词汇学习策略的对比研究证明，虽然在策略使用的类型和频率上不善学者都高于善学者，但实际学习效果却大大落后于善学者。这说明学习策略的运用必须适合于学习任务才能收到较好的学习成效。学习策略的使用受到诸多因素的影响。文秋芳（2004）将影响因素分为学习环境因素和学习者因素。前者包括文化背景、学习条件、教学环境和学习任务；后者包括学习动机、学习风格、认知和情感等因素。例如，秦晓晴（2007）研究发现，学习兴趣即融入型动机对学习策略使用的影响大于工具型动机，能促进学生更加积极地使用学习策略。Yang（1999）在研究英语学习者的学习观念和学习策略的关系时发现，语言学习者的自我效能感与所有类型学习策略的使用显著相关，特别是功能操练策略。以上这些影响因素与学习策略使用之间的关系可能是相互作用的。以自我效能感为例，在其促进学习策略使用的同时，如果学习策略运用得当，取得了一定的学习成效，必然反过来提高学习者的自我效能感，形成良性循环。可见，策略使用的关键是恰当和有效。同时，元认知策略能力和各种学习者因素及学习环境因素都与自主学习能力相关，其中元认知策略能力的相关性最为显著（倪清泉，2010；徐锦芬，李斑斑，2014；肖庚生，徐锦芬，张再红，2011）。在本研究中，元认知策略能力是影响学生生态位的重要内部因素之一。元认知策略对认知策略和社会情感策略的使用及整个学习过程的自我管理有着重要的作用。秦晓晴（2007）研究发现，大学生使用最多的学习策略是管理策略，其次是形式操练策略，使用最少的是功能操练策略。功能操练策略对英语学习有非常重要的意义。只有提高使用英语的频率，才能在实际应用中促进英语能力的提高。功能操练策略的使用频率偏低，说明虽然大学生使用最多的学习策略是管理策略，但是在功能操练策略的运用方面需要加强监督和管理,保证有更多的使用英语的机会。本研究的问卷和访谈结果都显示,学生的元认知策略能力不足,不利于自主学习能力的发展。个案研究中,学生 C 的元认知策略能力问卷得分超过了总体样本的平均分。但访谈中了解到,学生 C 的学习计划执行力较弱,所以对于处于低层次生态位的现状没有实质性的改变。他对于英文歌曲和英文电影的浓厚兴趣驱动他较多使用功能操练策略,然而仅局限于这两类学习资源,生态位宽度过窄,且没有采用合适的学习策略从自己感兴趣的学习资源中获得给养。学生 C 具备较高的学习兴趣,也有一定的元认知策略能力,可是学习效果不理想。主要原因在于:他的元认知策略对学习的管理没有有效执行;学习兴趣带来的驱动力由于没有使用合适的学习策略而未能产生良好的学习效果。这一个案研究结果表明,自主学习是一个复杂的过程,微观层面的影响因素多,需针对不同个体进行深入细致的研究,发现问题并采取个性化的应对策略。

综合上述分析,在影响自主学习的众多因素中,学习策略能力非常重要,而且最为复杂(徐锦芬,2007)。最优化策略是推动学生生态位扩充的核心要素,具体包含学习策略能力,特别是元认知策略能力,以及信息素养、思辨能力、创新能力等,同时策略的使用受到学习兴趣、其他学习动机、自我效能、学习风格等学习者因素和学习环境因素的影响,并与其形成相互作用,在循环互动中推动学生生态位的扩充。

### 7.3.3 合作与竞争

集群现象普遍存在于自然界。同一种生物的不同个体,或多或少会在一定时期内生活在一起,以保证种群的生存发展。这种有利作用称为集群效应。集群有利于提高学习效率,因为个体间有更多的机会互相学习,取长补短(李振基,陈小麟,郑海雷,2014)。

同样,语言善学者的共同特征也包括强烈的与他人交流的愿望和对语言学习过程的积极投入(Naiman, Fröhlich, Stern, et al., 1978)。在大学英语教学中实施合作学习,有利于提高学生的学习动机,发展自主学习能力,提高英语能力,增强自信(邓志辉,2004;徐锦芬,2013)。学生与教师之间以及学生之间的合作对大学英语学习有着十分重要的意义。在大学英语教学生态系统中,教师和学生是关键因子。教师作为课程的主导者,对教学活动的每一个环节的设计和目的都有非常清晰的认识,能够为学生创造给养丰富的学习环境,并引导学生在教学互动中获得给养,实现教学活动的目标,提升学生的英语能力。学生群体是教学活动的主体,是除教师之外学生进行知识建构的主要合作对象。学生之间的相互学习来自彼此参与教学互动中所产生的给养。大学英语的合作学习可以发生在课堂上也可以发生在课外,可以在现实环境中进行也可以在网络环境中开展。交互活动突破了个体信息加工系统的限制,在个体之间、媒介和环境等更加广阔的范围传播,使学习者的认知活动呈现分布式的特点(张剑平,陈仕品,张家华,2010)。王琦(2006)总结了信息技术环境下合作学习对外语教学的积极作用:(1)有利于降低课堂焦虑,增强自信心;(2)促进互动,激发学习动机;(3)与面对面的交流相比,更加促进可理解的输入与输出;(4)增加交流机会,提高语言运用能力;(5)增强跨文化交流意识;(6)有利于发展思辨能力;(7)有利于增强责任感,为完成合作学习任务进一步发挥自主学习能力,并广泛交流。在合作学习中,学生可以得到丰富的给养。例如,慕课平台中成千上万的学习者在一起共同学习,建立起强大的生态网络,信息的交互四通八达,合作学习可以随时随地进行,问题迎刃而解。网络环境中合作学习产生的给养更加具有实时性和动态性的特点。学生对于合作学习中的给养不仅需要识别和理解,还被期待对教师或同学提供的给养做出回应,为他人提供给养。可见,沟通与合作是学生生态位扩充的重要途径。

然而,第五章的问卷和访谈结果分析反映了学生有关英语学习的沟通合作主要是课堂有限的互动型教学活动,课外互动的频率较低,且较少涉及英语学习内容本身。但学生对教师布置的小组课堂展示任务表现出了很高的热情。因为是小组活动,所以为了完成学习任务,需要在课外进行很多的沟通合作。在完成任务的同时,学生们分工合作、互相学习、互相帮助,获得了学习成效,形成了很好的合作学习小组。但随着学习任务的完成,学习小组也宣告结束。原本已经建立起来的生态网络遭到了破坏。如果遵循语言善学者的学习策略,学生应当尽量维持学习小组的长期存在,为英语学习建立一个良好的课外合作学习生态环境。做到这一点需要认知和情感的支持。合作学习小组需要有共同的学习目标和学习任务,同时根据每个学生的生态位特点进行个性化的学习设置。小组成员共同的学习目标和任务可以保证每个成员都从中获益;兼顾每个成员的生态位个体差异,选择适合不同成员的学习任务,有利于个性化学习的开展。小组成员可以利用信息技术在网络环境中实现同步或异步的交流,也可以定期会面就学习情况互相交流,取长补短,形成良性循环。学生通常与同班同学开展固定群体的合作学习。学生还应积极参与扩展群的合作学习,借助网络充分利用校外学习资源,参与网络虚拟学习社区,在更大范围内与其他学习者开展合作学习(顾世民,2011)。合作学习的开展旨在改变学生课外沟通合作匮乏的现状,使其发挥学习自主,促进生态位的扩充。

学生之间在合作的同时,也因为生态位的类似而存在竞争关系。在生态学上,这种在同一种群内的竞争关系被称为种内竞争。种内竞争的结果是种群分布扩展,占据不利的边缘区域(奥德姆,巴雷特,2009)。大学英语教学生态系统内的竞争关系主要体现在学生对课堂教学资源的竞争,包括教师与学生的互动机会、学生小组活动的展示机会等。因为班级人数众多,在有限的课堂时间内无法给予每位学生以语言训练的机会。而且,每个教学活动的难度不同,无法适应所有的学生。在教学资源有限的情况下,必然有部分学生无法在课堂时间内得到足够的语言学习机会。对这一群体学习者而言,只能通过占据较为不利的边缘区域的教学资源来弥补。边缘区域的教学资源包括课后与教师面对面的交流或网络环境中的互动,内容可以是口语或写作产出,请教师评价,并给予进一步的指导,或者是关于学习方法的交流等。对于学生来说,当面临竞争而意识到自己的生态位受到了压缩,就应积极发挥自主学习能力,利用其他学习资源和学习机会进行弥补,以扩充自己的生态位宽度。竞争的存在对于一部分学生来说,可能因为看到自己和别人的差距而产生焦虑感,影响学习的积极性。但恰当引入竞争机制有助于激发学习动力和学习潜能。王薇、程海腾(2015)通过具有一定竞争性的分组测试活动,部分证明了竞争性的合作学习比单纯的合作学习更能激发学生的潜能,取得更好的学习效果。处理好合作与竞争关系,是学生生态位扩充的一个重要方面。

### 7.3.4 协同进化

协同进化是两个或两个以上有密切生态关系的不可杂交的物种进行的联合进化。通过相互选择压力,其中一个物种的进化部分依赖于另一个物种的进化(奥德姆,巴雷特,2009)。学生与大学英语教学生态系统中的教师、教学资源、信息技术、教学管理人员之间都存在协同进化的关系。

(1) 学生与教师的协同进化

《指南》对学生提出了在英语知识、技能和综合素质方面要达到的要求。教师结合相关要求与自己对英语教学的信念,形成了个性化的隐性课程,在课程的具体实施中对学生的英语学习提出了具体的要求。例如,第六章个案研究中学生 A 提到的王老师,在大学英语课程的教学中侧重演讲技能的培训,对学生 A 而言,其演讲技能得到了更多的锻炼与提高。如果某位教师重点发展学生的写作技能,通过布置更多的写作任务并加强讲解,学生在写作能力方面就会有更快的进步。受到隐性课程的影响,学生的英语学习在教师的主导下会表现出在某一方面的突出发展。在很多高校,学生可以在每学期大学英语课开始前选择教师。在这样的机制下,学生有机会接触不同教学理念和教学风格的教师,为自身生态位的协同进化提供了多样化的可能,有利于生态位在不同方向上的扩充。反之,学生的学习特点也会促进教师发生协同进化。教师在长期的大学英语教学实践中积累了丰富的经验,进化出了针对不同类型学生的教学方法和管理方法,能够结合学生的生态位状况做灵活的调整。协同进化使教师发展出灵活的适应能力。然而,在生态因子间这种相互选择的压力下,也有可能出现倒退而不是进化。第六章个案研究部分,学生 C 所在班级因为总体口语能力较差而无法在大学英语课程中完成好互动型教学活动。从访谈中得知,在大学本科第一学期,任课教师还会想各种办法开展互动活动,帮助学生提高口语能力。但笔者在第二学期所做的课堂观察发现,该任课教师几乎完全是以"一言堂"的独白讲授方式进行授课。显然,在协同进化中,教师因为学生的口语能力过低、学习动机不强,努力试图改变,但收效甚微,所以逐渐放弃这方面的努力。面对这样的情况,教师应该认识到协同进化是一个长期的过程,尤其对于学生生态位某一方面水平过低的情况,需要正确的方法、大量的时间和精力才有可能收到效果。一旦教师放弃努力,学生将不再接收到来自教师的选择压力,协同进化将停滞。对于一些口语略好的学生来说,更加没有机会培养口语能力,造成口语能力的倒退。

(2) 学生与教学资源的协同进化

以往的大学英语教材注重语言技能的培养,而忽视其他能力的培养。信息技术与大学英语教学的整合使立体化教材应运而生。纸质教材和教学光盘、教学网站配套使用,建立起多维度的立体资源体系。陈坚林(2011)[4] 指出,立体化教材是一种基于现代教育技术理论和信息技术实践的新型、动态的教材系统,"以多媒体、多模态、多介质方式来存储和呈现教学资源;以一体化、系统化策略来设计教学内容;以多元化、互动式方法来实现教学过程"。立体化教材在培养学生语言技能的基础上,对学生的自主学习能力、创新思维能力、认识问题和解决问题的能力提出了新的要求(杨港,2014)。

与此同时,各类英语学习网站、光盘、多媒体系统和手机应用层出不穷,教学资源极大地被丰富。教学资源生态位的迅速扩充,要求学生能够批判性地评价教学资源的质量及来源,能够以最优化的策略选择最适合自己的教学资源,敏锐地识别教学资源中的给养,加以吸收利用,提高学习效果。立体化教学资源要求学生将分布在不同媒介的教学资源整合在一起,在分布认知的基础上深化对教学资源整体的认知与掌握,获得最佳的学习成效。在教学资源生态位的选择压力下,学生生态位的协同进化发展了学生的信息素养、思辨能力和创新能力。

本研究问卷与访谈结果分析显示,学生使用最多的前四项英语学习资源依次是英语影视剧、英语歌曲、英语教学类内容和英语游戏,反映出学生对娱乐性强的学习资源有浓厚的兴趣。其中,网络游戏已经发展到全球联网的大型网络游戏阶段,其主要特征是自主、互动和交流,恰恰是大学英语教学需要培养的学习能力,是与游戏的契合点(易宇,2011)。在信息技术与大学英语教学深度融合的时期,以上各类学习资源更易获取,更加丰富和完善。学习资源的发展给大学英语结合学生的学习兴趣开展教学提供了新的契机,关键是有效发挥学习资源寓教于乐的作用,促进学生英语能力的提高,产生协同进化的效果。本研究调查结果表明,大部分学生对英语影视剧、歌曲和游戏的使用主要是娱乐性的,除了在听力能力训练方面略有帮助,并未获得更多的学习成效。教学资源如要真正对学生的英语学习发挥协同进化作用,还要依靠学生发挥自主学习能力,认识到除了正式学习之外,也可以充分利用其他的非正式学习活动,发挥对英语学习的促进作用。学习意识较强的学生能够充分挖掘学习资源中的给养,例如,在观看英语影视剧时记录重点词汇和表达法,翻译原版英文影视剧的字幕或研究英文歌词等,从中获得语言能力的提高(周燕,高一虹,臧青,2011)。综上所述,学习资源的立体化和多样化扩展了英语学习的途径,无论是教学类学习资源还是娱乐性强的其他英语学习资源,都需要学生相应加强自主学习的意识,灵活选择学习策略,以推动学生生态位的扩充。

(3) 学生与信息技术的协同进化

从传统的课堂学习到数字学习(E-learning),逐步发展到移动学习(M-learning),今天我们正进入泛在学习(U-learning)时代。进入移动互联网时代后,各种小型应用程序充实了计算机辅助语言教学的技术力量。这些程序通常安装在移动终端,占用系统资源少,方便快捷。而且,很多教育类的软件和社交平台被应用于计算机辅助语言教学,如播客、博客、脸书(Facebook)、语料库等。优质学习资源通过云技术实现了广泛共享。各类信息技术在语言学习中发挥的积极作用也得到了很多研究成果的证明。信息技术的发展给学生的英语学习带来的最大变化是学习方式的改变。

泛在学习提倡通过信息技术手段使任何学生可以在任何地方、任何时间，运用任何工具开展学习活动（杨港，赵蓉，2013）。泛在学习"是在无所不在的学习情境空间中，在自然的生活场景中，学习者透过情境感知设备与情境相关群体或智能知识主体，以自然的方式交互、共享和构建个体认知网络和社会认知网络的过程"（余胜泉，2007）。余胜泉、杨现民、程罡（2009）指出，泛在学习最大的特点就是泛在性和情境感知。学习者可以在任何地方，在与环境发生交互的具体情景中即时获得所需的学习资源。学习资源是动态建构的，集合了学习网络中已有的相关知识集合，同时学习者与学习网络中的其他资源学习者互动，进一步推进知识的建构和资源的增长。

在英语学习中，泛在学习可以帮助学生创建真实交互场景，提供多模态的输入和输出，提供高度开放的协作学习系统（周文娟，2012；杨港，赵蓉，2013）。泛在学习将学习与生活联系起来，学习发生的可能性时刻存在，学习发生的情境灵活多变。泛在学习是对传统学习方式在时空维度和协作网络维度的变革。在泛在学习系统内，学生生态位将在更广阔的时空系统内被考量，其宽度具有无限增长的潜能。学生可以根据自己的思维和感知倾向选择恰当的多元互动方式开展个性化的自主学习（陈坚林，王静，2016）。泛在学习为学生生态位的扩充提供了可持续发展的空间和动力，其发展态势取决于学生自主学习意识的增强和学习策略能力的不断提高。

（4）学生与教学管理人员的协同进化

各级教学管理人员对学生的影响，主要通过他们参与制定的学校有关大学英语教学的各类政策间接产生。这些政策涉及课程设置、教材选择、分级教学和学分管理等多方面内容。政策对学生的英语学习提出了要求。例如：在各高校普遍存在的减少大学英语课程的学时和学分的政策。这一政策制定的背后，对学生的自主学习能力提出了更高的要求。学生不仅需要做好英语学习的时间管理，充分利用课内学时减少后增加的课外自主学习时间，而且需要监督和反思具体学习策略的使用，提高英语学习成效。政策的变化，势必要求学生加强元认知策略能力、沟通合作能力、信息素养、思辨能力和创新能力，实现最优化策略的应用，促进学生生态位的扩充。本研究调查发现，学生的自主学习情况并不理想，自主学习的意识和能力都有待进一步提高。

所以,当教学管理人员从政策执行效果的反馈中认识到学生尚不具备足够的自主学习能力以完成新政策环境下对其英语学习提出的要求时,需要重新审视政策的制定,并及时做出相应调整,以帮助学生适应新的政策,保障学习效果。一方面,不能因为学生的自主学习能力不足而回归以教师为中心的教学模式;另一方面,对学生自主学习的要求也不能大幅超过其能力范围,而无法保证学习效果。教学管理人员应当在政策与学生的英语学习互动过程中寻找平衡点,在学生能力可及范围内通过政策的调整逐步发展学生的自主学习能力,在施加压力的同时,更多的是提供帮助,促进学生生态位的扩充。

为了有效实现协同进化对学生生态位扩充的作用,教学管理人员应关注学生生态位态与势的变化,动态调整相应的政策。在第5.2.4节,笔者分析了理工类B高校在学生通过四级考试后将其分入"六级班"备考大学英语六级考试的政策。这一政策的实施并不成功,因为六级考试的重要性和紧迫感不如四级考试强,大部分学生缺乏足够的学习动机,从而影响了学习效果。如果教学管理人员忽视了学生在四级考试之后学习动机的变化,没有调整相应的政策,这样的情况将会延续,不利于这一阶段学生生态位的扩充。作为政策的主要制定者,教学管理人员虽然总体来说较少与学生直接接触,但对于学生生态位的扩充发挥着重要的作用。

### 7.3.5 适应能力

自然界的生存法则是适者生存。生物体的生长发育本能决定了生态位的不断扩充是其生存发展的目标。"植物个体生态位的扩充来源于体能的增加、占据的物理空间的增大和适应能力的增强。动物个体生态位的扩充则来源于体能、适应能力、技能和智能的不断提高(其中技能和智能主要是指人来说的)"(朱春全,1997)[329]。可见,生物体的适应能力是其生态位扩充的重要能力之一。生态环境的变化对生物体提出新的要求,迫使生物体采取应对的策略,或者适应新的环境条件或者寻找更有利于生存和发展的其他环境。这种使用应对策略的能力反映了生物体的适应能力。在学习领域,适应能力是指学生在自己的心理素质和人格潜质基础上,通过与周围环境的交互作用对外在学习环境进行学习和应对,对内在心理过程进行控制、理解和调适所表现出来的习惯性行为倾向(汪基德,宫火良,毛春华,等,2009)。

大学英语教学生态系统中的生态环境和各个生态因子之间的互动都会对学生生态位产生影响。这种动态的变化要求学生也相应地不断调整应对策略,以继续促进学生生态位的扩充。特别是在中学和大学英语教育的衔接阶段,新的学习和社会环境对刚从高中进入大学的新生来说是一个挑战,他们必须学会在新环境中管理自己的学习行为(De Clercq, Roland, Brunelle, et al., 2018;Wahleithner, 2020)。第六章个案研究结果讨论中,学生 A 表现出对学习环境较强的适应能力。大学英语教学强调培养学生的英语应用能力,课堂内外都会为学生提供英语技能的应用机会,促进英语综合能力的提高。学生 A 积极为自己争取更多的使用英语的机会。她上课时总坐在第一排,有利于和教师的交流。课堂观察也反映出学生 A 积极投入各类教学活动,主动发言的频率很高,获得了较多课堂中的锻炼机会。此外,学生 A 也积极参与很多课外英语活动,包括各类英语竞赛和英语协会组织的英语话剧排演等活动。虽然学生 A 的英语学习动机主要是为了通过各类考试,为今后出国做准备,但她已有的丰富的跨文化交际经历和长期对英语的接触,客观上使她愿意参与各类英语活动,从而充分利用了学习环境中的给养,获得了很多提高英语能力的机会。相比之下,学生 B 在课内外用英语交流的机会大大少于学生 A。学生 B 本身有交流的意愿,但从课堂观察中发现她并没有积极主动地回答教师的提问。因为学生 B 对环境较为敏感,有较强的趋同心理。看到同学们都不主动回答问题,在这样的环境中她也不愿意有所不同。所以,学生 B 经常会在座位上轻声地说出教师提问的答案,而不愿意提高声音直接回答教师的问题。学生 B 回忆了她高中的英语学习经历。那时,课堂的氛围轻松活跃,她也会跟着大家一起积极回答教师的提问。可见,学生 B 面对课堂氛围不够活跃的不利环境,采取了趋同的方式,牺牲了自己的英语能力训练机会。所以,学生 B 被动地从教师那里获得的课堂发言机会就大大少于学生 A 主动发言争取的机会。学生 B 的这种趋同性从她的创新能力测试结果和访谈中也有所体现,她一般都是接受别人的观点,而不愿意质疑,也就不可能创造出自己新的思想。和高中英语课堂相比,大学英语课堂环境的变化要求学生 B 为了有利于英语学习而改变自己对环境过度的趋同性,敢于主动发言,获得口语表达的机会。但学生 B 缺乏足够的适应能力,没有采取有效策略,趋同性对于她的学生生态位扩充构成了一个限制因子。学生 A 也曾面对自己的需求与学习环境不匹配的情况。大学第一学期,学生 A 课外英语学习任务较重,因为教师布置了很多英语演讲或配音之类的课外作业。虽然英语演讲能力得以提高,但无暇顾及课程考试。大学第二学期,面对参加大学英语四级考试的任务,学生 A 调整了策略,将主要精力转向备考,因而需要选择课外学习任务相对较少的英语学习环境,从而有更多的时间准备四级考试。经过筛选和试听,学生A成功地找到了合适的任课教师和自己需要的学习环境。

从以上学生A和学生B的对比可以看到,较强的适应能力表现为能够充分获取并利用学习环境中的给养;在遇到学习环境与个人需求不匹配的情况下,选择更有利的学习环境,或者在不利的学习环境中灵活采取其他措施,以弥补对英语学习造成的损失。为了提高适应能力,学生需要对自己的态与势有充分的了解,对环境的变化有敏锐的洞察力,以利于找到应对的策略。李玉先(2008)在一项对理工科大学生英语学习风格的研究中发现,动手型学习风格与四级考试成绩呈显著负相关。动手型学习者通过双手参与学习活动时,学习最有效率,比如画画、做模型、做实验等,有利于他们的学习。但在大学英语教学中,这样的动手机会较少。所以,如果学生了解到自己的学习风格偏向于动手型,就需要在英语学习时尽可能以各种方式增加双手的参与,以弥补学习环境中的条件不足,促进英语学习。适应能力是学生生态位扩充过程中灵活应对学习环境变化的一项重要能力,是学生生态位势的重要能力之一。

## 7.4 学生生态位扩充框架

综合上述分析,学生生态位的扩充应当从目标制定开始,明确英语学习的效价,制定学习的长远目标和近期目标,采取有效的策略有步骤地实现生态位的扩充。

首先,结合长远目标与近期目标,制订合理的生态位扩充计划。长远目标应当覆盖《指南》中对语言综合能力和综合文化素质等方面的要求,结合自身生态位的态与势做全面的衡量,为大学英语课程三至四个学期的学习提出总体的长远目标规划。近期目标则为找到对生态位扩充起负面影响作用的限制因子。针对限制因子采取有效策略,将其转变为非限制因子。限制因子通常是学生英语学习中最薄弱的环节,并不容易在短期内得到根本解决。因此,学生在转变限制因子方面的自我效能和学习主动性都相对较低。鉴于限制因子对生态位扩充的严重抑制,需要将主要的时间和精力投入到对限制因子的改变中。可根据阶段性学习成效调整策略,直至减弱并最终消除限制因子的限制作用。

其次，学生生态位的扩充需要具体策略的支持。拥有最优化策略能力标志着学生生态位势的提高，同时也意味着态的增长速率达到最优。最优化策略能力可以实现学习成本—收益的最大化，其中信息素养、元认知策略能力、思辨能力、创新能力是寻找、识别和利用给养的根本能力。

再次，学生生态位的扩充需要大量给养作为学习资源。生态因子之间的沟通合作提供了丰富的实时、动态的给养。生态因子在吸收给养的同时也产出给养供其他生态因子使用。学生需要充分发挥沟通合作能力，在多元互动的个性化学习中实现生态位的扩充。

又次，与其他生态因子的协同进化是学生生态位扩充的长期动力。学生通过与其他主要生态因子的协同进化，获得了不同方面能力的提升，实现了学生生态位的扩充。协同进化在生态系统内长期存在，为学生生态位的扩充提供源源不断的动力。

最后，对学习环境的适应能力是学生生态位扩充的重要保障。环境条件的变化具有不可预测性。提高适应能力能帮助学生灵活应对学习环境中的各种影响因素，以利于学生生态位的扩充。

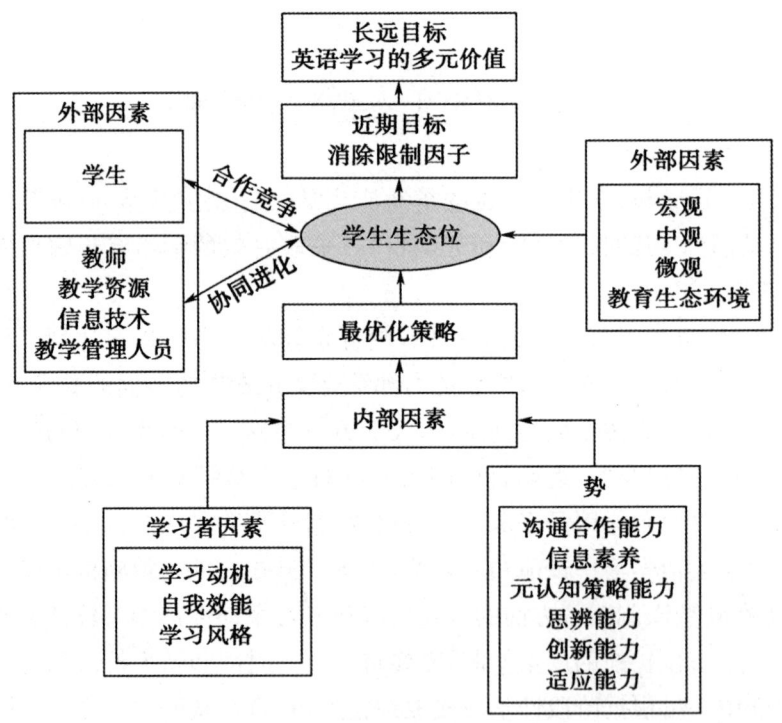

图 7-1 学生生态位扩充框架

如图 7-1 所示,"明确目标、优化策略、发掘给养、长期协同、灵活应对"构成了学生生态位的扩充框架。长远目标和近期目标是学生生态位扩充的方向。学生生态位由态与势共同组成。最优化策略是实现学生生态位扩充的基础。学生生态位的势和主要学习者因素作为内部因素影响着最优化策略的形成和使用,进而影响学生生态位态的变化和整体扩充。同时,来自教育生态环境和主要生态因子的外部因素也通过各种方式对学生生态位的扩充施加影响。当单独看待每个学生个体的生态位时,学生与学生之间以合作竞争的方式影响着各自的生态位。学生与教师、教学资源、信息技术和教学管理人员之间不断进行着协同进化。各种内部因素和外部因素的共同作用决定了学生生态位的发展趋势。

## 7.5 大学英语教学生态系统的优化原则

### 7.5.1 整体性优化原则

生态系统的整体性特征决定了不能用组成生态系统的各个组分来解释生态系统在系统层面的整体特点和规律。在第 2.2.3 节讨论的生态学基本原理中,生态系统控制论和涌现性原理都强调了从系统的整体性来看待生态系统的发展。约恩森(2013)归纳了生态系统作为一个整体存在的三种生长形式,分别是生物量的增长、生态网络的增强和信息量的增加上。生态系统中的生物体在吸收了外界的物质和能量输入后,通过生长发育,将其转化并储存为自身的物质和能量,从而实现生物量的增长。生态系统内的物种繁多,物种之间相互作用,共同整合成为庞大的生态网络。每个生物体承载了丰富的遗传信息和其他生物化学信息,它们之间时刻发生着大量物质、能量和信息的循环。生态系统的整体生长趋势是生物量的增长、物种间相互作用的增强和由此带来的信息量的增加。

大学英语教学生态系统的发展历程也显示了体量的增长、网络的增强和信息量的增加。蔡基刚(2006)列举了 2001 年的大学英语调查数据,那时的全国大学英语课程每班平均学生人数超过 50 人,教师总数和学生人数之比达到 1∶130。之后,继续受到本科扩招的影响,学生人数保持增加,教师人数却变化不大,所以整个系统呈现出学生体量的大幅增长,而师生比却无法保持同步提高。体量的增长还体现在信息化教学带来的资金投入和硬件设备的增加上。据2005年3月底的统计,全国145所试点院校投入信息化教学的资金已经达到平均每所院校203万元(蔡基刚,2006)。笔者在抽样调查期间走访的高校都配备有先进的英语自主学习中心,包括大量个人电脑和各类网络教学平台等学习资源。随着信息技术生态因子的介入,大学英语教学生态系统的网络也比传统教学得以增强,在教师、学生、教材之间互动的基础上增加了与信息技术因子的互动,传统的以教师为中心的教学结构也发展为以教师为主导、学生为主体的新的教学模式(陈坚林,2006)。如图7-2所示,学生与教师、教材和教学媒体间的互动强度得以增加。相应地,系统内的信息量也在增强的网络互动中产生大幅增长。

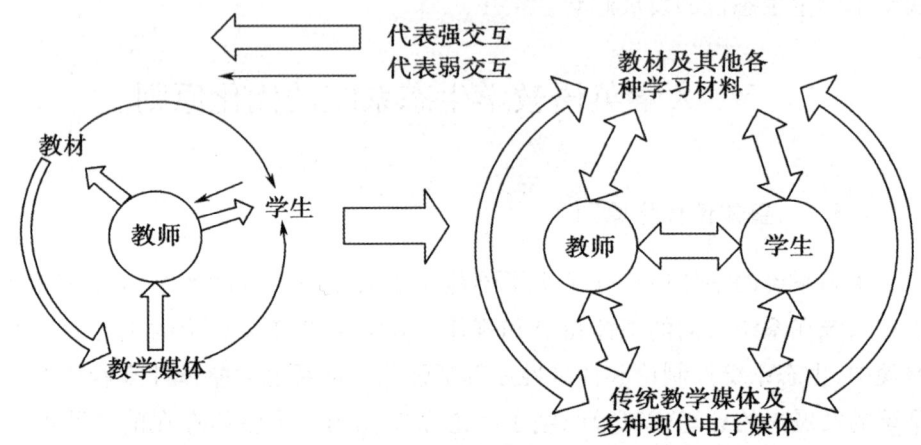

图7-2 教师中心转向教师主导—学生主体的教学结构(陈坚林,2006)[9]

然而,在系统生长过程中表现出的这些增长和增强的趋势背后,存在的是教学有效性下降的问题。体量的增长给整个大学英语教学生态系统带来的最大问题就是学生群体密度过高,师生比相对较低,教师无法对学生群体的英语学习情况做到足够的监控与指导。对于外语教学来说,班级人数对教学效果有很大的影响。语言学习以小班化为宜。通常20—30人的规模可以给学生充裕的练习机会。如果班级人数达到40甚至更多,则种群密度过大,教师无法投入足够的精力跟踪每一位学生的学习情况,无法实现个性化教学。课堂中师生互动的机会更为有限,学生之间进行课堂小组活动后,也不可能都有机会向全班展示,从而失去了进一步学习和锻炼的机会。教师对整个课堂教学活动的控制力也会因人数较多而下降。在课外,教师对学生的作业无法及时完成批改,甚至因此而大幅减少作业的布置次数。大学英语课程的一项主要作业是写作。学生平时在课堂上很少有机会进行写作的练习，课外有限的写作训练显得更加宝贵。笔者在访谈中发现，几乎所有抽样学校的学生英语作文都被要求在"批改网"上提交。"批改网"是基于大型语料库的在线英文写作批改网站。上传作文后，网络提供自动评分和修改建议。学生可以根据网站提供的批改结果自行修改作文，并允许再次提交网络批改。应用这一技术可以对学生的作文提供一定的反馈，但多限于纠正语法和用词错误，对篇章结构和修辞手法等高级能力层面还无法涉及。不少教师的做法是选择有代表性的问题在全班统一讲解，但缺少了个性化的评估反馈，布置作文的频率也非常有限。总体说来，虽然大学英语教学生态系统的网络互动与信息总量在不断增长，但因为学生群体密度过高，平均到每一位学生时，系统网络互动与承载的信息的数量和质量均有所下降，特别是教师对学生的评估信息反馈受到较大的影响。

《课程要求》明确提出将对学生学习的评估分为形成性评估和终结性评估两种："形成性评估包括学生自我评估、学生相互间评估、教师对学生的评估、教务部门对学生的评估等。形成性评估可以采用课堂活动和课外活动记录、网上自学记录、学习档案记录、访谈和座谈等多种形式，以便对学生学习过程进行观察、评价和监督，促进学生有效地学习。"《课程要求》已经通过评估主体的多元化和形式的多样化为教师评估的不足作了弥补。然而，目前大学英语的形成性评估状况离《课程要求》设置的目标还有相当的距离。顾世民（2013）指出，大学英语的形成性评估具有明显的"终结化"倾向，表现为只是在教学过程中增加了量化测试的次数。形成性评估的意义应当在于通过师生间的对话，发现学习中的问题所在，制定解决方案，提高学习效果。本研究结果说明，评估的内容应当覆盖学生生态位的态与势两方面，全面诊断学习过程中出现的问题。评估应当贯穿于整个教学过程，及时为学生提供反馈，修订学习计划，指导下一阶段的学习活动。同时，评估要做到点面结合，既要针对学生英语学习的共性问题提供反馈意见，也要对学生个体特有的问题提供反馈和帮助。在与学生的交流中，教师不应忽视学生的观点。作为学习主体的学生，只有明确学习目标，有效执行学习计划，才能使形成性评估发挥作用。朱涌河（2015）对比研究了教师和学生对于"以学习者为中心"教学范式的认知程度，发现存在显著差异。学生对学习本质、教学目标和教学策略方面的理解远远低于教师的水平。当教师在推行新教学模式时，应注意与学生的信息沟通，充分解释教学方法，否则会导致一些学生认为教师的教学目的不明确,不积极参与教学任务。可见,形成性评估只有做到动态化、个性化,师生间形成一致的观点,才能真正对学生的英语学习起到有效的指导作用。教师也应当根据学生对教学的反馈适当调整教学策略,改进课堂教学并为学生课外自主学习提供指导和监督,使课堂内外的教学形成一个有机整体。要做到这一点,大学英语教学生态系统需要在能量分配上增加对形成性评估的投入。

综上所述,从整体性的角度优化大学英语教学生态系统,其标准在于维持整个系统运转所需的生态网络是否健全,网络互动中承载的信息是否能到达每一位学习者,信息的数量和质量是否能够得到保证。当系统的体量不断增长时,生态网络也需要相应增强以更加高效地传递信息,同时保证高质量的信息供给。面对上述课堂互动覆盖面不足的问题,教师可以发挥信息技术的优势,将互动网络延伸至有限的课堂时间和空间之外,强化学生之间的协同合作网络,以弥补课堂互动的不足。针对实施形成性评估的困难,应进一步细化形成性评估的设计方案,利用系统的生态网络进行多元主体的评估,发挥学习共同体的优势。形成性评估可以由学生自评和学生间互评开始,通过总结归纳形成初步的评估报告。教师评估则依据初步报告结合教师对学生的观察和记录进行,既可以更加全面客观地做出评估,又可以为教师评估减轻负担。这样建立起立体化的评估体系,兼顾课堂正式学习和课后自主学习,为学生提供高质量的评估信息反馈,促进学生生态位的扩充。

### 7.5.2 开放性优化原则

开放性是生态系统的一个重要特性。所有的生态系统都是开放的,与周围环境之间进行着物质、能量和信息的交换(约恩森,2013)。大学英语教学生态系统的开放性体现在系统内外通过主要生态因子建立的各种联系以及生态因子之间的互动上。

首先,大学英语教学生态系统的开放性是通过生态主体对教学活动的参与实现。教师和学生是参与教学活动的生态主体。每个生态主体的人生经历、价值观和情感特征等信息,影响着个体在生态系统中的行为。教师在备课时,对教学资源的理解和评价,不可避免地与个人经历和价值观有关。同样,教师在授课过程中,会结合自己的个人经历和人生感悟,表达自己的看法。学生作为教学活动中的另一生态主体,在理解教学资源内容、教师讲解和同学的课堂参与话语过程中,也是透过其个人经历、价值观和情感特征等背景进行解读;在表达观点时,也会结合自己的经历和感悟进行思想的表达。研究发现,学生对于与生活相关的话题更感兴趣(余千华,樊葳葳,李娜,2008)。所以,大学英语教学生态系统应当创造更多的机会,向教师和学生在生活中的经历和感悟开放,建立起系统内外的互动。

其次,大学英语教学生态系统的开放性是跨越时空的。大学英语教学兼顾工具性和人文性的课程性质,使得教师、学生和教学资源在互动的过程中涉及自然科学和人文社会科学等广泛的学科领域。每一个知识点都可能触发与其他相关领域知识点的联系。这种联系可能是历史事件上的时间跨越,也可能是跨越地域阻隔的不同国家风俗文化之间的联系。大学英语教学生态系统向各学科领域开放,不受时空限制,吸收其他课程系统的信息,使大学英语教学内容更加充实且有机地联系在一起。信息技术与大学英语教学的整合,促进了大学英语教学生态系统在更大范围内向其他生态系统的开放。信息技术为大学英语教学提供了获取大量教学资源的渠道。利用网络平台,更多的生态主体可以加入大学英语教学的具体活动中来,例如可以邀请英语为本族语者在线参与大学英语课堂的教学活动。信息技术还能够建立虚拟现实空间,为大学英语教学生态系统引入真实交互场景。对系统外部资源的开放和接收有利于改善大学英语教学的生态环境,促进学生生态位的扩充。

大学英语教学目标中明确提出要增强学生的跨文化交际意识和交际能力。但目前学生仍缺乏足够的跨文化交际机会去培养相关意识和能力。开放性优化原则强调,大学英语教学生态系统需要对跨文化交际能力的培养有深刻的认识,进一步扩展系统的开放性。Kramsch(2014)分析了全球化现象给外语教育环境带来的重大变化以及由此引发的外语教育观念的重要变革。随着人口、资金、信息技术网络等的全球化流动,在实际生活中接触到的外语种类和非标准表达将越来越多,比如方言和地方口音等。所以,不应仅仅局限于把英语本族语者所说的英语作为外语教育的理想目标。英语的语言生态多样性承载的是跨文化交际主体独特的文化背景、价值观和意识形态。大学英语教学生态系统需要为学生开放更多的机会与外国人交流,接触到各种生活中的真实英语及交际主体的不同文化背景,实现更加有效的跨文化交际,提升学生在全球化语境下的跨文化交际能力。

### 7.5.3 多样性优化原则

多样性是生态系统的一个显著特征,包括多样化的物种、生态网络和信息。约恩森(2013)[163]提出:"物种的多样性越高,生态系统耐受一系列强制因子的可能性就会增加。"也就是说,如果生态系统保持较高的多样性,就能更好地应对各种可能对生态系统的稳定产生影响的因素。

大学英语教学在课程设置方面也应该考虑课程的多样化,以应对不同的社会需求。回顾大学英语教学生态系统的发展历史,教学大纲中的培养目标制定通常是基于社会需求调查做出的。例如,80年代中期的两份大学英语教学大纲基于社会需求调查第一次把听力、写作和口语的技能要求列入培养目标。胡学文、吴凌云、庄红(2013)于2010年对大学英语的社会需求进行了调查。结果发现,在英语知识需求方面,企事业单位最看重的是与本单位业务相关的知识,其次是较大的词汇量和英语语法知识,只有约14.3%的被调查者看重世界主要国家的历史文化知识。这说明,大学英语教学对学生英语能力的培养应该与单位业务相关知识结合。

目前社会对大学英语培养的需求仍以工具性为主。如上述社会调查所示,涉外工作的用人单位需要具有较强英语能力的人才,且需要英语能力与业务相关知识结合。这一需求支持了专门用途英语的课程设置,越来越多的高校开始增设专门用途英语课程。其实早在20世纪80年代的大学英语教学大纲中就已经提出,培养学生以英语为工具,获取专业所需信息的能力。这一目标是在当时促进我国科学技术发展的背景下设置的。随着改革开放的发展,中国与世界的交流日益增多,对大学毕业生的英语综合能力和跨文化交际能力提出了要求,所以在教学大纲和课程教学要求中加入了人文教育的元素。大学英语教学也逐渐转变为以基础阶段的通用英语教学为主体。这一状况一直保持至今,又开始了通用英语与专用英语的争论。2013年上海大学英语教学指导委员会颁布了《上海市大学英语教学参考框架》,将大学英语分为通用英语和专门用途英语。其中,专门用途英语分为职场英语和学术英语,学术英语进一步分为通用学术英语和专门学术英语(上海高校大学英语教学指导委员会,2013)。文秋芳(2014)将学界对此的反应归纳为替代派和互补派两类。替代派主张专门用途英语应替代通用英语,成为大学英语的主体;互补派则主张通用英语与专门用途英语共存,二者形成互补。

《指南》中指出,大学英语的培养目标是实现工具性和人文性的有机统一,在课程设置方面,应开设通用英语课程、专门用途英语课程和跨文化交际课程,并处理好课程之间的关系(教育部高等学校大学外语教学指导委员会,2020)。在人文性方面,也有学者提出外语教育向通识教育的方向发展(王哲,李军军,2010)。陈坚林、顾世民(2011)认为,大学英语课程无法独立承担通识教育的重任。因为通识教育涉及人文科学、社会科学、自然科学几大领域,非常宽泛,如此大的信息量,仅凭大学英语一门课程难以承载。而且,学生的英语水平有限,尚未完成好基础阶段的语言能力培养,进行通识教育阶段的学习有难度。同时,目前大学英语教师的知识储备和素质也难以胜任通识教育的要求。所以,"大学英语应当在'工具性'和'人文性'之间找到恰当的平衡点,使之成为实施通识教育的一种有效手段和重要途径"(陈坚林,顾世民,2011)[6]。

在"互联网+"时代,信息技术正与社会各领域进行深度融合。技术创新与日俱增,海量信息实时交互,社会发展瞬息万变,产生的社会需求也更加多样化。如果完全根据社会需求进行大学英语课程设置,就会令大学英语教学生态系统的稳定性受到影响。迅速变化的社会需求要求大学英语教学的培养目标随之不断改变,而且这种改变的发生势必落后于社会需求的产生。如果增加大学英语课程设置的多样性,兼顾工具性与人文性,就可以更好地应对各种社会需求的变化。各个学校应该根据自己的办学定位和特色来决定对专门用途英语或通识教育英语的发展倾向(陈坚林,顾世民,2011)。同时,学校可以针对社会需求量大的专业领域重点开设专门用途英语课程,对其他专业学生则相应加大通识教育英语方向的课程建设。在两方面兼顾的同时,通过灵活的课程设置,有所侧重地为学生提供不同的给养,建立多样化的学生生态位,以适应社会的工具性需求和人才培养的综合文化素质要求。还应当给予学生一定的选择权,结合学生自身生态位的特点对大学英语的工具性和人文性课程在一定范围内进行组合,满足个性化的需求。冯瑷(2016)研究发现,很多高校的语言技能类课程和拓展类课程并未打通,学生无法实现自由组合;各高校课程设置同质化严重,缺乏个性化特色。在多样性优化原则的指导下,大学英语教学生态系统应当实现学生生态位"求同存异,百花齐放"的状态。《指南》提出的教学目标是每个学生力争达到的共同标准。在此基础上,根据国家、社会和个人的需求,确定个性化的发展方向和路径。考虑到每个学生不同的生态位特点和发展路径,最终将形成多层次、多维度、多元化的生态位类型,以适应各方面的需求。

### 7.5.4 个性化优化原则

生态系统由不同的等级结构组成。在个体与种群两个层面,个体及个体间的相互关系决定了种群的特性,种群决定了个体的行为规律(约恩森,2013)。大学英语教学生态系统中的学生群体具有群体层面的特性,组成学生群体的每个学生也有其个体的特点。大学英语教学的优化应该把这两个层次结合起来考虑,实施个性化教学。

信息技术的发展已经将人类带入大数据时代,为个性化英语教学的实施提供了强大的技术支持。大数据具有四大特征:容量大、种类多、速度快、价值高(维克托·迈尔-舍恩伯格,肯尼思·库克耶,2013)。这些优势使得大数据可以收集全体样本的数据而不局限于采样数据(梅德明,2014;陈坚林,2015)。学习分析技术可以对学生的学习行为数据作全面分析,并将结果反馈给学生和教师,作为调整下一步学习方案的依据。《新媒体联盟地平线报告(2016 高等教育版)》(The NMC Horizon Report: 2016 Higher Education Edition)指出,目前在个性化学习领域,技术支持正迅速发展,但需要进一步研究如何将技术与教学法相融合,发挥教师的作用,在课程设置的各个环节促进个性化教学的实施(Johnson, Adams, Cummins, et al., 2016)。Wang(2016)指出,个性化的大学英语教学应体现在宏观、中观和微观三个层面。宏观层面,《指南》提出了基础目标、提高目标和发展目标三个级别的教学要求。各类高校可根据自己的实际情况选择学生所要达到的级别。中观层面,各高校提供个性化的课程设置,如通用英语课程、专门用途英语课程和跨文化交际课程,根据学生的英语水平和各院系的人才培养需求决定各类课程的比重。微观层面,学习者因素差异和个体需求的不同决定了要实现理想的教学效果需要进一步区分学生层次,有针对性地实施教学。

在第五章,笔者对不同专业类型高校的学生生态位作了对比分析,发现理工类高校学生在沟通合作能力、元认知策略能力、学习兴趣和学习环境四个影响因素方面显著落后于师范类高校或综合类高校。原因主要在于理工类高校学生生态位的态显著低于师范类高校和综合类高校。抽样调查的理工类高校的英语学习政策为应试型导向,不利于学生生态位的全面扩充,应结合理工类高校的特点,完善相关政策,积极调动学生生态位的内部和外部影响因素,以促进学生生态位的扩充。另外,笔者依据问卷调查结果,将学生生态位按其总势能大小划分为高、中、低三个层次。统计分析结果表明,高层次生态位学生群体的态与势都显著优于中等层次和低层次生态位的学生群体。同时,高层次生态位群体在课外接触英语的学习时间更长,利用各类信息技术平台和相关软件进行英语学习的投入更多。学生群体在不同生态位层次的特点,表现出态与势的正相关关系。不同生态位层次的学生群体对学习环境因素的评价存在显著差异,生态位层次越高,评价也越高。说明学习环境对高层次生态位群体最为有利,对低层次生态位群体最为不利。大学英语教学的学习环境建设应当进一步细分,为每个生态位层次的学生群体提供最适宜其生态位发展的学习环境。

  大学英语课程实行分级教学模式已经较为普遍。通常是依据英语分级考试的分数将学生分为不同级别进行教学,有利于针对不同英语水平的学生设定不同的教学目标和要求,采取不同的教学方法和内容。虽然进行了分级教学,但每个级别内的学生人数众多,依然存在很大的个体差异。分级测试只是对学生生态位的态进行了测试,并没有考察生态位的势。分在一个级别内同一个班级的学生,可能在学生生态位的态上趋同,教师还应当对其生态位的势进行评估和分层,采取不同的教学方式。比如,尝试建立生态位指标体系,从学生的优势外语技能、学习资源倾向、典型学习策略、核心信息素养等主要方面入手,设置一级和二级指标体系,通过观察所有生态位指标在一定时间段内的变化轨迹,发现变化规律,划分不同类型的生态位,进而采取适应不同类型生态位的教学策略。

  每个班级内的大学英语教学的教学资源、教学模式一般是统一操作的,如要做到教学的分层次进行,需要教师从教学设计开始就有分层次教学的意识。教材是统一的,但依据教材开展的教学活动是可以分层次设计的。教材之外的其他教学资源也可以分层次定位并添加。教师可以从教学活动的形式、师生互动的方式、教学评估的模式等各个方面为不同层次生态位的学生群体进行设计。在课堂教学中,教师可以灵活选择适于每个生态位层次的教学活动和教学方式,分别为不同层次生态位的学生群体提供适于他们的学习环境。在第六章的个案研究中,笔者观察了三位个案研究对象的课堂生态环境。学生A在课堂上有更多与教师和同学进行互动的机会,并且多为自由表达观点的连续性口语产出。学生B所在的课堂也有不少互动机会,但受到学生群体密度过高的影响,多为师生之间简短的问答形式,往往是为了核对练习的答案。学生C所在的课堂,因为学生整体听说能力偏低,教师多采用独白讲授的方式。三位教师的授课方式选择部分受到了他们所教授的学生群体特点的影响。遵循个性化原则对教学方式进行优化,学生A的教师在目前为处于高层次生态位的学生A提供有利课堂生态环境的同时,应关注班级内处于中低水平生态位层次的学生群体,为他们的交际能力训练提供更多的支持。学生 B 的教师应在关照整个班级的同时,考虑到班级内处于高层次生态位的学生,他们应当有更多机会进行更高层次的连续性口语产出活动。学生 C 的教师应适当改变以独白讲授为主的课堂教学方式,从班级内处于高层次生态位和英语水平相对较好的学生入手,逐渐增加师生互动,转变缺乏互动的教学氛围,带动处于中低水平生态位层次的学生群体,用合适的教学活动促进他们英语能力的提高。教学中应相应采取个性化的评估方式,考虑学习者的个体差异,结合形成性评估和终结性评估,建立多元主体和多层次的评估体系。

在不同生态位层次的划分点形成了生态交错带。自然界的生态交错带具有边缘效应。在生态交错带内因为环境沿梯度逐渐变化,所以存在更高的生物多样性(奥德姆,巴雷特,2009)。大学英语课堂的生态交错带正是不同学生生态位层次衔接的地带。处于这一地带的学生个体可能具有相邻两个生态位层次的特征。因此,教师对于处在生态交错带的学生要更多关注其个体差异,针对其所处的特殊位置采取个性化的教学策略,帮助学生提升生态位层次。

在课堂教学之外,大学英语教学生态系统的个性化优化原则也应体现在学校组织的各类英语活动中。通常,竞赛类的英语活动令很多处于中等或较低生态位层次的学生望而却步。他们的英语学习自我效能感不强,感觉获奖的希望渺茫,所以很少参加这类课外英语活动,也不大关注。因此,英语课外活动的组织也要在个性化优化原则的指导下,特别关注中等或较低生态位层次的学生群体,结合他们的专业和兴趣以及英语能力设计更能吸引这些学生群体的课外英语活动,为其生态位扩充创造更适宜的环境。

### 7.5.5 复杂性优化原则

约恩森(2013)[118]指出:"进化是朝着具有新的性质的越来越复杂的有机体方向进行的。"进化后的新的有机体通常具有更多的基因,结构更加复杂。

在大学英语教学生态系统中,各生态因子的进化目标也应该是趋向于更加复杂的更高层次。教师复杂性的增加,体现在教师从传统教学模式向"互联网+"时代新型教学模式的过渡。教师的发展将在学科知识、信息素养和科研能力等方面全面展开。信息技术的复杂性,从教育信息化近 20 年的发展中已经得到充分证明。信息技术不断创新,在外语教学领域的应用不断发展变化,翻转课堂、微课、慕课等信息技术与外语教学深度融合的产物正逐渐成为外语教学的"新常态"。信息技术所承载的立体化教学资源,也随着信息技术及其应用的复杂性的增加而日趋完善,更加适合不同层次学习者的思维与感知风格,为个性化、立体式的教学提供服务。

本研究对问卷调查数据的分析结果显示,沟通合作能力、信息素养和元认知策略能力是对学生生态位影响最大的三方面能力。学生的这些能力普遍偏低。学生复杂性的发展目标应当是首先提升这三方面的能力。语言学习的过程和语言交际活动都要求学生积极运用高级思维能力,对新的信息做出分析判断,结合已有的知识储备对其加工处理,形成新的知识结构或新的观点。思辨能力和创新能力是关键。这两种高级思维能力也体现在信息素养当中。所以,对信息素养的培养要特别关注对思辨能力和创新能力的提升。复杂性优化原则将发挥信息技术的优势,培养学生的沟通合作能力、信息素养和元认知策略能力。

Derry 和 LaJoie(1993) 指出,计算机的角色并不是教师或专家,而是认知拓展的工具。信息技术与外语教学的深度融合,要求对信息技术的深度应用,发挥信息技术作为认知拓展工具的作用。信息技术的一个重要作用是为合作学习提供认知分享平台。网络信息技术平台能够支持大学英语网络环境下的师生及生生互动,为合作学习提供了良好的学习环境。然而,本研究从访谈中发现,网络平台的沟通合作频率较低,且大部分交流主要涉及教学管理而与教学内容本身无关。网络平台并没有发挥其应有的对大学英语学习的促进作用。学生的自主学习意识和能力不足是一方面原因。另一方面,因为缺乏合适的合作学习任务使网络平台失去了内容的依托。利用网络平台培养学生的沟通合作能力、信息素养、思辨能力、创新能力和元认知策略能力,以问题求解的方式开展在线讨论是一种较好的形式,应当提供复杂的、多维度的、需要彼此间合作才能解决的问题作为学习任务(乔纳森,2008)。复杂的在线学习讨论任务,首先需要学生运用元认知策略能力明确学习任务和目标,做好处理任务的计划和策略的选择,并监督计划的执行和任务完成情况。其次,在分析问题和寻求问题解决方案的过程中,需要发挥信息素养获取对完成学习任务有价值的信息,再运用思辨能力和创新能力对信息进行评价、筛选、消化吸收,形成自己的观点。然后通过在线讨论开展合作学习,运用沟通合作能力与其他学习者开展互动,从各个角度发表自己的观点,同时听取别人的观点。这一过程再次需要运用思辨能力和创新能力评判别人的看法,审视自己的观点,在合作互动中完成知识的建构,最终就问题的解决方案达成一定的共识。对学生在合作学习中的表现进行评估,可参考图7-3,从学生消息的质量、连贯性和相关性方面进行评价和反馈,帮助学生提升完成学习任务所需的各方面能力。

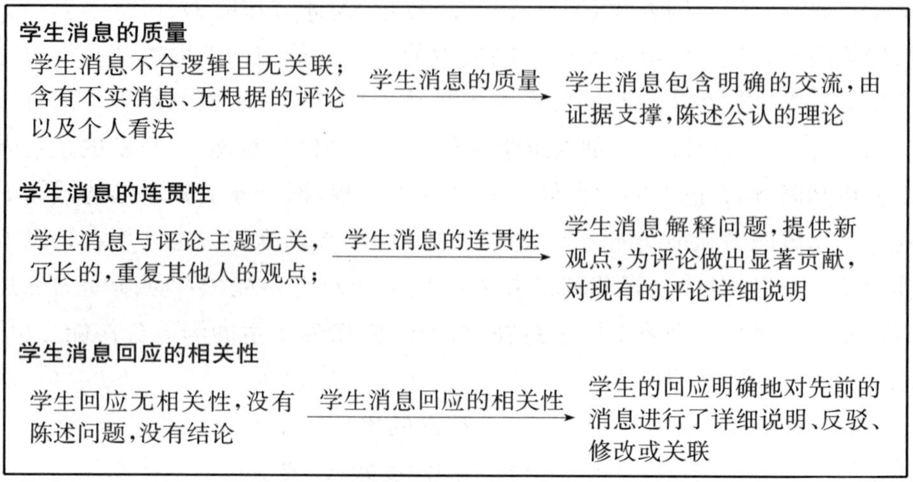

```
学生消息的质量
  学生消息不合逻辑且无关联;      学生消息的质量     学生消息包含明确的交流,由
  含有不实消息、无根据的评论   ─────────→     证据支撑,陈述公认的理论
  以及个人看法

学生消息的连贯性
  学生消息与评论主题无关,      学生消息的连贯性   学生消息解释问题,提供新
  冗长的,重复其他人的观点;  ─────────→   观点,为评论做出显著贡献,
                                             对现有的评论详细说明

学生消息回应的相关性
  学生回应无相关性,没有     学生消息回应的相关性  学生的回应明确地对先前的
  陈述问题,没有结论      ─────────→    消息进行了详细说明、反驳、
                                             修改或关联
```

图7-3 在线讨论任务的消息评估(改编自乔纳森,2008)[187]

复杂的在线学习讨论任务对学生的沟通合作能力、信息素养、思辨能力、创新能力和元认知策略能力的运用也提出了更高的要求,促进了能力复杂度的增加,推动了学生生态位向着更加复杂的高级阶段发展进化。

## 7.6 本章小结

本章结合"互联网+外语教学"深度融合的背景,讨论了本研究得到的启示:学生生态位的扩充框架及大学英语教学生态系统的优化原则。

学生生态位扩充的标志是态的增长和势的增强。实现学生生态位扩充所依赖的核心能力是自主学习能力,以及与自主学习能力密切相关的元认知策略能力、信息素养、思辨能力、创新能力、其他学习策略能力、沟通合作能力与适应环境变化的能力等。生态学中的能量分配原则、最优化策略原则、合作与竞争关系及协同进化规律为学生生态位的扩充提供了可借鉴的原则。学生生态位的扩充应当在综合评价学生生态位态、势的基础上,从对生态位扩充构成最大障碍的限制因子入手,逐步消除限制因子的作用,以最优化策略选择并利用学习资源,从学习资源和沟通合作中充分发掘大量给养,并在与其他生态因子的长期协同进化作用下不断增强适应力,全面实现生态位的扩充。

从生态系统的主要特点出发,大学英语教学生态系统的优化应当遵循:整体性原则、开放性原则、多样性原则、个性化原则和复杂性原则,为学生生态位的扩充创造有利的生态环境。整体性原则指出在大学英语教学生态系统的体量、网络和信息不断增长的趋势下,因种群密度过高带来了个体层面信息数量和质量下降的问题,应采取策略弥补缺少的信息。开放性原则强调大学英语教学生态系统应增加开放度,特别是为系统引入更多跨文化交际的机会,培养学生的跨文化交际意识和能力。多样性原则主要从大学英语课程设置的角度分析了课程设置的工具性倾向和人文性倾向,提出保持大学英语课程设置多样性对整个大学英语教学生态系统的意义。个性化原则的重点在于通过分级教学实现个性化教学,为处于不同层次学生生态位的学生群体和个体分别提供适宜其发展的生态环境,以实现生态位的扩充。复杂性原则指出,学生生态位发展进化的方向是各方面能力向更加复杂的高层次发展,可以利用信息技术认知分享平台开展复杂的在线学习讨论任务,实现能力的培养和提升。以上优化原则的应用将促进学生生态位的扩充和整个大学英语教学生态系统的良性发展。

# 第八章

# 结　论

## 8.1　本研究的基本观点和主要结论

　　本研究以生态学的视角研究大学英语教学,重点对学生的英语学习情况进行研究。大学英语教学生态系统由生态因子和生态环境构成。其中,教师、学生、教学资源、信息技术和教学管理人员构成了主要的生态因子。宏观、中观和微观教育生态环境共同塑造了大学英语教学生态系统的生态环境。每个生态因子在系统中都有其特殊的生态位。本研究基于生态位的"态—势"理论,研究大学英语教学生态系统中学生生态位的现状及主要内外部影响因素的作用,提出了学生生态位扩充框架,并由此对整个大学英语教学生态系统的优化提出建议。本研究从六个方面总结了基本观点和主要结论。

　　第一,生态学视角下的大学英语教学认为大学英语课程是一个生态系统,与外界进行着物质、能量与信息的交换。系统中的每一个生态因子都具有自己的生态位,且生态位受到生态环境和其他生态因子的影响。以生态学的视角研究大学英语教学生态系统,要求遵循生态学的层次性、整体性、系统性和协同进化的基本思想,考察生态因子与周围环境和其他生态因子的互动,以及这种互动在系统不同层次上的特征。不同生态因子的生态位发展变化及相互作用推动了整个大学英语教学生态系统的发展演变。

第二,学生生态位态与势的辩证关系。态是势的基础,势促进态的变化。本研究结果表明,影响学生生态位的内部因素由学生生态位的势及其他内部影响因素构成。其中,沟通合作能力、信息素养、元认知策略能力、思辨能力、创新能力和适应能力构成了学生生态位势的核心。其他内部影响因素主要为学习动机、自我效能和学习风格等因素。影响学生生态位的外部因素来自宏观、中观和微观教育生态环境产生的共同影响以及其他主要生态因子的影响。以上内外部影响因素的总和构成了学生生态位的总势能,决定了学生生态位态的变化。本研究抽样调查的结果支持了态与势之间的正相关关系。态的层次越高,势也越强。反之亦然,势越强的情况下,态的发展也更好。在"态—势"关系中,势处于主导地位。通常,势更强的学生在构成势的各个核心能力方面都表现更优,对于英语学习资源的利用、学习时间的投入及元认知策略的运用等自我学习管理都显示出更强的控制力。可见,学生生态位的扩充主要取决于势的提升。

第三,学生生态位现状需进一步改善。通过问卷调查和访谈,本研究发现,抽样的总体样本大学英语四级考试成绩平均分达到中等水平,但口语能力参差不齐。在进行课堂观察的高校中,出现了因学生听说能力较低而以教师"一言堂"为主的教学方式。本研究同时发现在影响学生英语学习的内部因素中,主要问题来自沟通合作能力不足,信息素养偏低,元认知策略能力不强,思辨能力、创新能力和适应能力较弱等。除此之外,学生的学习动机与学习效果之间并未建立起显著的正相关关系。虽然大部分学生认为英语是一项有用的技能,同时具有一定的工具型和融入型的英语学习动机,但在实际英语学习中没有因此而付出足够的努力,也未能从相关的学习活动中有效地促进英语学习。学生的自我效能在阅读能力方面比口语能力更强,对参与英语交际活动的积极性产生了一定的负面影响。由此可见,学生生态位的态与势都需要加强。

第四,本研究除了进行大规模问卷调查研究学生生态位的整体现状和特点外,还通过个案研究从微观层面研究学生个体生态位的特点及影响因素。个案研究结果展示了学生生态位的多样性和复杂性。个案研究对象学生A在问卷和访谈中都表达了自己的学习动机为工具型动机,目的在于通过考试。但从课堂观察发现,学生A积极参与互动式英语交际活动,表现出很高的学习兴趣和热情,而这是融入型学习动机的表现。个案研究对象学生B虽然有交流的意愿,但受到学习环境因素的影响,在课堂活动中一定程度上压抑了自己的参与性。个案研究对象学生C虽然英语水平有限,但对英文歌曲和电影有较高的学习兴趣,然而投入了一定的时间和努力,却收效甚微。可见,个案研究对象的生态位特点呈现出复杂的形态,对其学习特征要从不同角度进行全面的分析,不可以偏概全。每位个案研究对象的生态位态、势状况不尽相同。但他们在英语学习中都受到某些限制因子的作用,这些限制因子成为学生生态位扩充面临的最大阻碍。同时,通过对个案研究对象的学习策略、学习风格、学习环境等方面的深入研究,可以详细了解对其英语学习起到积极推动作用的因子以及可能起到推动作用的潜在促进因子,充分利用这些因子,将更加有利于学生生态位的扩充。个案研究对象在一定程度上代表了与之类似的学生群体。个案研究对研究对象生态位的细致描述和分析,为个案研究对象优化学习策略提供了参考,为大学英语教学环境的改善提供了依据。大学英语教学中应重视学生个体之间的差异对学习成效的影响,关注个性化教学。

第五,学生生态位扩充框架。学生生态位的扩充框架应结合生态学的理论和大学英语学习的特点进行设计。首先,能量分配原则结合自主学习中的学习目标制定,提出以消除限制因子的作用为首要学习目标,将主要的学习时间和精力投入到英语学习中最薄弱的环节,以解除该限制因子对学生生态位扩充产生的严重阻碍作用。其次,最优化策略原则是从成本—收益最大化的生态学原理角度提出的,对应于学生的学习策略能力,包括对学习资源的选择、获取和利用策略。为了实现最优化的学习策略,需要学生运用思辨能力、创新能力,提高信息素养,并结合自己的学习兴趣、学习风格和学习资源的认知负荷等因素对学习资源中的给养进行识别、选择、获取和利用。此外,学生生态位的扩充必须考虑与其他生态因子的互动关系。合作与竞争是生态系统中个体之间最为基础的相互关系。学生生态位的扩充依赖于从合作中发掘和利用大量给养,并产出给养,在与大学英语教学生态系统内其他生态因子的合作互动中提高英语学习的成效。竞争带来的影响通常是负面的。面对给养或学习机会因竞争而被压缩的状况,学生不得不通过其他途径扩展生态位宽度,支配新的资源以进行弥补,这种拓展能力和支配能力体现了学生的适应能力,是学生生态位扩充的目标之一。协同进化是学生生态位与大学英语教学生态系统内其他生态因子互动发展的另一种主要形式。协同进化中,教师、教学资源和信息技术分别对学生生态位提出新的要求,为学生生态位的扩充提供了源源不断的动力。学生在与教师的协同进化中将逐渐发展教师所侧重培养的语言能力及适应多种教学风格的能力。学生在与教学资源的协同进化中,提高了信息素养、思辨能力、创新能力。学生在与信息技术的协同进化中,极大扩展了学生生态位的宽度,甚至可以延伸至大学英语教学生态系统之外,学习方式也发生了根本性的变化。此外,学生要不断提高适应能力,需要对自己的态与势有充分的了解,对环境的变化有敏锐的洞察力,能够充分获取并利用学习环境中的给养,并在遇到相对不利的学习环境时采取有效策略弥补对英语学习造成的损失。综上所述,学生生态位的扩充框架核心为"明确目标,优化策略,发掘给养,长期协同,灵活应对"。

第六,大学英语教学生态系统的优化原则。本研究从整个系统的角度审视大学英语教学中存在的问题,围绕学生生态位的扩充提出了以下大学英语教学生态系统的优化原则:(1)整体性优化原则。在整个大学英语教学生态系统的体量、网络和信息不断增长的情况下,由于学生群体密度过高,出现了群体内给予个体的平均信息数量和质量下降,特别是对学生学习的评估信息反馈不足。整体性优化原则要求系统在形成性评估方面加大投入,建立立体化的多元评估体系,做到及时、动态地为学生提供高质量的评估信息反馈,以促进学生生态位的扩充。(2)开放性优化原则。大学英语教学生态系统应当对教师和学生在生活中的经历和感悟开放,建立起系统内外的互动。同时,对外借助信息技术向更广阔范围内的其他生态系统开放,且系统的开放性不受时间和空间的限制。开放性优化原则强调了大学英语教学生态系统需要进一步扩展系统的开放性,为培养学生在全球化语境下的跨文化交际能力创造有利的条件。(3)多样性优化原则。大学英语的培养目标是实现工具性和人文性的统一。大学英语的课程设置也应当兼顾通用英语与专用英语两个方向。大学英语课程设置应遵循多样性优化原则,结合社会需求和个人需求,在工具性与人文性之间寻找平衡点,保持课程设置的多样性,培养多样化的学生生态位类型,以更好地应对各类需求的变化。(4)个性化优化原则。大学英语教学生态系统中的学生群体具有群体层面的共性,组成学生群体的学生个体之间存在个体差异。大学英语教学应兼顾学生群体和个体两方面的特点,通过分级教学方式为每一层次的学生群体提供最适宜其生态位发展的学习环境。与此同时,关注每一层次内学生的个体差异,实施个性化教学,促进学生生态位的扩充。(5)复杂性优化原则。大学英语教学生态系统的进化向着越来越复杂的高级阶段进行。学生生态因子的进化以各方面能力的提高为重要标志,特别是更加复杂的高级认知能力的发展。大学英语教学生态系统应遵循复杂性优化原则，借助信息技术培养学生的沟通合作能力、信息素养、思辨能力、创新能力和元认知策略能力，并通过复杂的合作学习任务及有效的评价和反馈机制保障能力培养的效果，促进学生生态位向着更高层次的进化目标扩充。

## 8.2 本研究的创新点

本研究以生态学的视角研究大学英语教学生态系统，运用生态位理论重点研究学生生态位的态与势。通过问卷调查、访谈和个案研究描述了大学英语教学生态系统中学生生态位的现状，并分析了主要内外部影响因素对学生生态位产生的影响。在此基础上，本研究提出了学生生态位的扩充框架及大学英语教学生态系统的优化原则。本研究主要在研究视角和研究成果两方面做出了创新。

第一，研究视角的创新。本研究以生态学的视角研究大学英语教学生态系统，运用生态学的相关理论分析学生的英语学习情况，是理论视角的创新。生态学中的生态位理论为研究学生的生态位提供了坚实的理论基础。本研究应用生态位的"态—势"理论，分别定义了学生生态位的态与势的内涵，研究学生生态位现状及其与其他生态因子的互动，探讨学生生态位的扩充框架。生态学丰富的理论和生态原理为学生生态位扩充框架的建立提供了理据，进而为整个大学英语教学生态系统优化原则的提出做出了有力的支撑。

第二，研究成果的创新。赵永青、李玉云、康卉（2014）指出，近十年来，学界对"教"的研究比对"学"的研究更加重视，对教学方法和教学模式的研究比重较大，相对而言，以学生为主题的研究较少。本研究借鉴生态学理论对学生的英语学习进行实证研究，从宏观的系统层面到微观的生态位层面进行全面分析，对大学英语教学研究中以学生为主题的研究做出了有益的补充。在第二章文献综述部分，笔者回顾了从生态学视角对大学英语教学进行的主要研究。其中只有两篇文献是以学生为研究对象的个案研究。其余研究关注的主要是理论阐释、课程设置、教学模式、教学环境和教师发展。而且在针对学生的研究中，多关注信念、动机、认知或学习策略中的某个方面，缺少综合研究。本研究以学生生态位为研究对象，采取定量研究和定性研究相结合的研究方法，找到影响学生生态位的主要内外部影响因素，兼顾了对学生群体层面的生态位研究和个案研究中对学生个体层面生态位的微观研究，并充分应用生态学理论和生态原理提出学生生态位扩充框架。该研究成果基于多个影响因素的相互作用提出理论框架,在一定程度上拓展了关于大学生英语学习研究的理论内涵,并在此基础上进一步提出大学英语教学生态系统的优化原则,把"教"与"学"紧密联系起来,做出了学术创新。

## 8.3 本研究的局限

本研究对大学英语教学生态系统中的学生生态位进行研究,涉及系统的宏观层面和学生个体的微观层面,因个人研究能力所限,在研究工具、抽样调查范围和个案研究方面仍存在一些局限性。

(1) 研究工具

本研究量化研究部分的研究工具是《大学生英语学习情况调查问卷》。问卷设计在文献综述的基础上进行,因涉及学生生态位的态、势、内部影响因素和外部影响因素等多个维度,无法全部包括在问卷当中。有些维度的测量需要使用较为复杂的量表,例如学习风格、思辨能力、创新能力等。所以,问卷中只能包含部分主要的测量维度。个案研究中,笔者增加了对原问卷中无法囊括的维度的测量,主要利用已有的权威量表对个案研究对象进行测试。但有些主观题构成的量表仅凭笔者一人对个案研究对象的表现进行评定,主观性较强,应增加评定者以保证更好的评定信度。

(2) 抽样调查范围

本研究在六所高校发放问卷。其中理工类高校、师范类高校和综合类高校各两所,且每一类高校中有一所为"985 工程"或"211 工程"高校,另外一所为非"985 工程"或"211 工程"的省属高校。每一专业类型高校的抽样数量有限,代表性受到一定影响,且抽样高校主要集中在江苏、上海地区,在地域选择上应进一步扩大范围。抽样高校以是否为"985 工程"或"211 工程"高校为依据分为两个层次,未能覆盖更多的二本、三本和高职院校,今后的研究应增加抽样的层次。

(3) 个案研究

本研究采取了定量研究和定性研究相结合的研究方法。定性研究方法中的个案研究采用了访谈和课堂观察收集个案研究对象的数据。针对每位个案研究对象的访谈共三次,前两次在大学英语课程的第二学期进行,第三次在大学英语课程的第三学期进行。因为个案研究对象的学生生态位是随学习环境条件的变化而动态变化的,应对其进行长期跟踪的历时性研究,以获得个案研究对象生态位动态变化情况的全面数据,更好地研究其生态位扩充框架。本研究受到时间等因素的限制,在个案的历时研究方面存在一定的不足。

## 8.4 研究展望

本研究从生态学视角研究了大学英语教学生态系统中的学生生态位现状及主要内外部影响因素对其产生的影响。基于本研究的已有成果,未来的相关研究可从以下三方面继续展开:

(1) 基于学生生态位特点的个性化教学

本研究在第七章提出大学英语教学生态系统的个性化优化原则。现有大学英语分级教学模式就是分层次、个性化教学的实践。然而,因个体差异造成的学生生态位的多样性决定了现阶段的分级教学仍无法有效地对同一级别内的不同学生个体实施个性化教学。个性化教学无法做到班级人数不断缩小的小班化教学,但个性化教学的理念在大班大学英语教学中同样可以实施。今后的研究可以进一步从学生生态位扩充的角度探索有效实施大学英语个性化教学的理论和策略。

(2) 学生生态位的发展动态

目前仍缺乏对英语学习动态的长期跟踪研究。目前,大学生英语学习通常会经历通用英语和专门用途英语两个阶段。已有研究很少同时覆盖两个阶段,不利于全面深入地研究大学生英语学习的特点和规律。通常大学英语课程的学习时间至少为一年半至两年。学生从高中进入大学后,因为教学方式和要求的变化,往往会遇到较大的学业挑战。在第一学期的衔接阶段,学生生态位必然会在外界条件的变化下发生一定的改变。随着学习内容和难度的变化,学生生态位将继续发生变化。Torenbeek et al. (2011)发现,从高中以教师为中心的教学到大学以学生为中心的教学的变化如果过快,学生无法很好地应对。在大学里,教师的控制仍然很重要,从较少的以学生为中心的教学向更多的以学生为中心的教学逐渐过渡似乎是最佳方式。

(3) 大学英语教学生态系统的发展演变

本研究对大学英语教学生态系统中的学生生态位进行研究,提出了学生生态位的扩充框架。生态位的扩充是生态系统演变的动力(朱春全,1997)。

随着国际化的发展及大学英语教学改革的推进,学生的整体英语水平会逐渐提高。同时,在《指南》提倡的分层次、多样化的大学英语课程体系建设的指引下,学生生态位的发展类型也会进一步呈现多样化的趋势。学生生态位的未来变化必然在大学英语教学生态系统内对其他生态因子的生态位产生影响,进而推动整个大学英语教学生态系统的发展演变。今后的研究可以关注学生生态位层次的提高和类型多样性的增加对其他主要生态因子的影响,进而研究学生生态位的扩充对整个大学英语教学生态系统未来的发展演变产生的影响。

生态学视角下的大学英语教学研究,最终目的是实现大学英语教学生态系统"兼容、动态和良性"的发展(陈坚林,2010)。

## 8.5 本章小结

本章首先从六个方面总结了研究的基本观点和主要结论,包括:大学英语教学生态系统的特点,学生生态位态与势的辩证关系,群体层面生态位的现状及影响因素,个体层面生态位的特点及影响因素,学生生态位扩充框架以及大学英语教学生态系统的优化原则。其次,介绍了本研究的创新点和局限性。创新点体现在基于生态学理论的研究视角的创新,以及针对学生生态位的群体层面和个体层面相结合的研究内容,全面分析学生生态位现状及主要影响因素的作用。本研究在研究工具的制定和使用、抽样调查范围和个案研究的历时性方面仍存在一定的局限性。最后,提出了研究展望。今后的研究可以从学生生态位扩充的角度探索有效实施大学英语个性化教学的理论和策略,跟踪生态位动态变化,并关注整个大学英语教学生态系统未来的发展演变。

# 参考文献

安琦,2009. 基于实证研究的网络语境下大学英语教学的生态化思考[J]. 外语电化教学(3):58-62.

奥德姆,巴雷特,2009. 生态学基础[M]. 5 版. 陆健建,王伟,王天慧,等译. 北京:高等教育出版社.

百度百科. Prezi[EB/OL]. [2016-01-09]. http://baike.baidu.com/view/3964815.htm.

百度百科. 985 工程[EB/OL]. [2015-12-20]. http://baike.baidu.com/view/59436.htm.

百度百科. 211 工程[EB/OL]. [2015-12-20]. http://baike.baidu.com/view/7085.htm.

蔡基刚,2006. 大学英语教学:回顾、反思和研究[M]. 上海:复旦大学出版社.

曹超,2009. 中国计算机辅助语言教学 30 年回顾与展望[J]. 外语与外语教学(8):39-42.

陈坚林,2004. 现代外语教学研究:理论与方法[M]. 上海:上海外语教育出版社.

陈坚林,2005. 从辅助走向主导:计算机外语教学发展的新趋势[J]. 外语电化教学(4):9-12,49.

陈坚林,2006. 大学英语教学新模式下计算机网络与外语课程的有机结合:对计算机"辅助"外语教学概念的生态学考察[J]. 外语电化教学(6):3-10.

陈坚林,2010. 计算机网络与外语课程的整合:一项基于大学英语教学改革的研究[M]. 上海:上海外语教育出版社.

陈坚林,2011. 试论立体式教材与立体式教学方法[J]. 外语电化教学(6):3-7,18.

陈坚林,2015. 大数据时代的慕课与外语教学研究:挑战与机遇[J]. 外语电化教学

(1):3-16.

陈坚林,顾世民,2011. 试论大学英语课程在通识教育中的地位和作用[J]. 外语电化教学(1):3-8.

陈坚林,王静,2016. 外语教育信息化进程中的常态变化与发展:基于教育信息化的可视化研究[J]. 外语电化教学(2):3-12.

陈琳,陈耀华,李康康,等,2016. 智慧教育核心的智慧型课程开发[J]. 现代远程教育研究(1):33-40.

陈青松,许罗迈,2006. 大学英语教学中的网络化外语自主学习[J]. 外语界(6):16-23.

陈向明,2000. 质的研究方法与社会科学研究[M]. 北京:教育科学出版社.

陈晓莉,张梅,2004. 外语课堂焦虑与大学英语学习的关系[J]. 重庆大学学报(社会科学版)(5):114-117.

陈映苹,2002. 合作学习:培养大学生合作精神改善大班英语课堂活动[J]. 广东工业大学学报(社会科学版)(3):49-51.

陈祖芳,1986. 关于修订大学英语教学大纲(文理科本科用)的说明[J]. 外语界(2):14-18.

程幼强,张岚,2011. 大学生英语学习态度问卷的编制及其信效度分析[J]. 天津外国语大学学报(3):41-48.

程月芳,马广惠,董娟,2003. 大学英语学习和教学中的语言学习策略问题[J]. 外语界(2):47-54.

大学文理科英语教学大纲修订组,1986. 大学英语教学大纲(高等学校文理科本科用)[M]. 上海:上海外语教育出版社.

大学英语教学大纲修订工作组,1988. 大学英语教学大纲(高等学校理工科本科用)[M]. 增订本. 北京:高等教育出版社.

大学英语教学大纲修订工作组,1999. 大学英语教学大纲(高等学校本科用)[M]. 修订本. 北京:高等教育出版社.

戴炜栋,2001. 构建具有中国特色的英语教学"一条龙"体系[J]. 外语教学与研究,33(5):322-327.

邓志辉,2004. 提高学生的自主学习能力与合作精神的实验研究[J]. 山东外语教学(5):71-74.

丁怡,2006. 外语善学者和不善学者英语词汇学习策略对比研究[J]. 外语研究(6):47-50.

范国瑞,2000. 教育生态学[M]. 北京:人民教育出版社.

范国瑞,2011. 共生与和谐:生态学视野下的学校发展[M]. 北京:教育科学出版社.

方炳林,1975. 生态环境与教育[M]. 台北:维新书局.

方雪晴,2009.非英语专业学生课外网络自主学习情况的调查与分析[J].山东外语教学(5):60-64.

冯瑗,2016.校本课程论视角下的大学英语课程设置研究:基于大学英语教师的调查与思考[D/OL].上海:上海外国语大学[2016-02-27].http://202.121.96.136:8800/docinfo.action?dbid=72&docid=17453.

付克,1986.中国外语教育史[M].上海:上海外语教育出版社.

傅桦,吴雁华,曲丽娟,2008.生态学原理与应用[M].北京:中国环境科学出版社.

高凡,张媛媛,2010.构建大学英语网络自主学习与课堂教学整合的生态化模式[J].湖北经济学院学报(人文社会科学版)(6):199-200.

高静,2014.大学英语学习者学习负动机影响因子研究[J].贵州师范大学学报(社会科学版)(5):152-155.

高鹏,张学忠,2005.大学英语课堂中学习者学习自主性的培养:一份自主式课堂教学模式实验报告[J].外语界(1):33-39.

高倩,2012.基于期望理论的大学英语教学分类激励探索[J].新西部(12):156,158.

高一虹,1999.外语学习木桶的"短板":从一次失败的演讲谈起[J].国外外语教学(3):6-9,5.

顾世民,2011.虚拟学习环境下大学英语辅助教学模式研究:合作学习和自主学习的集成框架探索[J].外语电化教学(6):59-65.

顾世民,2013.促进大学英语自主学习的课程因素研究[D/OL].上海:上海外国语大学[2016-01-18].http://202.121.96.136:8800/docinfo.action?dbid=72&docid=8973.

郭爱东,姜毓锋,2015.多模态在大学英语教学中的应用及存在的问题[J].牡丹江大学学报(2):172-173,176.

国务院,2006.2006—2020年国家信息化发展战略[EB/OL].[2015-03-20].http://www.chinanews.com/news/2006/2006-05-08/8/726880.shtml.

洪常春,2018.人工智能时代大学英语生态教学模式构建研究[J].外语电化教学(6):29-34.

胡东平,施卓廷,周浩,2009.归因论视角下的大学英语自主学习影响因素实证研究[J].外语与外语教学(10):34-37.

胡芳毅,王宏军,2019.从"任务链"到"生态圈":大学英语教学的生态建构[J].外语教学(2):76-79.

胡帅,2010.大学英语授课中学生信息素养的培养[J].鞍山师范学院学报(1):68-70.

胡学文,吴凌云,庄红,2013.大学英语社会需求调查分析报告[M]//王守仁,王海啸.大学外语教学改革研究.北京:高等教育出版社.

胡阳,张为民,2006.大学英语学习者使用元认知策略的能力[J].外语教学

(3):59-62.

华维芬,2020.数字素养与英语自主学习研究[J].外语教学,41(5):66-70.

黄小勇,2009.国外语言学习策略研究纵览[J].华中农业大学学报(社会科学版)(4):119-123.

贾巍,2011.生态化外语教学媒体环境构建的实践思考[J].现代教育技术(4):107-110.

姜英杰,2007.元认知的理论与实证研究[M].长春:东北师范大学出版社.

蒋宇红,周红,2010.大学英语采用形成性评价促进学生自主学习的实证研究[J].北京第二外国语学院学报(2):69-74.

蒋祖康,2002.导读[M]//里德.ESL/EFL英语课堂上的学习风格.北京:外语教学与研究出版社.

教育部高等教育司,2004.大学英语课程教学要求(试行)[M].北京:高等教育出版社.

教育部高等教育司,2007.大学英语课程教学要求[M].北京:外语教学与研究出版社.

教育部高等学校大学外语教学指导委员会,2020.大学英语教学指南(2020版)[M].北京:高等教育出版社.

教育部,2010.国家中长期教育改革和发展规划纲要(2010—2020年)[M].北京:人民出版社.

教育部,2012.教育信息化十年发展规划(2011—2020年)[EB/OL].[2015-06-23].http://www.edu.cn/zong_he_870/20120330/t20120330_760603.shtml.

教育部,2016.全国普通高等学校名单[EB/OL].[2016-06-07].http://www.moe.gov.cn/srcsite/A03/moe_634/201606/t20160603_248263.html.

兰春寿,黄远振,2014.语言创新思维能力量表的编制与检验[J].语言教育(4):8-14.

雷丹,2015.生态学视阈下大学英语教师生态位研究[D/OL].上海:上海外国语大学[2016-02-10].http://202.121.96.136:8800/docinfo.action?dbid=72&docid=17014.

雷霄,2004.本科生英语学习课堂焦虑调查及其对英语教学的启示[J].外国语言文学(1):46-51.

李斑斑,徐锦芬,2014.成就目标定向对英语自主学习能力的影响及自我效能感的中介作用[J].中国外语(3):59-68.

李昌真,2004.运用归因理论研究非英语专业学生英语学习行为[J].外语界(6):41-51.

李聪明,1989.教育生态学导论:教育问题的生态学思考[M].台北:学生书局.

李芳媛,2011.计算机网络环境下大学英语课程生态化探索[J].外语电化教学(4):

39-44.

李璐,2009.大学英语学习者学习策略使用的性别差异[J].考试周刊(5):90-92.

李世东,林震,杨冰之,2013.信息革命与生态文明[M].北京:科学出版社.

李顺英,2007.大学英语课堂生态环境的现状、问题与对策研究[J].西南交通大学学报(社会科学版)(12):16-20,113.

李祥兆,2005.学生思维评价的新视角:SOLO 分类评价理论评述[J].教育科学研究(11):20-22.

李耀俊,2010.美国信息能力在线测评 SAILS 和 TRAILS 简介[J].信息系统工程(1):115-116,134.

李玉先,2008.关于理工科大学英语学习者学习风格的研究[J].乌鲁木齐职业大学学报(3):92-96.

李振基,陈小麟,郑海雷,2014.生态学[M].4版.北京:科学出版社.

梁士楚,李铭红,2015.生态学[M].武汉:华中科技大学出版社.

林莉兰,2018.大学英语促进学习者自主研究:方法、问题与思考:基于 2004—2017 年外语类 CSSCI 期刊文献分析[J].外语界(5):80-88.

林意新,2020.互联网+背景下大学英语新生态系统的建构[J].黑龙江教育(高教研究与评估)(3):1-2.

刘长江,2013.信息化语境下大学英语课堂生态的失衡与重构[D/OL].上海:上海外国语大学[2015-04-03].http://202.121.96.136:8800/docinfo.action?dbid=72&docid=8998.

刘鸿,刘春,2015.信息素养与信息检索[M].北京:科学出版社.

刘建国,马世骏,1990.扩展的生态位理论[M]//马世骏.现代生态学透视.北京:科学出版社.

刘美,2013.大学生外语学习风格调查及其对大学英语教学的启示[J].现代阅读(5):4-5.

刘萍,2014.大学生自我效能感与英语学习自主性的关系及促进对策研究[J].外语电化教学(4):75-79.

刘奇志,2008.大学英语教学中学生信息素养培养的探索[J].十堰职业技术学院学报(3):101-103.

刘润清,胡壮麟,1999.外语教学中的科研方法[M].北京:外语教学与研究出版社.

刘信波,2014.论大学英语课堂整体教学模式的建构:一个教育生态学的视角[J].湖南师范大学教育科学学报(3):122-125.

刘艳菊,2010.大学英语学习者的学习观念、自我效能与学习策略相关性的量化研究与分析[J].外语教学(4):65-69.

刘永兵,王冰,林正军,2009.英语课堂教学量化研究工具的构想与设计[J].中国外语(3):62-72.

龙绍赟,2010.大学英语学习者动机行为影响因素的多维生态析成[J].北京第二外国语学院学报(2):37-47,36.

罗清旭,2002.批判性思维理论及其测评技术研究[D].南京:南京师范大学.

骆玉蓉,2012.基于生态教学观的大学英语多媒体课堂教学环境的优化[J].读与写杂志(7):30-34.

马辉,2014.慕课背景下大学英语教师生态位研究[J].学理论(6):241-244.

梅德明,2014.大数据时代语言生态研究[J].外语电化教学(1):3-10.

倪清泉,2010.大学英语学习动机、学习策略与自主学习能力的相关性实证研究[J].外语界(3):30-35,79.

彭金定,2002.大学英语教学中的"学习者自主"问题研究[J].外语界(3):15-19,46.

彭薇,2018.大学英语教学中情感教学应用策略研究[J].吉首大学学报(社会科学版),39(S1):199-201.

乔纳森,2008.技术支持的思维建模:用于概念转变的思维工具[M].顾小清,等译.上海:华东师范大学出版社.

秦晓晴,1996.第二语言学习策略研究的理论和实践意义[J].国外外语教学(4):1-5,46.

秦晓晴,2007.中国大学生外语学习动机研究[M].北京:高等教育出版社.

秦晓晴,2009.外语教学问卷调查法[M].北京:外语教学与研究出版社.

秦晓晴,文秋芳,2002.非英语专业大学生学习动机的内在结构[J].外语教学与研究(1):51-58.

全国大学英语四、六级考试委员会,2006.大学英语四级考试大纲(2006修订版)[M].北京:外语教学与研究出版社.

任丽,2011.生态学视角下大学英语教学研究:基于山东省三所高等院校的教学调查[D/OL].上海:上海外国语大学[2015-08-05].http://202.121.96.136:8800/docinfo.action?dbid=72&docid=8878.

任丽,2012.多媒体环境下大学英语口译教学的生态化思考[J].外语电化教学(2):69-72.

任小华,2009.国内语言焦虑与大学英语学习研究述评[J].辽宁医学院学报(社会科学版)(2):91-94.

上海高校大学英语教学指导委员会,2013.上海市大学英语教学参考框架(试行)[M].北京:高等教育出版社.

尚晓华,王海华,2010.大学生英语学习策略与英语水平的相关研究[J].外语教学(2):54-56,82.

沈骑,2014.转型期大学英语课程的价值追问[J].外语电化教学(2):61-67,73.

师琳,2012.建构主义视角下的大学英语网络教学生态环境研究[J].外语电化教学(3):62-65.

四川外国语学院高等教育研究所,1993.中国外语教育要事录[M].北京:外语教学与研究出版社.

孙炳文,叶朝成,2006.CALL发展的历史描述及其理性再认识[J].外语电化教学(4):24-29.

孙莉萍,高世全,2005.期望理论在大学英语写作中的运用[J].中国科技信息(24):201.

陶德清,2001.学习态度的理论与研究[M].广州:广东人民出版社.

汪基德,宫火良,毛春华,等,2009.教育信息化与学生心理素质教育[M].北京:科学出版社.

王笃勤,2002.大学英语自主学习能力的培养[J].外语界(5):17-23.

王芳,2015.大学英语教学的生态环境分析及其优化[J].黑龙江高教研究(7):171-173.

王建卿,文秋芳,2011.国外思维能力量具评介及启示:我国外语类大学生思维能力现状研究报告[J].江苏技术师范学院学报(7):38-42,77.

王琦,2006.信息技术环境下的外语教学研究[M].北京:中国社会科学出版社.

王守仁,2008.高校大学外语教育发展报告(1978—2008)[M].上海:上海外语教育出版社.

王薇,程海腾,2015.竞争性合作学习在大学英语听说课中的实证研究[J].鸡西大学学报(1):96-100.

王欣苗,彭晓霞,黄昊,等,2015.创新能力倾向测验量表汉化版的信效度评价及应用[J].继续医学教育(4):20-22.

王银泉,2013.从国家战略高度审视我国外语教育的若干问题[J].中国外语(2):13-24.

王永祥,2014.外语教学课堂话语对话性研究:主体间性外语教学课堂话语模式的构建[M].北京:人民出版社.

王哲,李军军,2010.大学外语通识教育改革探索[J].外语电化教学(5):3-8.

维克托·迈尔-舍恩伯格,肯尼思·库克耶,2013.大数据时代:生活、工作与思维的大变革[M].盛杨燕,周涛,译.杭州:浙江人民出版社.

魏晶,2012.外语学习者计算机网络生态环境优化研究[D/OL].上海:上海外国语大学[2015-10-16].http://202.121.96.136:8800/docinfo.action?dbid=72&docid=8783.

文秋芳,2004.第二语言学习策略研究中的理论争端[M]//文秋芳,王立非.英语学习策略理论研究.西安:陕西师范大学出版社.

文秋芳,2014.大学英语教学中通用英语与专用英语之争:问题与对策[J].外语与外语教学(1):1-8.

文秋芳,王海啸,1996.大学生英语学习观念与策略的分析[J].解放军外语学院学报(4):61-66,75.

文秋芳,王建卿,赵彩然,等,2009.构建我国外语类大学生思辨能力量具的理论框架[J].外语界(1):37-43.

吴鼎福,诸文蔚,2000.教育生态学[M].南京:江苏教育出版社.

吴林富,2006.教育生态管理[M].天津:天津教育出版社.

吴明隆,2010.问卷统计分析实务:SPSS操作与应用[M].重庆:重庆大学出版社.

吴明隆,涂金堂,2012.SPSS与统计应用分析[M].大连:东北财经大学出版社.

习近平,2015.习近平致国际教育信息化大会的贺信[EB/OL].[2016-01-16].http://www.xinhuanet.com/politics/2015-05/23/c_1115383959.htm.

肖庚生,徐锦芬,张再红,2011.大学生社会支持感、班级归属感与英语自主学习能力的关系研究[J].外语界(4):2-11.

肖珑,2010.生态视角下的大学英语课程设计研究:一项基于江西三所高校的实证研究[D/OL].上海:上海外国语大学[2016-02-03].http://202.121.96.136:8800/docinfo.action?dbid=72&docid=8562.

熊美华,2011.生态化外语课堂整体教学探索[J].教学研究(12):98-99.

徐锦芬,2007.大学外语自主学习理论与实践[M].北京:中国社会科学出版社.

徐锦芬,2013.课外合作学习对大学生英语自主学习能力影响的实证研究[J].解放军外国语学院学报(5):39-43,126.

徐锦芬,黄子碧,2020.国际自我调节学习研究:二语教学与教育心理学的对比分析[J].外语学刊(6):1-8.

徐锦芬,李斑斑,2014.学习者可控因素对大学生英语自主学习能力的影响[J].现代外语(5):647-656,730.

徐锦芬,彭仁忠,吴卫平,2004.非英语专业大学生自主性英语学习能力调查与分析[J].外语教学与研究(1):64-68.

徐锦芬,唐芳,2004.大学生语言学习观念与认知方式和个性的相关性实证研究[J].西安外国语学院学报(4):21-25.

徐锦芬,朱茜,2013.国外语言自主学习研究30年:回顾与展望[J].外语电化教学(1):15-20.

严明,2009.大学英语自主学习能力培养教程[M].哈尔滨:黑龙江大学出版社.

严明,2010.大学英语自主学习能力培养实证研究[J].外语电化教学(3):48-51.

严映雪,2014.网络环境下在大学英语教学中融合信息素养和思辨能力的培养[J].赤峰学院学报(自然科学版)(8):208-209.

杨持,2014.生态学[M].3版.北京:高等教育出版社.

杨港,2014.大学英语立体化教材研究:以教材使用为视角[D/OL].上海:上海外国语大学[2016-01-05]. http://202.121.96.136:8800/docinfo.action?dbid=72&docid=16041.

杨港,赵蓉,2013.泛在学习环境下信息化大学英语口语课程建设[J].现代教育技术(6):67-70,75.

杨智敏,2012.大学英语课堂生态环境的建构:基于教育生态学理论[J].鸡西大学学报(1):92-93.

易宇,2011.英语网络游戏导入大学英语教学中的应用与研究[J].外国语文(3):121-124.

尹华东,2014.中国外语自主学习研究回顾与展望(1979—2012)[J].外语教学(1):64-67,103.

印辉,2004.在大学英语课堂教学中培养学生的学习自主[J].外语与外语教学(9):33-36.

余千华,樊葳葳,李娜,2008.大学英语教材调查:从话题兴趣角度调查教材与学习者匹配情况[J].中国外语(3):60-65.

余胜泉,2007.从知识传递到认知建构、再到情境认知:三代移动学习的发展与展望[J].中国电化教育(6):7-18.

余胜泉,杨现民,程罡,2009.泛在学习环境中的学习资源设计与共享:"学习元"的理念与结构[J].开放教育研究,15(1):47-53.

余渭深,2016.教学大纲的发展对大学英语应用能力培养目标的再认识[J].大学外语教学研究(0):23-35.

俞建耀,2006.大学英语自主学习发展的限制因素分析[J].广东外语外贸大学学报(1):81-84.

喻荣,2015.第二语言学习动机研究:理论变迁与发展[J].语文学刊(8):154-156,176.

约恩森,2013.系统生态学导论[M].陆健健,译.北京:高等教育出版社.

岳好平,施卓廷,2009a.大学英语自主学习元认知实证研究[J].外国研究(4):63-67.

岳好平,施卓廷,2009b.大学英语自主学习中学习者自我效能感实证研究[J].外国语文(5):157-160.

张光明,谢寿昌,1997.生态位概念演变与展望[J].生态学杂志,16(6):46-51.

张剑平,陈仕品,张家华,2010.网络学习及其适应性学习支持系统研究[M].北京:科学出版社.

张立新,李霄翔,2004.中国—西欧学生自主学习能力对比调查研究[J].外语界(4):15-23.

张丽敏,2020.教育生态学视角下英语课堂中信息技术的生态观[J].中国信息技术教育(Z2):124-126.

张庆宗,吴喜艳,2010.大学生自我效能感培养实证研究[J].外国语文(5):137-141.

张文忠,夏赛辉,2011.兴趣驱动的课外学习调查:以"个性化英语学习"课程为例[J].中国外语教育(1):3-11.

章木林,张霞,2012.教育生态学视域下的信息技术与大学英语课程整合[J].重庆广播电视大学学报(5):35-38.

赵春曦,卢卉艳,2007.归因理论在大学英语学习中的应用研究[J].东北大学学报(社会科学版)(3):271-274.

赵雯,王海啸,余渭深,2014.大学英语"语言能力"框架的建构[J].外语与外语教学(1):15-21.

赵永青,李玉云,康卉,2014.近十年我国大学英语教学研究述评[J].外语与外语教学(1):27-35.

郑珺,2007.基于"学习风格"理论的大学英语教学设计[J].厦门理工学院学报(2):109-112.

钟华,白谦慧,樊葳葳,2013.中国大学生跨文化交际能力自测量表构建的先导研究[J].外语界(3):47-56.

周长发,2010.生态学精要[M].北京:高等教育出版社.

周东兴,李淑敏,2009.生态学研究方法及应用[M].哈尔滨:黑龙江人民出版社.

周文娟,2012.基于"云"资源的英语泛在生态学习研究[J].外语电化教学(7):49-54.

周燕,高一虹,2009.大学基础阶段英语学习动机的发展:对五所高校的跟踪研究[J].外语教学与研究(2):113-118.

周燕,高一虹,臧青,2011.大学高年级阶段英语学习动机的发展:对五所高校学生的跟踪调研[J].外语教学与研究(2):251-260.

朱春全,1997.生态位态势理论与扩充假说[J].生态学报,17(3):324-332.

朱耿平,刘国卿,卜文俊,等,2013.生态位模型的基本原理及其在生物多样性保护中的应用[J].生物多样性,21(1):90-98.

朱涌河,2015."以学习者为中心"教学范式认知研究[J].外语电化教学(6):24-30.

Asassfeh S M,2015. Prospective EFL teachers:What language learning beliefs do they hold? [J]. The Asia-Pacific Education Researcher,24(1):13-26.

Association of College & Research Libraries,2000. Information literacy competency standards for higher education[EB/OL]. [2016-02-03]. http://www.ala.org/acrl/standards/informationliteracycompetency.

Bandura A,1986. The explanatory and predictive scope of self-efficacy theory[J].

Journal of Social and Clinical Psychology, 4(3):359-373.

Bandura A,1997. Self-efficacy: The exercise of control[M]. New York: Freeman.

Benson P, 2005. Teaching and researching autonomy in language learning[M]. Beijing: Foreign Language Teaching and Research Press.

Bowers C A,1993. Educational, cultural myths, and the ecological crisis: Toward deep changes[M]. Albany: State University of New York Press.

Bronfenbrenner U,1979. The ecology of human development: Experiments by nature and design[M]. Cambridge, MA: Harvard University Press.

Bronfenbrenner U,1993. The ecology of cognitive development: Research models and fugitive findings[M]// Wozniak R H, Fischer K W. Development in context: Acting and thinking in specific environment. Hillsdale, NJ: Lawrence Erlbaum Associates.

Chamot A U, 2004. Issues in language learning strategy research and teaching[J/OL]. Electronic Journal of Foreign Language Teaching, 1(1):14-26. [2015-11-08]. http://e-flt.nus.edu.sg/v1n12004/chamot.pdf.

Cook V, 2010. Second language learning and language teaching[M]. 4th ed. Beijing: Foreign Language Teaching and Research Press.

Creswell J W, 2007. Qualitative inquiry & research design: Choosing among five approaches[M]. Thousand Oaks, California: Sage.

Deci L, Ryan M,1985. Intrinsic motivation and self-determination in human behavior[M]. New York: Plenum.

De Clercq M, Roland N, Brunelle M, et al., 2018. The delicate balance to adjustment: A qualitative approach of student's transition to the first year at university[J]. Psychologica Belgica, 58(1): 67-90.

Derry S J, LaJoie S P, 1993. A middle camp for (un)intelligent instructional computing: An introduction[M]//LaJoie S P, Derry S J. Computers as cognitive tools. Hillsdale, NJ: Lawrence Erlbaum Associates.

Dincer A, Yesilyurt S, Takkac M, 2012. The effects of autonomy-supportive climates on EFL learners' engagement, achievement and competence in English speaking classrooms[J]. Procedia-Social and Behavioral Sciences, 46: 3890-3894.

Dörnyei Z,1994. Motivation and motivating in the foreign language classroom[J]. The Modern Language Journal, 78(3):273-284.

Dörnyei Z, 2007. Research methods in applied linguistics[M]. Oxford: Oxford University Press.

Dunn R, Dunn K, Price G E,1975. The learning style inventory[M]. Lawrence, KS: Price Systems.

Ehrman M, Leaver B L, 2003. Cognitive styles in the service of language learning[J]. System, 31(3): 393-415.

Ehrman M E, Leaver B L, Oxford R L, 2003. A brief overview of individual differences in second language learning[J]. System, 31(3):313-330.

Ellis R, 2013. The study of second language acquisition[M]. 2nd ed. Shanghai: Shanghai Foreign Language Education Press.

Fraser J B, 1998. Classroom environment research instrument: development, validity and applications[J]. Learning Environments Research, 1(1):7-34.

Gahungu O, 2009. Are self-efficacy, language learning strategies, and foreign language ability interrelated? [J/OL]. The Buckingham Journal of Language and Linguistics(2): 47-60. [2015-08-17]. http://ubplj.org/index.php/bjll/article/view/14/22.

Gardner D, Miller L, 2002. Establishing self-access: From theory to practice[M]. Shanghai: Shanghai Foreign Language Education Press.

Gardner R C, 1985. Social psychology and second language learning: The role of attitudes and motivation[M]. London: Edward Arnold.

Gardner R C, Lambert W E, 1972. Attitudes and motivation in second language learning[M]. Rowley, MA: Newbury House.

Gardner R C, Masgoret AM, Tennant J, et al., 2004. Integrative motivation: Changes during a year-long intermediate-level language course[J]. Language Learning, 54(1):1-34.

Gass S, Mackey A, 2011. Data elicitation for second and foreign language research[M]. Beijing: Foreign Language Teaching and Research Press.

Ghavamnia M, Kassaian Z, Dabaghi A, 2011. The relationship between language learning strategies, language learning beliefs, motivation and proficiency: A study of EFL learners in Iran[J]. Journal of Language Teaching and Research, 2(5):1156-1161.

Gibson J J, 1977. The theory of affordance [M]//Shaw R, Bransford J. Perceiving, acting and knowing: Toward an ecological psychology. Hillsdale, NJ: Lawrence Erlbaum Associates.

Golonka E M, Bowles, A R, Frank V M, et al, 2014. Technologies for foreign language learning: A review of technology types and their effectiveness[J]. Computer Assisted Language Learning, 27(1):1-36.

Guerrettaz A M, Johnston B, 2013. Materials in the classroom ecology[J]. The Modern Language Journal, 97(3):779-796.

Guo Y, Xu J, Liu X, 2018. English language learners' use of self-regulatory strategies for foreign language anxiety in China[J]. System(76): 49-61.

Hashemin M R, Zabihi R, 2011. Learners' attributional beliefs in success or failure and their performance on the interchange objective placement test[J]. Theories and Practice in Language Studies, 1(8):954-960.

Holec H, 1981. Autonomy in foreign language learning[M]. Oxford: Pergamon.

Horwitz E K, 1987. Surveying student beliefs about language learning[M]// Wenden A, Rubin J. Learner strategies in language learning. London: Prentice-Hall International.

Horwitz E K, 2001. Language anxiety and achievement[J]. Annual Review of Applied Linguistics, 21:112-126.

Jiang Y, Dewaele J-M, 2019. How unique is the foreign language classroom enjoyment and anxiety of Chinese EFL learners? [J]. System(82): 13-25.

Johnson L, Adams S, Cummins M E, et al., 2016. NMC Horizon Report: 2016 Higher Education Edition [EB/OL]. Austin, Texas: The New Media Consortium [2015-05-13]. http://www.nmc.org/publication/nmc-horizon-report-2016-higher-education-edition.

Keefe J W, 1979. Learning style: An overview[M]//Keefe J W. Student learning styles: Diagnosing and prescribing programs. Reston, VA: National Association of Secondary School Principals.

Khoshsima H, Tiyar F, 2015. Language learner strategies for building EFL learners' autonomy[J]. International Journal of English Language and Translation Studies, 3(4): 60-73.

Kinsella K, 2002. Understanding and empowering diverse learners in ESL classrooms [M]//Reid J. Learning styles in the ESL/EFL classroom. Beijing: Foreign Language Teaching and Research Press.

Kohonen V, 1992. Experiential language learning: Second language learning as cooperative learner education [M]//Nunan D. Collaborative language learning and teaching. Cambridge: Cambridge University Press.

Kramsch C, 2008. Ecological perspectives on foreign language education[J]. Language Teaching, 41(3): 389-408.

Kramsch C, 2014. Teaching foreign languages in an era of globalization: Introduction [J]. The Modern Language Journal, 98(1): 296-311.

Lafford B A, 2009. Toward an ecological call: Update to Garrett(1991)[J]. The Modern Language Journal, 93(S1):673-696.

Li C, Abrar-ul-Hassan S, Gao F, 2020. An ecological perspective on university students' sustainable language learning during the transition from high school to university in China[J]. Sustainability, 12(18):1-17.

MacIntyre P D, Gardner R C, 1991. Language anxiety: Its relationship to other anxieties and to processing in native and second languages[J]. Language Learning, 41(4): 513-534.

MacIntyre P D, Gardner R C, 1994. The subtle effects of language anxiety on cognitive processing in the second language[J]. Language Learning, 44(2):283-305.

Mantero M, 2007. Toward ecological pedagogy in language education[M]//Mantero M. Identity and second language learning: Culture, inquiry and dialogic activity in educational contexts. Charlotte: Information Age Publishing.

McDonough S H, 1999. Learner strategies[J]. Language Teaching, 32(1):1-18.

Merriam S B, 2009. Qualitative research: A guide to design and implementation[M] 2nd ed. San Francisco, California: Jossey-Bass.

Naiman N, Fröhlich M, Stern H H, et al, 1978. The good language learner[M]. Toronto: Ontario Institute for Studies in Education.

Nelson G L, 2002. Cultural differences in learning styles [M]//Reid J. Learning styles in the ESL/EFL classroom. Beijing: Foreign Language Teaching and Research Press.

Nunan D, 1989. Understanding language classrooms: A guide for teacher-initiated action[M]. New York: Prentice-Hall.

O'Malley J M, Chamot A U, 1990. Learning strategies in second language acquisition [M]. Cambridge: Cambridge University Press.

Oxford R L, 1990. Language learning strategies: What every teacher should know [M]. Boston, MA: Heinle & Heinle Publishers.

Oxford R L, 1993. Style analysis survey(SAS)[M]. Tuscaloosa, AL: University of Alabama.

Paul R, Elder L, 2006. Critical thinking: Learn the tools the best thinkers use[M]. New Jersey: Pearson Prentice Hall.

Pelletier K, Brown M, Brooks D C, et al, 2021. 2021 EDUCAUSE Horizon Report, Teaching and Learning Edition[EB/OL]. [2021-06-10]. Boulder, CO: EDUCAUSE. https://library. educause. edu/resources/2021/4/2021-educause-horizon-report-teaching-and-learning-edition.

Peng J-E, 2011. Changes in language learning beliefs during a transition to tertiary study: The mediation of classroom affordances[J]. System, 39(3):314-324.

Peng J-E, 2012. Towards an ecological understanding of willingness to communicate in EFL classrooms in China[J]. System, 40(2):203-213.

Raoofi S, Tan B H,Chan S H,2012. Self-efficacy in second/foreign language learning contexts[J]. English Language Teaching, 5(11):60-73.

Reid J, 1987. The learning style preferences of ESL students [J/OL]. TESOL Quarterly, 21(1):87-111[2015-09-27]. http://old.fltrp.com/download/06071807.pdf.

Spada N, Fröhlich M, 1995. Communicative orientation of language teaching observation scheme[M]. Sydney: National Centre for English Language Teaching and Research.

Sternberg R J, 2012. The assessment of creativity: An investment-based approach [J]. Creativity Research Journal, 24(1): 3-12.

Sweller J, van Merrienboer J J G,Paas F G W C,1998. Cognitive architecture and instructional design[J/OL]. Educational Psychology Review, 10(3):251-296[2015-07-29]. http://www.davidlewisphd.com/courses/EDD8121/readings/1998-Sweller_et_al.pdf.

The Conference Board of Canada, 2013. General Innovation Skills Aptitude Test 2.0 [EB/OL]. [2016-03-04]. http://www.conferenceboard.ca/cbi/gisat2.aspx.

Thepsiri K, Pojanapunya P,2010. Science and engineering students' attributions for success and failure of the EFL classroom [J/OL]. The Journal of Asia TEFL,7(3): 29-57[2015-06-12]. http://www.asiatefl.org.

Thomas S,Joseph C,Laccetti J,et al,2007. Transliteracy: Crossing divides[J/OL]. First Monday, 12(12). [2015-12-19]. http://firstmonday.org/ojs/index.php/fm/article/view/2060/1908.

Thoms J J,2014. An ecological view of whole-class discussions in a second language literature classroom: Teacher reformulations as affordances for learning[J]. The Modern Language Journal, 98(3):724-741.

Tong S T,2007. Course book of business case analyses[M]. Hong Kong: Language Center of Hong Kong University of Science and Technology.

Torenbeek, M., Jansen, E., & Hofman, A. 2011. The relationship between first-year achievement and the pedagogical-didactical fit between secondary school and university. Educational Studies, 37(5), 557-568.

Tremblay P F,Gardner R C,1995. Expanding the motivation construct in language learning[J]. The Modern Language Journal, 79(4): 505-518.

Tudor I,2001. The dynamics of the language classroom[M]. Cambridge: Cambridge University Press.

van Lier L,1997. Observation from an ecological perspective[J]. TESOL Quarterly, 31(4):783-787.

van Lier L,2003. A tale of two computer classrooms: The ecology of project-based language learning[M]//Leather J,Van D J. Ecology of language acquisition. Dordrecht, The Netherlands: Kluwer Academic.

van Lier L,2010. The ecology of language learning: Practice to theory, theory to practice[J]. Procedia-Social and Behavioral Sciences, 3: 2-6.

Vroom V,1964. Work and motivation[M]. New York: Wiley.

Wahleithner J M,2020. The high school-college disconnect: Examining first-generation college students' perceptions of their literacy preparation [J]. Journal of Adolescent & Adult Literacy,64(1):19-26.

Wang S R,2016. Individualized English language teaching(ELT) in the context of contemporary China: Notions and practices[J]. College Foreign Language Teaching & Research, 1: 3-21.

Weiner B,1985. An attributional theory of achievement motivation and emotion[J/OL]. Psychological Review, 92(4): 548-573. [2015-07-11]. https://www.researchgate.net/profile/Bernard_Weiner/publication.

Wen Q F,1993. Advanced level English language learning in China: The relationship of modifiable learner variables to learning outcomes[D/OL]. Hong Kong: The University of Hong Kong[2015-08-03]. http://sunzi.lib.hku.hk/ER/detail/hkul/3123395.

Wilson J T S, 2006. Anxiety in learning English as a foreign language: Its associations with student variables, with overall proficiency, and with performance on an oral test[D/OL]. Granada: University of Granada[2015-09-23]. http://digibug.ugr.es/bitstream/10481/1074/1/16235290.pdf.

Witkin H A,1976. Cognitive style in academic performance and in teacher-student relations [M]//Messick S,Associates. Individuality in learning. San Francisco: Jossey-Bass.

Yang N D,1999. The relationship between EFL learners' beliefs and learning strategy use[J]. System,27(4):515-535.

Zheng X M,2005. Pedagogy and pragmatism: Secondary English language teaching in the People's Republic of China[D/OL]. Hong Kong: The University of Hong Kong [2016-01-15]. http://hub.hku.hk/handle/10722/32015.

# 附录 1

# 大学生英语学习情况调查问卷

## 大学生英语学习情况调查问卷

各位同学大家好：

  我们是大学生英语学习情况研究课题组。为了全面了解同学们的英语学习现状，我们组织了此次调查，为改进外语教学提供参考依据。本问卷列出了人们对外语学习的一些看法和做法，并无对错之分，请根据自己的实际情况回答问题，所填答案一定要能真实反映您在外语学习中的看法或做法。所收集的数据仅用于本课题组的研究，绝对保密。您的回答将对改进我国大学英语教学、提高大学生英语学习效率提供帮助，感谢您的大力支持！

大学生英语学习情况研究课题组

第一部分

1. 学号 _____  2. 性别 _____
3. 专业 _____  4. 大学英语四级考试分数 _____

第二部分：请您在以下题项相应的字母上画圈"○"。

5. 您喜欢的学习方式是：

  A. 按计划一步步地有序学习，通过独立分析得出结论

  B. 在情境中通过与他人互动学习

6. 您每周大约有多长时间在课堂外接触英语(包括学习和看英语电影、参加英语角等活动的时间总和):

　　A. 0—1 小时　　　B. 1—2 小时　　　C. 2—3 小时　　　D. 3—4 小时

　　E. 4—5 小时　　　F. 5 小时以上

7. 您使用最多的三项英语学习资源是:

　　A. 英语影视剧　　B. 英语歌曲　　C. 英语新闻　　D. 英语教学类内容　　E. 英语文学作品　　F. 英语游戏　　G. 英语报纸杂志

8. 英语学习中,您经常使用的信息技术平台和相关软件是(可多选):

　　A. QQ　　B. Skype　　C. MSN　　D. 微信　　E. 博客

　　F. 播客　　G. 电子词典　　H. 教学光盘　　I. 英语学习手机应用

　　J. 网络教学平台　　K. 网络公开课　　L. 英语学习网站

9. 您对自己的英语口语能力评价为:

　　A. 处于班级的前 1/3　　B. 处于班级中等水平　　C. 处于班级的末 1/3

第三部分:请您在以下量表题项中相应的数字上画"〇"。

1 表示完全不同意　　2 表示不同意　　3 表示不确定　　4 表示同意

5 表示完全同意

| 题项 | 完全不同意 | 不同意 | 不确定 | 同意 | 完全同意 |
| --- | --- | --- | --- | --- | --- |
| 1. 我对英语学习充满了兴趣和自信 | 1 | 2 | 3 | 4 | 5 |
| 2. 英语具有独特的语言魅力 | 1 | 2 | 3 | 4 | 5 |
| 3. 我很喜欢目前的英语教学内容 | 1 | 2 | 3 | 4 | 5 |
| 4. 我很喜欢目前的英语教学方式 | 1 | 2 | 3 | 4 | 5 |
| 5. 我喜欢应用网络信息技术学习英语 | 1 | 2 | 3 | 4 | 5 |
| 6. 同学之间的相互帮助对我的英语学习起到了重要作用 | 1 | 2 | 3 | 4 | 5 |
| 7. 教材以外的学习内容在我的英语学习资源中占有很大的比重 | 1 | 2 | 3 | 4 | 5 |
| 8. 我把学习英语当成负担 | 1 | 2 | 3 | 4 | 5 |
| 9. 学校有很好的英语学习氛围 | 1 | 2 | 3 | 4 | 5 |
| 10. 学校制定的与英语课程有关的政策较为合理 | 1 | 2 | 3 | 4 | 5 |
| 11. 我的英语学习得益于老师的教学 | 1 | 2 | 3 | 4 | 5 |
| 12. 我的英语学习得益于有好的英语学习环境 | 1 | 2 | 3 | 4 | 5 |

第四部分：请您选择以下题项在多大程度上适合您的实际情况，并在相应的数字上画"〇"。

1 表示完全不适合我的情况　　2 表示通常不适合我的情况　　3 表示有时适合我的情况　　4 表示通常适合我的情况　　5 表示完全适合我的情况

| 题　　项 | 完全不适合 | 通常不适合 | 有时适合 | 通常适合 | 完全适合 |
| --- | --- | --- | --- | --- | --- |
| 13. 我对英语语言文化很感兴趣 | 1 | 2 | 3 | 4 | 5 |
| 14. 对英语影视剧或歌曲和文学作品的爱好使我对英语产生了浓厚的兴趣 | 1 | 2 | 3 | 4 | 5 |
| 15. 信息技术在英语学习中的广泛使用大大提升了我学习英语的热情 | 1 | 2 | 3 | 4 | 5 |
| 16. 我学习英语是为了出国寻找更好的受教育和工作机会 | 1 | 2 | 3 | 4 | 5 |
| 17. 我学习英语是为了让世界了解中国 | 1 | 2 | 3 | 4 | 5 |
| 18. 学好英语，我才能不辜负父母的期望 | 1 | 2 | 3 | 4 | 5 |
| 19. 我学习英语是为了多掌握一项技能 | 1 | 2 | 3 | 4 | 5 |
| 20. 学好英语对我非常有用 | 1 | 2 | 3 | 4 | 5 |
| 21. 到本科阶段的所有大学英语课程结束时，我预计自己可以读懂英语报纸、杂志上的文章 | 1 | 2 | 3 | 4 | 5 |
| 22. 到本科阶段的所有大学英语课程结束时，我预计自己可以用英语较流利地与老师和同学交流 | 1 | 2 | 3 | 4 | 5 |
| 23. 我对自己的英语学习制定目标和计划 | 1 | 2 | 3 | 4 | 5 |
| 24. 我希望能参与对课堂教学内容的选择 | 1 | 2 | 3 | 4 | 5 |
| 25. 我会筛选学习资源，自我监督学习方法和学习效果，做好学习管理 | 1 | 2 | 3 | 4 | 5 |
| 26. 我在英语学习上付出了很多时间和精力 | 1 | 2 | 3 | 4 | 5 |

续表

| 题 项 | 完全不适合 | 通常不适合 | 有时适合 | 通常适合 | 完全适合 |
|---|---|---|---|---|---|
| 27. 遇到困难时,我会及时反思,调整学习方法 | 1 | 2 | 3 | 4 | 5 |
| 28. 我懂得学习英语的义务和责任,对于必须完成的学习任务,即使缺乏兴趣也会努力完成 | 1 | 2 | 3 | 4 | 5 |
| 29. 虽然我担心说英语时会犯错误,但我会鼓励自己多说英语 | 1 | 2 | 3 | 4 | 5 |
| 30. 课外我经常用背诵或默写的方法来检验自己是否已经记住学习内容了 | 1 | 2 | 3 | 4 | 5 |
| 31. 英语学习过程中我经常查阅词典 | 1 | 2 | 3 | 4 | 5 |
| 32. 课外我主动阅读英语报纸、杂志和小说或听英语广播、看英语电视和电影 | 1 | 2 | 3 | 4 | 5 |
| 33. 课外我会用英语与同学或老师对话 | 1 | 2 | 3 | 4 | 5 |
| 34. 我主动地用英语记课堂笔记 | 1 | 2 | 3 | 4 | 5 |
| 35. 我经常通过图书馆的藏书或期刊获得英语学习资源 | 1 | 2 | 3 | 4 | 5 |
| 36. 我能够熟练地利用信息技术在网络上搜集到自己所需要的英语学习资源 | 1 | 2 | 3 | 4 | 5 |
| 37. 我能够利用图书馆等机构提供的电子数据库进行英语学习资源检索 | 1 | 2 | 3 | 4 | 5 |
| 38. 我会利用英语学习网站或应用软件来辅助我的英语学习(例如英语作文批改网站、单词记忆应用软件等) | 1 | 2 | 3 | 4 | 5 |
| 39. 我可以对搜集到的英语学习资源进行筛选、归纳、分类、存储记忆和分析处理 | 1 | 2 | 3 | 4 | 5 |
| 40. 我能够在外界信息输入的基础上形成自己的观点,做出信息的创新 | 1 | 2 | 3 | 4 | 5 |
| 41. 我会将信息分享到多种不同的网络平台 | 1 | 2 | 3 | 4 | 5 |
| 42. 我会综合利用各类信息资源,以恰当的方式进行英语学习 | 1 | 2 | 3 | 4 | 5 |

续表

| 题　　项 | 完全不适合 | 通常不适合 | 有时适合 | 通常适合 | 完全适合 |
|---|---|---|---|---|---|
| 43. 在课堂小组活动中,我积极说英语 | 1 | 2 | 3 | 4 | 5 |
| 44. 遇到不明白的内容,我会在课上或课后合适的时机向老师或同学请教 | 1 | 2 | 3 | 4 | 5 |
| 45. 课后我愿意利用网络平台就英语学习和老师、同学交流分享信息 | 1 | 2 | 3 | 4 | 5 |
| 46. 我喜欢主动和外国人交流 | 1 | 2 | 3 | 4 | 5 |

再次感谢您的合作！如果您愿意接受访谈,请留下您的电话号码：_____。

# 附录 2

# 访 谈 提 纲

## 学生访谈提纲

1. 请您择重点谈一谈您从开始学习英语到入校前的英语学习经历（包括遇到的主要困难和成功经历及相关原因）。

2. 您最常用的英语学习方法和经常进行的英语学习活动有哪些（请按重要性和时间精力投入程度从高到低进行列举，并简要描述各学习活动的时间分配）？

3. 请谈一谈您对英语学习的信念（包括是否认同英语学习的意义，对个人英语学习效果的预期等）；您的沟通合作能力和使用信息技术辅助英语学习的能力；您是否有英语学习的焦虑感。

4. 您对学校现在的英语学习氛围有什么感受？

5. 您觉得学校的英语学分和学时设置是否需要做进一步调整？若需要，建议如何调整？

6. 您对英语课程的教学内容、教学方法、教学要求及教师的素质有哪些评价和建议？

7. 您对提高自身英语水平有哪些想法和计划？

# 教师访谈提纲

1. 请您谈谈本校学生英语学习的现状及主要影响因素。

2. 请您谈谈自己的教学理念和教学方法，教学中遇到的主要问题和拟解决方案。

3. 请您介绍学校对学生英语能力培养的目标及对大学英语的课程定位。

4. 请您介绍学校对大学英语课程的投入力度和发展规划。

5. 请您介绍学院对大学英语课程的课程设置和教学模式。

6. 请您对学校大学英语课程的硬件环境、生源质量、师资力量、教学模式和教学效果、教学管理等做简要评价并提出改进建议。

7. 请您谈谈信息技术应用于大学英语课程后，与传统大学英语教学系统相比带来了哪些变化？对学生的英语学习产生了哪些影响？

8. 请您为本校学生提高英语能力提出一些建议。

# 附录 3

# 学习策略量表

Strategy Inventory for Language Learning
Version 7.0(ESL/EFL)
(c) R. Oxford(1989)

Directions

This form of the STRATEGY INVENTORY FOR LANGUAGE LEARNING(SILL) is for students of English as a second or foreign language. You will find statements about learning English. Please read each statement. On the separate Worksheet, write the response(1,2,3,4 or 5) that tells HOW TRUE OF YOU THE STATEMENT IS.

1. Never or almost never true of me
2. Usually not true of me
3. Somewhat true of me
4. Usually true of me
5. Always or almost always true of me

**NEVER OR ALMOST NEVER TRUE OF ME** means that the statement is <u>very rarely</u> true of you.

USUALLY NOT TRUE OF ME means that the statement is true<u>less than half the time.</u>

SOMEWHAT TRUE OF ME means that the statement is true of you <u>about half the time.</u>

USUALLY TRUE OF ME means that the statement is true <u>more than half the time.</u>

ALWAYS OR ALMOST ALWAYS TRUE OF ME means that the statement is true of you <u>almost always</u>.

Answer in terms of <u>how well the statement describes you</u>. Do not answer how you think you <u>should</u> be, or what <u>other</u> people do. <u>There are no right or wrong answers to these statements</u>. Put your answers on the separate Worksheet. Please make no marks on the items. Work as quickly as you can without being careless. This usually takes about 20–30 minutes to complete. If you have any questions, let the teacher know immediately.

**EXAMPLE**

1. Never or almost never true of me
2. Usually not true of me
3. Somewhat true of me
4. Usually true of me
5. Always or almost always true of me

Read the item, and choose a response (1 through 5 as above), and write it in the space after the item.

I actively seek out opportunities to talk with native speakers of English. _____

You have just completed the example item. Answer the rest of the items on the Worksheet.

## Strategy Inventory for Language Learning
### Version 7.0(ESL/EFL)
### (c) R. Oxford(1989)

1. Never or almost never true of me
2. Usually not true of me
3. Somewhat true of me
4. Usually true of me
5. Always or almost always true of me

(Write answers on the Worksheet)

## Part A

1. I think of relationships between what I already know and new things I learn in English.

2. I use new English words in a sentence so I can remember them.

3. I connect the sound of a new English word and an image or a picture of the word to help me remember the word.

4. I remember a new English word by making a mental picture of a situation in which the word might be used.

5. I use rhymes to remember new English words.

6. I use flashcards to remember new English words.

7. I physically act out new English words.

8. I review English lessons often.

9. I remember new English words or phrases by remembering their location on the page, on the board, or on a street sign.

## Part B

10. I say or write new English words several times.

11. I try to talk like native English speakers.

12. I practice the sounds of English.

13. I use the English words I know in different ways.

14. I start conversations in English.

15. I watch English TV shows spoken in English or go to movies spoken in English.

16. I read for pleasure in English.

17. I write notes, messages, letters, or reports in English.

18. I first skim an English passage (read over the passage quickly) then go back and read carefully.

19. I look for words in my own language that are similar to new words in English.

20. I try to find patterns in English.

21. I find the meaning of an English word by dividing it into parts that I understand.

22. I try not to translate word-for-word.

23. I make summaries of information that I hear or read in English.

Part C

24. To understand unfamiliar English words, I make guesses.

25. When I can't think of a word during a conversation in English, I use gestures.

26. I make up new words if I do not know the right ones in English.

27. I read English without looking up every new word.

28. I try to guess what the other person will say next in English.

29. If I can't think of an English word, I use a word or phrase that means the same thing.

Part D

30. I try to find as many ways as I can to use my English.

31. I notice my English mistakes and use that information to help me do better.

32. I pay attention when someone is speaking English.

33. I try to find out how to be a better learner of English.

34. I plan my schedule so I will have enough time to study English.

35. I look for people I can talk to in English.

36. I look for opportunities to read as much as possible in English.

37. I have clear goals for improving my English skills.

38. I think about my progress in learning English.

Part E

39. I try to relax whenever I feel afraid of using English.

40. I encourage myself to speak English even when I am afraid of making a mistake.

41. I give myself a reward or a treat when I do well in English.

42. I notice if I am tense or nervous when I am studying or using English.

43. I write down my feelings in a language learning diary.

44. I talk to someone else about how I feel when I am learning English.

Part F

45. If I do not understand something in English, I ask the other person to slow down or say it again.

46. I ask English speakers to correct me when I talk.

47. I practice English with other students.

48. I ask for help from English speakers.

49. I ask questions in English.

50. I try to learn about the culture of English speakers.

# 附录 4

# 学习风格量表

**STYLE ANALYSIS SURVEY(SAS):**
Assessing Your Own Learning
And Working Styles
Rebecca L. Oxford(1993)

**Purpose:** The SAS is designed to assess your general approach to learning and working. It does not predict your behavior in every instance, but it is a clear indication of your overall style preferences.

**Instructions:** For each item, circle the response that represents your approach. Complete all items. There are five major activities representing five different aspects of your learning and working style. At the end you will find a self-scoring key and an interpretation of the results.

**Timing:** It generally takes about 30 minutes to complete the SAS. Do not spend too much time on any item. Indicate your immediate response and move on to the next item.

For each item, circle your immediate response:

0 = Never, 1 = Sometimes, 2 = Very Often, 3 = Always

**ACTIVITY 1: HOW I USE MY PHYSICAL SENSES TO STUDY OR WORK**

1. I remember something better if I write it down. 0 1 2 3

2. I take lots of notes. 0 1 2 3

3. I can visualize pictures, numbers, or words in my head. 0 1 2 3

4. I prefer to learn with video or TV more than with other media. 0 1 2 3

5. I underline or highlight the important parts I read. 0 1 2 3

6. I use color-coding to help me as I learn or work. 0 1 2 3

7. I need written directions for tasks. 0 1 2 3

8. I get distracted by background noises. 0 1 2 3

9. I have to look at people to understand what they say. 0 1 2 3

10. I am more comfortable when the walls where I study or work have posters or pictures. 0 1 2 3

11. I remember things better if I discuss them out loud. 0 1 2 3

12. I prefer to learn by listening to a lecture or a tape, rather than by reading. 0 1 2 3

13. I need oral directions for tasks. 0 1 2 3

14. Background sounds help me think. 0 1 2 3

15. I like to listen to music when I study or work. 0 1 2 3

16. I can easily understand what people say even if I can't see them. 0 1 2 3

17. I remember better what people say than what they look like. 0 1 2 3

18. I easily remember jokes I hear. 0 1 2 3

19. I can identify people by their voices. 0 1 2 3

20. When I turn on the TV, I listen to the sound more than watching the screen. 0 1 2 3

21. I'd rather just start doing things rather than pay attention to directions. 0 1 2 3

22. I need frequent breaks when I work or study. 0 1 2 3

23. I move my lips when I read silently. 0 1 2 3

24. I avoid sitting at a desk when I don't have to. 0 1 2 3

25. I get nervous when I sit still too long. 0 1 2 3

26. I think better when I can move around. 0 1 2 3

27. Manipulating objects helps me to remember. 0 1 2 3
28. I enjoy building or making things. 0 1 2 3
29. I like a lot of physical activities. 0 1 2 3
30. I enjoy collecting cards, stamps, coins or other things. 0 1 2 3

**ACTIVITY 2: HOW I DEAL WITH PEOPLE**
1. I prefer to work or study with others. 0 1 2 3
2. I make new friends easily. 0 1 2 3
3. I like to be in groups of people. 0 1 2 3
4. It is easy for me to talk to strangers. 0 1 2 3
5. I keep up with personal news about other people. 0 1 2 3
6. I like to stay late at parties. 0 1 2 3
7. Interactions with new people give me energy. 0 1 2 3
8. I remember people's names easily. 0 1 2 3
9. I have many friends and acquaintances. 0 1 2 3
10. Wherever I go, I develop personal contacts. 0 1 2 3
11. I prefer to work alone or study alone. 0 1 2 3
12. I am rather shy. 0 1 2 3
13. I prefer individual hobbies and sports. 0 1 2 3
14. It is hard for most people to get to know me. 0 1 2 3
15. People view me as more detached than sociable. 0 1 2 3
16. In a large group, I tend to keep silent. 0 1 2 3
17. Gatherings with lots of people tend to stress me. 0 1 2 3
18. I get nervous when dealing with new people. 0 1 2 3
19. I avoid parties if I can. 0 1 2 3
20. Remembering names is difficult for me. 0 1 2 3

**ACTIVITY 3: HOW I HANDLE POSSIBILITIES**
1. I have a vivid imagination. 0 1 2 3
2. I like to think of lots of new ideas. 0 1 2 3
3. I can think of many different solutions to a problem. 0 1 2 3
4. I like multiple possiblities and options. 0 1 2 3

5. I enjoy considering the future events. 0 1 2 3

6. Following a step-by-step procedure bores me. 0 1 2 3

7. I like to discover things rather than have everything explained. 0 1 2 3

8. I consider myself original. 0 1 2 3

9. I am an ingenious person. 0 1 2 3

10. It feels fine if the teacher or boss changes the plan. 0 1 2 3

11. I am proud of being practical. 0 1 2 3

12. I behave in a down-to-earth way. 0 1 2 3

13. I am attracted to sensible people. 0 1 2 3

14. I prefer realism instead of new, untested ideas. 0 1 2 3

15. I prefer things presented in a step-by-step way. 0 1 2 3

16. I want a class or a work session to follow a clear plan. 0 1 2 3

17. I like concrete facts, not speculation. 0 1 2 3

18. Finding hidden meanings is frustrating or irrelevant to me. 0 1 2 3

19. I prefer to avoid too many options. 0 1 2 3

20. I feel it is useless for me to think about the future. 0 1 2 3

### ACTIVITY 4: HOW I APPROACH TASKS

1. I reach decisions quickly. 0 1 2 3

2. I am an organized person. 0 1 2 3

3. I make lists of things I need to do. 0 1 2 3

4. I consult my lists in order to get things done. 0 1 2 3

5. Messy, unorganized environments make me nervous. 0 1 2 3

6. I start tasks on time or early. 0 1 2 3

7. I get to places on time. 0 1 2 3

8. Deadlines help me organize work. 0 1 2 3

9. I enjoy a sense of structure. 0 1 2 3

10. I follow through with what I have planned. 0 1 2 3

11. I am a spontaneous person. 0 1 2 3

12. I like to just let things happen, not plan them. 0 1 2 3

13. I feel uncomfortable with a lot of structure. 0 1 2 3

14. I put off decisions as long as I can. 0 1 2 3
15. I have a messy desk or a room. 0 1 2 3
16. I believe deadlines are artificial or useless. 0 1 2 3
17. I keep an open mind about things. 0 1 2 3
18. I believe that enjoying myself is the most important thing. 0 1 2 3
19. Lists of tasks make me feel tired or upset. 0 1 2 3
20. I feel fine about changing my mind. 0 1 2 3

**ACTIVITY 5: HOW I DEAL WITH IDEAS**

1. I prefer simple answers rather than a lot of explanations. 0 1 2 3
2. Too many details tend to confuse me. 0 1 2 3
3. I ignore details that do not seem relevant. 0 1 2 3
4. It is easy for me to see the overall plan or big picture. 0 1 2 3
5. I can summarize information rather easily. 0 1 2 3
6. It is easy for me to paraphrase what other people say. 0 1 2 3
7. I see the main point very quickly. 0 1 2 3
8. I am satisfied with knowing the major ideas without the details. 0 1 2 3
9. I can pull together(synthesize) things easily. 0 1 2 3
10. When I make an outline, I write down only the key points. 0 1 2 3
11. I prefer detailed answers instead of short answers. 0 1 2 3
12. It is difficult for me to summarize detailed information. 0 1 2 3
13. I focus on specific facts or information. 0 1 2 3
14. I enjoy breaking general ideas down into smaller pieces. 0 1 2 3
15. I prefer looking for differences rather than similarities. 0 1 2 3
16. I use logical analysis to solve problems. 0 1 2 3
17. My written outlines contain many details. 0 1 2 3
18. I become nervous when only the main ideas are presented. 0 1 2 3
19. I focus on the details rather than the big picture. 0 1 2 3
20. When I tell a story or explain something, it takes a long time. 0 1 2 3

# 附录 5

# 思辨能力测试案例

Tong S T, 2007. *Course book of business case analyses* [M]. Hong Kong: Language Center of Hong Kong University of Science and Technology.

Erica Lee worked for the Auditing Section of the Hong Kong branch of a large international accounting firm. She joined the company four years ago after graduating with a BBA degree majoring in Accounting from the Hong Kong University of Science and Technology. Since joining the firm, Erica had earned two promotions for her outstanding work performance. In the past two years, she had travelled frequently to the mainland to conduct audits for a number of PRC-based Hong Kong companies. A fluent speaker of Putonghua and keen traveler to different provinces and cities in China, Erica considered herself an "old hand" at auditing in China, and prided herself on the excellent rapport she had built up with her Chinese clients.

Erica was now on one of her auditing trips, this time in Hangzhou. It was the evening of her third day in Hangzhou, and for once she found herself facing a problem. That was the first time she had conducted an audit for West Lake Trading Company. She only found out about the assignment two weeks ago, as the colleague who had been auditing the company for the last three years, **Joe Chiang**, decided to resign from his job.

That afternoon, she had a brief meeting with the General Manager of West Lake, **Mr. Zhou Bei.** At the meeting Mr. Zhou hinted that he was unhappy with Erica's insistence that the company produce documents that Joe had never requested. Mr. Zhou said that it had taken his staff hours of work to track down those documents. In Mr. Zhou's opinion, the extra work was unnecessary, and more seriously and importantly, would dampen the goodwill and mutual trust established between the company and the accounting firm. Towards the end of the conversation, Mr. Zhou also hinted that he would be reporting his dissatisfaction to Erica's supervisor, and would be seeking her advice. He might, furthermore, consider using a different accounting firm in the coming year.

Erica found herself in a difficult position. She had been a top accounting student at university, and so far everything indicated that she had bright career ahead of her in the auditing profession. She knew that was due to her major strengths—she was both conscientious and meticulous. Erica had heard from colleagues that her predecessor, Joe Chiang, had often taken a different, much more relaxed, approach to his work.

Is she ready to compromise on her own work style and principles? How will this incident affect her standing, and her prospects for eventual promotion in her firm? What alternatives does she have in terms of the actions that she should take? If you were Erica Lee, what would you do?

# 附录 6

# 创新能力测试量表

The Conference Board of Canada, 2013. *General Innovation Skills Aptitude Test* 2.0. Retrieved from http://www.conferenceboard.ca/cbi/gisat2.aspx.

## GENERAL INNOVATION SKILLS APTITUDE TEST2.0

### Chart A1— General Innovation Skills Assessment: Pillar 1

| SELF-ASSESSMENT | | | | | For each column (Self and Job Assessments) select the most appropriate measure (1–5) | JOB-ASSESSMENT | | | | |
|---|---|---|---|---|---|---|---|---|---|---|
| Degree to which YOU demonstrate the skill, attitude, or behaviour | | | | | **Pillar 1 (P1): Generating Ideas** | Importance of the skill, attitude, or behaviour to YOUR job | | | | |
| Low ⟶ High | | | | | Creativity, Problem-Solving, and Continuous Improvement Skills | Low ⟶ High | | | | |
| | | | | | **Act and Contribute** | | | | | |
| 1 | 2 | 3 | 4 | 5 | You look for new ways to create value in products, processes, services | 1 | 2 | 3 | 4 | 5 |
| 1 | 2 | 3 | 4 | 5 | You are good at identifying problems and potential solutions | 1 | 2 | 3 | 4 | 5 |
| 1 | 2 | 3 | 4 | 5 | You question assumptions and recognize opportunities for change | 1 | 2 | 3 | 4 | 5 |
| 1 | 2 | 3 | 4 | 5 | You like to seek different points of view | 1 | 2 | 3 | 4 | 5 |
| 1 | 2 | 3 | 4 | 5 | You are adaptable and flexible | 1 | 2 | 3 | 4 | 5 |
| 1 | 2 | 3 | 4 | 5 | You like to rethink the way things are done | 1 | 2 | 3 | 4 | 5 |
| 1 | 2 | 3 | 4 | 5 | You approach challenges creatively | 1 | 2 | 3 | 4 | 5 |
| 1 | 2 | 3 | 4 | 5 | You look for surprising connections | 1 | 2 | 3 | 4 | 5 |
| 1 | 2 | 3 | 4 | 5 | You put forward your own ideas with confidence | 1 | 2 | 3 | 4 | 5 |
| 1 | 2 | 3 | 4 | 5 | You like to suggest alternative ways to achieve goals | 1 | 2 | 3 | 4 | 5 |
| 1 | 2 | 3 | 4 | 5 | You evaluate solutions in order to make recommendations or decisions | 1 | 2 | 3 | 4 | 5 |
| | | | | | **Manage and Support Others** | | | | | |
| 1 | 2 | 3 | 4 | 5 | You trust other people's ideas and actions | 1 | 2 | 3 | 4 | 5 |
| 1 | 2 | 3 | 4 | 5 | You nurture and promote creativity and inventiveness | 1 | 2 | 3 | 4 | 5 |
| 1 | 2 | 3 | 4 | 5 | You like to question and challenge the way things operate | 1 | 2 | 3 | 4 | 5 |
| 1 | 2 | 3 | 4 | 5 | You have a vision of where you (and your organization) want to go | 1 | 2 | 3 | 4 | 5 |
| 1 | 2 | 3 | 4 | 5 | You are open to new ideas and different ways of doing things | 1 | 2 | 3 | 4 | 5 |
| 1 | 2 | 3 | 4 | 5 | You like to keep track of your success and failures to find ways to improve | 1 | 2 | 3 | 4 | 5 |
| 1 | 2 | 3 | 4 | 5 | You recognize and reward original ideas and ideas for improvement | 1 | 2 | 3 | 4 | 5 |
| __ __ __ __ | | | | | Pillar 1 Column Totals: | __ __ __ __ | | | | |
| **Self-Assessment Total:** Pillar 1 Score (    ) | | | | | **YOUR TOTAL (Pillar 1) SCORES** Total score: (add column totals) (min. 18 pts. – max. 90 pts.) | **Job-Assessment Total:** Pillar 1 Score (    ) | | | | |

**GAP ANALYSIS**
Gap: (Self-Assessment Total – Job-Assessment Total)
**Pillar 1 GAP = (    )**

**GENERAL INNOVATION SKILLS APTITUDE TEST2.0**

## Chart A2— General Innovation Skills Assessment: Pillar 2

| SELF-ASSESSMENT | ← For each column (Self and Job Assessments) select the most appropriate measure (1–5) → | JOB-ASSESSMENT |
|---|---|---|
| Degree to which YOU demonstrate the skill, attitude, or behaviour | **Pillar 2 (P2): Taking Calculated Risks and Being Entrepreneurial** | Importance of the skill, attitude, or behaviour to YOUR job |

| Low → High | Risk Assessment and Risk-Taking Skills | Low → High |
|---|---|---|
| | **Act and Contribute** | |
| 1  2  3  4  5 | You are comfortable pursuing new opportunities | 1  2  3  4  5 |
| 1  2  3  4  5 | You are able to identify, quantify and qualify a risk | 1  2  3  4  5 |
| 1  2  3  4  5 | You are comfortable taking appropriate risks | 1  2  3  4  5 |
| 1  2  3  4  5 | You identify, control, and avoid dangers and threats | 1  2  3  4  5 |
| 1  2  3  4  5 | You stay focused on what you are trying to achieve when suggesting alternative ways to get a job done | 1  2  3  4  5 |
| 1  2  3  4  5 | You can see your risk-taking paying off | 1  2  3  4  5 |
| 1  2  3  4  5 | You learn from your experiences and are not afraid to make mistakes | 1  2  3  4  5 |
| 1  2  3  4  5 | You are willing to experiment with new ideas | 1  2  3  4  5 |
| 1  2  3  4  5 | You can commit to an action without knowing every outcome or consequence | 1  2  3  4  5 |
| 1  2  3  4  5 | You have the confidence to apply your skills in new and unfamiliar situations | 1  2  3  4  5 |
| | **Manage and Support Others** | |
| 1  2  3  4  5 | You encourage individuals and teams to bring forward new ideas | 1  2  3  4  5 |
| 1  2  3  4  5 | You support risk by monitoring and evaluating decisions and actions | 1  2  3  4  5 |
| 1  2  3  4  5 | You are resilient in the face of setbacks, mistakes, and potential mistakes | 1  2  3  4  5 |
| 1  2  3  4  5 | You do not penalize unforeseeable mistakes | 1  2  3  4  5 |
| 1  2  3  4  5 | You are accepting of failures and willing to learn from them | 1  2  3  4  5 |
| 1  2  3  4  5 | You recognize and reward the pursuit of new opportunities | 1  2  3  4  5 |
| __ __ __ __ __ | Pillar 2 Column Totals: | __ __ __ __ __ |
| **Self-Assessment Total:** Pillar 2 Score (   ) | ← **YOUR TOTAL (Pillar 2) SCORES** Total score: (add column totals) (min. 16 pts. – max. 80 pts.) → | **Job-Assessment Total:** Pillar 2 Score (   ) |

**GAP ANALYSIS**
Gap: (Self-Assessment Total – Job-Assessment Total)
**Pillar 2 GAP = (   )**

## GENERAL INNOVATION SKILLS APTITUDE TEST2.0

### Chart A3— General Innovation Skills Assessment: Pillar 3

**SELF-ASSESSMENT** ← For each column (Self and Job Assessments) select the most appropriate measure (1–5) → **JOB-ASSESSMENT**

*Degree to which YOU demonstrate the skill, attitude, or behaviour*

**Pillar 3 (P3): Developing & Maintaining Interpersonal Relationships**

*Importance of the skill, attitude, or behaviour to YOUR job*

| Self (Low → High) | Relationship-Building and Communication Skills | Job (Low → High) |
|---|---|---|
| | **Act and Contribute** | |
| 1 2 3 4 5 | You engage others to make use of their skills, knowledge, and abilities | 1 2 3 4 5 |
| 1 2 3 4 5 | You build and maintain relationships inside and outside of your organization, and with people from diverse backgrounds | 1 2 3 4 5 |
| 1 2 3 4 5 | You recognize that relationships are reciprocal | 1 2 3 4 5 |
| 1 2 3 4 5 | You understand and work within the dynamics of a group | 1 2 3 4 5 |
| 1 2 3 4 5 | You share information and expertise inside your organization and among your business partners | 1 2 3 4 5 |
| 1 2 3 4 5 | You respect and support the ideas, approaches, and contributions of others | 1 2 3 4 5 |
| 1 2 3 4 5 | You listen to and value diverse opinions and perspectives | 1 2 3 4 5 |
| 1 2 3 4 5 | You accept and provide feedback and guidance in a constructive manner | 1 2 3 4 5 |
| 1 2 3 4 5 | You are able to overcome barriers among people that may impede results | 1 2 3 4 5 |
| | **Manage and Support Others** | |
| 1 2 3 4 5 | You encourage, mentor, and coach others to share ideas and speak freely | 1 2 3 4 5 |
| 1 2 3 4 5 | You involve others by delegating responsibility and supporting their efforts | 1 2 3 4 5 |
| 1 2 3 4 5 | You make it easy for people to collaborate and deliver new solutions | 1 2 3 4 5 |
| 1 2 3 4 5 | You allocate resources for networking and the sharing of ideas and skills | 1 2 3 4 5 |
| 1 2 3 4 5 | You promote personal development in others | 1 2 3 4 5 |
| 1 2 3 4 5 | You provide guidance, honest praise and constructive feedback | 1 2 3 4 5 |
| 1 2 3 4 5 | You recognize and reward the success of individuals and teams | 1 2 3 4 5 |
| __ __ __ __ | Pillar 3 Column Totals: | __ __ __ __ |
| **Self-Assessment Total: Pillar 3 Score (   )** | **YOUR TOTAL (Pillar 3) SCORES** Total score: (add column totals) (min. 16 pts. – max. 80 pts.) | **Job-Assessment Total: Pillar 3 Score (   )** |

**GAP ANALYSIS**

Gap: (Self-Assessment Total – Job-Assessment Total)

**Pillar 3 GAP = (   )**

## GENERAL INNOVATION SKILLS APTITUDE TEST2.0

### Chart A4— General Innovation Skills Assessment: Pillar 4

**SELF-ASSESSMENT** ← For each column (Self and Job Assessments) select the most appropriate measure (1–5) → **JOB-ASSESSMENT**

Degree to which YOU demonstrate the skill, attitude, or behaviour

**Pillar 4 (P4): Turning Ideas Into Products, Processes, and Services**

Importance of the skill, attitude, or behaviour to YOUR job

| Self (Low → High) | Implementation Skills | Job (Low → High) |
|---|---|---|
| 1 2 3 4 5 | **Act and Contribute** | 1 2 3 4 5 |
| 1 2 3 4 5 | You set realistic goals and priorities | 1 2 3 4 5 |
| 1 2 3 4 5 | You access and apply knowledge and skills from inside and outside your organization | 1 2 3 4 5 |
| 1 2 3 4 5 | You exercise ingenuity when devising, planning and implementing solutions | 1 2 3 4 5 |
| 1 2 3 4 5 | You plan for contingencies and are ready with alternative strategies | 1 2 3 4 5 |
| 1 2 3 4 5 | You adapt to changing requirements | 1 2 3 4 5 |
| 1 2 3 4 5 | You use the right tools and technologies to complete tasks and projects | 1 2 3 4 5 |
| 1 2 3 4 5 | You are tenacious—you show initiative and committment | 1 2 3 4 5 |
| 1 2 3 4 5 | You accept feedback and are willing to learn from your mistakes | 1 2 3 4 5 |
| 1 2 3 4 5 | You check to see if a solution works and act on opportunities for improvement | 1 2 3 4 5 |
| 1 2 3 4 5 | You use metrics to measure and show the value of a solution | 1 2 3 4 5 |
| 1 2 3 4 5 | You are accountable for what you and your group do | 1 2 3 4 5 |
| 1 2 3 4 5 | **Manage and Support Others** | 1 2 3 4 5 |
| 1 2 3 4 5 | You adopt and promote a "can do" attitude | 1 2 3 4 5 |
| 1 2 3 4 5 | You understand how change affects the performance of your organization | 1 2 3 4 5 |
| 1 2 3 4 5 | You are proactive in leading and responding to change | 1 2 3 4 5 |
| 1 2 3 4 5 | You empower others to make decisions | 1 2 3 4 5 |
| 1 2 3 4 5 | You are tolerant of mistakes when trying out new ideas | 1 2 3 4 5 |
| 1 2 3 4 5 | You value, support, and reward initiative | 1 2 3 4 5 |
| 1 2 3 4 5 | You make change visible by highlighting new/improved products, services, processes, strategies and capabilities | 1 2 3 4 5 |
| 1 2 3 4 5 | You measure the impacts of a solution on performance, productivity and financial results | 1 2 3 4 5 |

Pillar 4 Column Totals:

**Self-Assessment Total:** ← **YOUR TOTAL (Pillar 4) SCORES** → **Job-Assessment Total:**
**Pillar 4 Score ( )** Total score: (add column totals) (min. 19 pts. – max. 95 pts.) **Pillar 4 Score ( )**

**GAP ANALYSIS**
Gap: (Self-Assessment Total – Job-Assessment Total)

**Pillar 4 GAP = ( )**

# 附录 7

# 跨文化交际能力量表[1]

(1) 语言能力

① 和来自不同文化的人们交流时,我感觉在英语听力方面有困难。

② 我听力方面的困难在于对方语速太快,我反应不过来。

③ 我听力方面的困难在于对方语音有口音,有些音我听不清楚。

④ 和来自不同文化的人们交流时,我感觉自己的英语口语能够清楚地表达自己的意图。

⑤ 和来自不同文化的人们交流时,我感觉自己能够通过英语口语得体、礼貌地表达自己。

⑥ 和来自不同文化的人们交流时,我感觉在英语口语方面有困难。

⑦ 我口语方面的困难在于不会通过语音语调的变化来表达自己的意思。

⑧ 我口语方面的困难在于表达时结结巴巴,连贯性不好。

⑨ 我口语方面的困难在于只知道相关单词,但是连词成句有障碍,语言组织能力弱。

⑩ 我口语方面的困难在于会犯很多语法错误。

⑪ 我口语方面的困难在于只会粗略地描述一件事情或者表达自己的观

---

[1] 钟华,白谦慧,樊葳葳,2013.中国大学生跨文化交际能力自测量表构建的先导研究[J]. 外语界(3):47-56.

点,而不会详细描述细节。

⑫ 我口语方面的困难在于不会使用委婉语来表达一些比较忌讳的东西。

⑬ 我口语方面的困难在于不会用英语向对方解释中国特有的事情,如中国的风土人情等。

(2) 社会语言能力

⑭ 和来自不同文化的人们交流时,我能够根据交际情景的不同调整自己的说话方式。

⑮ 和来自不同文化的人们交流时,我能够根据交际场合的不同调整自己的说话方式。

⑯ 和来自不同文化的人们交流时,我能够根据对方的年龄因素调整自己的说话方式。

⑰ 和来自不同文化的人们交流时,我能够根据对方的性别调整自己的说话方式。

⑱ 和来自不同文化的人们交流时,我能够根据对方的身份和地位调整自己的说话方式。

⑲ 和来自不同文化的人们交流时,我能够根据自己与对方之间的亲密程度调整自己的说话方式。

(3) 语篇能力

⑳ 和来自不同文化的人们交流时,我能够得体、自然地和对方开始交谈。

㉑ 和来自不同文化的人们交流时,我能够使谈话顺畅地继续下去。

㉒ 和来自不同文化的人们交流时,我能够选择合适的话题。

㉓ 和来自不同文化的人们交流时,我能够得体、自然地结束交谈。

㉔ 和来自不同文化的人们交流时,我不常使用如 and、but、however 等连接词。

㉕ 和来自不同文化的人们交流时,我不常使用代词等语义连贯语。

㉖ 和来自不同文化的人们交流时,我常常感觉自己说话没有逻辑性。

(4) 策略能力

㉗ 和来自不同文化的人们交流时,我遇到表达不出的语言时会保持沉默。

㉘ 和来自不同文化的人们交流时,我遇到表达不出的语言时会回避该

话题。

㉙ 和来自不同文化的人们交流时，我遇到表达不出的词汇时会选用意义类似的词来代替。

㉚ 和来自不同文化的人们交流时，我遇到表达不出的词汇时会用一个长句子来解释。

㉛ 和来自不同文化的人们交流时，我遇到表达不出的语言时有时甚至会不自觉地说汉语。

㉜ 和来自不同文化的人们交流时，我会使用如 you know、well 等会话填补语来赢得思考时间。

㉝ 和来自不同文化的人们交流时，我在遇到交际困难时会向对方发出不理解的信号，如"I beg your pardon?"等，让对方重复或者重新组织话语。

㉞ 和来自不同文化的人们交流时，我会用疑问语气重复对方的话语，暗示自己在理解方面有困难。

（5）跨文化知识

㉟ 和来自不同文化的人们交流时，我了解对方文化的风俗习惯。

㊱ 和来自不同文化的人们交流时，我感觉对对方文化的生活方式不了解。

㊲ 和来自不同文化的人们交流时，我了解对方文化当前的重要事件和热门事件。

㊳ 和来自不同文化的人们交流时，我会注意自己的着装和形象。

㊴ 和来自不同文化的人们交流时，我了解对方文化中的合适体距。

㊵ 和来自不同文化的人们交流时，我了解对方文化的时间观念。

㊶ 和来自不同文化的人们交流时，我感觉对对方文化的历史事件和历史人物不了解。

㊷ 和来自不同文化的人们交流时，我了解对方文化的地理状况。

㊸ 和来自不同文化的人们交流时，我感觉对对方文化的文学作品和重要作家不了解。

㊹ 和来自不同文化的人们交流时，我感觉对对方文化的重要音乐作品和音乐人物不了解。

㊺ 和来自不同文化的人们交流时，我感觉对对方文化的政治不了解。

㊻ 和来自不同文化的人们交流时，我感觉对对方文化的禁忌不了解。

㊼ 和来自不同文化的人们交流时，我感觉对对方文化的价值观念不

了解。

(6) 跨文化态度

㊽ 我对不同国家的生活方式和价值观念很感兴趣,很愿意与来自不同文化的人们进行交流。

㊾ 我喜欢主动和来自不同文化的人们交流。

㊿ 如果来自不同文化的人们主动和我交流,我能积极回应。

㉛ 我不自信,因此我不敢和来自不同文化的人们交流。

㉜ 和来自不同文化的人们交流时,我能够和他们敞开心扉地交流。

㉝ 和来自不同文化的人们交流时,如果对方的观点和我的不一样,我能尊重对方的观点。

㉞ 和来自不同文化的人们交流时,我往往不轻易下结论。

㉟ 和来自不同文化的人们交流时,我能设身处地为对方着想。

(7) 跨文化意识

㊱ 和来自不同文化的人们交流时,我善于观察彼此之间的文化差异。

㊲ 和来自不同文化的人们交流时,我对对方文化的宗教信仰不理解,更不会接受。

㊳ 和来自不同文化的人们交流时,我对对方文化的某些价值观念不理解,更不会接受。

(8) 跨文化技能

㊴ 和来自不同文化的人们交流时,我能和对方融洽相处。

㊵ 和来自不同文化的人们交流时,我感觉难以应对文化差异引起的交际冲突。

㊶ 和来自不同文化的人们交流时,我感觉难以根据双方文化背景来灵活调整自己的交际行为。

㊷ 和来自不同文化的人们交流时,我不会主动解释发生的误会。

㊸ 和来自不同文化的人们交流时,我能应对各种社会情景和人际关系。

# 附录 8

# 方差分析数据报表

## 一、基于高校专业类型的方差分析报表

以下为以学生生态位主要影响因子或大学英语四级考试成绩为因变量，以高校专业类型为自变量所做的单因素单变量方差分析数据报表。理工类高校编码为 1，师范类高校编码为 2，综合类高校编码为 3。

（1）沟通合作能力

**附表 8-1　误差方差等同性的 Levene 检验[a]**

因变量：沟通合作能力

| F | df1 | df2 | Sig. |
|---|---|---|---|
| 0.358 | 2 | 995 | 0.699 |

检验零假设，即在所有组中因变量的误差方差均相等。

a. 设计：截距＋高校类型

**附表 8-2  主体间效应的检验**

因变量：沟通合作能力

| 源 | Ⅲ型平方和 | df | 均方 | F | Sig. | 偏 Eta 方 | 非中心参数 | 观测到的幂[b] |
|---|---|---|---|---|---|---|---|---|
| 校正模型 | 8.156[a] | 2 | 4.078 | 10.099 | 0.000 | 0.020 | 20.197 | 0.986 |
| 截距 | 7 877.117 | 1 | 7 877.117 | 19 507.069 | 0.000 | 0.951 | 19 507.069 | 1.000 |
| 高校类型 | 8.156 | 2 | 4.078 | 10.099 | 0.000 | 0.020 | 20.197 | 0.986 |
| 误差 | 401.789 | 995 | 0.404 | | | | | |
| 总计 | 8 331.270 | 998 | | | | | | |
| 校正的总计 | 409.945 | 997 | | | | | | |

a. R 方＝0.020（调整 R 方＝0.018）
b. 使用 alpha 的计算结果＝0.05

**附表 8-3  多个比较**

因变量：沟通合作能力

| | 高校类型(I) | 高校类型(J) | 均值差值(I−J) | 标准误差 | Sig. | 95％置信区间 下限 | 95％置信区间 上限 | 事后比较 |
|---|---|---|---|---|---|---|---|---|
| Scheffe | 1 | 2 | −0.222 6* | 0.049 63 | 0.000 | −0.344 3 | −0.101 0 | 1＜2；1＜3 |
| | | 3 | −0.129 0* | 0.049 90 | 0.036 | −0.251 3 | −0.006 6 | |
| | 2 | 1 | 0.222 6* | 0.049 63 | 0.000 | 0.101 0 | 0.344 3 | |
| | | 3 | 0.093 7 | 0.048 46 | 0.155 | −0.025 1 | 0.212 5 | |
| | 3 | 1 | 0.129 0* | 0.049 90 | 0.036 | 0.006 6 | 0.251 3 | |
| | | 2 | −0.093 7 | 0.048 46 | 0.155 | −0.212 5 | 0.025 1 | |

基于观测到的均值。
误差项为均值方（错误）＝0.404。
*. 均值差值在 0.05 级别上较显著。

事后比较结果说明，理工类高校在沟通合作能力因子上显著落后于师范类高校和综合类高校。关联强度系数为 1.8％，属于微弱关系。

(2) 信息素养

**附表 8-4 误差方差等同性的 Levene 检验[a]**

因变量:信息素养

| F | df1 | df2 | Sig. |
|---|---|---|---|
| 0.243 | 2 | 995 | 0.785 |

检验零假设,即在所有组中因变量的误差方差均相等。
a. 设计:截距＋高校类型

**附表 8-5 主体间效应的检验**

因变量:信息素养

| 源 | Ⅲ型平方和 | df | 均方 | F | Sig. | 偏 Eta 方 | 非中心参数 | 观测到的幂[b] |
|---|---|---|---|---|---|---|---|---|
| 校正模型 | 1.659[a] | 2 | 0.830 | 2.123 | 0.120 | 0.004 | 4.247 | 0.437 |
| 截距 | 9 274.150 | 1 | 9 274.150 | 23 736.678 | 0.000 | 0.960 | 23 736.678 | 1.000 |
| 高校类型 | 1.659 | 2 | 0.830 | 2.123 | 0.120 | 0.004 | 4.247 | 0.437 |
| 误差 | 388.756 | 995 | 0.391 | | | | | |
| 总计 | 9 698.636 | 998 | | | | | | |
| 校正的总计 | 390.415 | 997 | | | | | | |

a. R 方＝0.004(调整 R 方＝0.002)
b. 使用 alpha 的计算结果＝0.05

主体间效应的检验 F 值未达到显著性水平($p>0.05$),说明不同类型高校在信息素养因子上没有显著差异。

(3) 元认知策略能力

**附表 8-6 误差方差等同性的 Levene 检验[a]**

因变量:元认知策略能力

| F | df1 | df2 | Sig. |
|---|---|---|---|
| 0.255 | 2 | 995 | 0.775 |

检验零假设,即在所有组中因变量的误差方差均相等。
a. 设计:截距＋高校类型

**附表 8-7　主体间效应的检验**

因变量:元认知策略能力

| 源 | Ⅲ型平方和 | df | 均方 | F | Sig. | 偏 Eta 方 | 非中心参数 | 观测到的幂b |
|---|---|---|---|---|---|---|---|---|
| 校正模型 | 5.128a | 2 | 2.564 | 6.489 | 0.002 | 0.013 | 12.979 | 0.907 |
| 截距 | 10 338.159 | 1 | 10 338.159 | 26 167.758 | 0.000 | 0.963 | 26 167.758 | 1.000 |
| 高校类型 | 5.128 | 2 | 2.564 | 6.489 | 0.002 | 0.013 | 12.979 | 0.907 |
| 误差 | 393.097 | 995 | 0.395 | | | | | |
| 总计 | 10 783.805 | 998 | | | | | | |
| 校正的总计 | 398.225 | 997 | | | | | | |

a. R 方=0.013(调整 R 方=0.011)
b. 使用 alpha 的计算结果=0.05

**附表 8-8　多个比较**

因变量:元认知策略能力

| | 高校类型(I) | 高校类型(J) | 均值差值(I-J) | 标准误差 | Sig. | 95%置信区间 | | 事后比较 |
|---|---|---|---|---|---|---|---|---|
| | | | | | | 下限 | 上限 | |
| Scheffe | 1 | 2 | −0.176 7* | 0.049 09 | 0.002 | −0.297 1 | −0.056 4 | 1<2 |
| | | 3 | −0.087 6 | 0.049 36 | 0.207 | −0.208 6 | 0.033 4 | |
| | 2 | 1 | 0.176 7* | 0.049 09 | 0.002 | 0.056 4 | 0.297 1 | |
| | | 3 | 0.089 1 | 0.047 93 | 0.178 | −0.028 4 | 0.206 6 | |
| | 3 | 1 | 0.087 6 | 0.049 36 | 0.207 | −0.033 4 | 0.208 6 | |
| | | 2 | −0.089 1 | 0.047 93 | 0.178 | −0.206 6 | 0.028 4 | |

基于观测到的均值。误差项为均值方(错误)=0.395。
*. 均值差值在 0.05 级别上较显著。

事后比较结果说明,理工类高校在元认知策略因子上显著落后于师范类高校。关联强度系数为 1.1%,属于微弱关系。

（4）学习兴趣

**附表 8-9　误差方差等同性的 Levene 检验[a]**

因变量：学习兴趣

| F | df1 | df2 | Sig. |
|---|---|---|---|
| 3.157 | 2 | 995 | 3.157 |

检验零假设，即在所有组中因变量的误差方差均相等。
a. 设计：截距＋高校类型

**附表 8-10　主体间效应的检验**

因变量：学习兴趣

| 源 | Ⅲ型平方和 | df | 均方 | F | Sig. | 偏 Eta 方 | 非中心参数 | 观测到的幂[b] |
|---|---|---|---|---|---|---|---|---|
| 校正模型 | 3.310[a] | 2 | 1.655 | 3.506 | 0.030 | 0.007 | 7.012 | 0.655 |
| 截距 | 11 606.807 | 1 | 11 606.807 | 24 591.541 | 0.000 | 0.961 | 24 591.541 | 1.000 |
| 高校类型 | 3.310 | 2 | 1.655 | 3.506 | 0.030 | 0.007 | 7.012 | 0.655 |
| 误差 | 469.624 | 995 | 0.472 | | | | | |
| 总计 | 12 126.169 | 998 | | | | | | |
| 校正的总计 | 472.934 | 997 | | | | | | |

a. R 方＝0.007（调整 R 方＝0.005）
b. 使用 alpha 的计算结果＝0.05

**附表 8-11　多个比较**

因变量：学习兴趣

| 高校类型(I) | 高校类型(J) | Tamhane | | | | | 事后比较 |
|---|---|---|---|---|---|---|---|
| | | 均值差值(I−J) | 标准误差 | Sig. | 95％置信区间 | | |
| | | | | | 下限 | 上限 | |
| 1 | 2 | −0.12 | 0.055 | 0.101 | −0.25 | 0.02 | 1<3 |
| | 3 | −0.16* | 0.059 | 0.018 | −0.30 | −0.02 | |
| 2 | 1 | 0.12 | 0.055 | 0.101 | −0.02 | 0.25 | |
| | 3 | −0.05 | 0.057 | 0.800 | −0.18 | 0.09 | |
| 3 | 1 | 0.16* | 0.059 | 0.018 | 0.02 | 0.30 | |
| | 2 | 0.05 | 0.057 | 0.800 | −0.09 | 0.18 | |

基于观测到的均值。
误差项为均值方（错误）＝0.541。
*. 均值差值在 0.05 级别上较显著。

事后比较结果说明,理工类高校在学习兴趣因子上显著落后于综合类高校。关联强度系数为0.5%,属于微弱关系。

（5）其他学习动机

附表 8-12　误差方差等同性的 Levene 检验[a]

因变量:其他学习动机

| F | df1 | df2 | Sig. |
|---|---|---|---|
| 0.803 | 2 | 995 | 0.448 |

检验零假设,即在所有组中因变量的误差方差均相等。

a. 设计:截距＋高校类型

附表 8-13　主体间效应的检验

因变量:其他学习动机

| 源 | Ⅲ型平方和 | df | 均方 | F | Sig. | 偏 Eta 方 | 非中心参数 | 观测到的幂[b] |
|---|---|---|---|---|---|---|---|---|
| 校正模型 | 0.778[a] | 2 | 0.389 | 0.712 | 0.491 | 0.001 | 1.424 | 0.171 |
| 截距 | 8 239.521 | 1 | 8 239.521 | 15 089.155 | 0.000 | 0.938 | 15 089.155 | 1.000 |
| 高校类型 | 0.778 | 2 | 0.389 | 0.712 | 0.491 | 0.001 | 1.424 | 0.171 |

a. R 方＝0.001(调整 R 方＝－0.001)

b. 使用 alpha 的计算结果＝0.05

主体间效应的检验 F 值未达到显著性水平($p>0.05$),说明不同类型高校在其他学习动机上没有显著差异。

（6）自我效能及实现途径

附表 8-14　误差方差等同性的 Levene 检验[a]

因变量:自我效能及实现途径

| F | df1 | df2 | Sig. |
|---|---|---|---|
| 1.053 | 2 | 995 | 0.349 |

检验零假设,即在所有组中因变量的误差方差均相等。

a. 设计:截距＋高校类别

**附表 8-15 主体间效应的检验**

因变量:自我效能及实现途径

| 源 | Ⅲ型平方和 | df | 均方 | F | Sig. | 偏 Eta 方 | 非中心参数 | 观测到的幂[b] |
|---|---|---|---|---|---|---|---|---|
| 校正模型 | 0.377[a] | 2 | 0.188 | 0.372 | 0.690 | 0.001 | 0.743 | 0.110 |
| 截距 | 10 833.744 | 1 | 10 833.744 | 21 378.459 | 0.000 | 0.956 | 21 378.459 | 1.000 |
| 高校类型 | 0.377 | 2 | 0.188 | 0.372 | 0.690 | 0.001 | 0.743 | 0.110 |
| 误差 | 504.226 | 995 | 0.507 | | | | | |
| 总计 | 11 371.087 | 998 | | | | | | |
| 校正的总计 | 504.603 | 997 | | | | | | |

a. R 方=0.001(调整 R 方=−0.001)
b. 使用 alpha 的计算结果=0.05

主体间效应的检验 F 值未达到显著性水平($p>0.05$),说明不同类型高校在自我效能因子上没有显著差异。

(7) 学习环境

**附表 8-16 误差方差等同性的 Levene 检验[a]**

因变量:学习环境

| F | df1 | df2 | Sig. |
|---|---|---|---|
| 1.415 | 2 | 995 | 0.243 |

检验零假设,即在所有组中因变量的误差方差均相等。
a. 设计:截距+高校类型

**附表 8-17 主体间效应的检验**

因变量:学习环境

| 源 | Ⅲ型平方和 | df | 均方 | F | Sig. | 偏 Eta 方 | 非中心参数 | 观测到的幂[b] |
|---|---|---|---|---|---|---|---|---|
| 校正模型 | 2.594[a] | 2 | 1.297 | 3.334 | 0.036 | 0.007 | 6.668 | 0.631 |
| 截距 | 10 694.787 | 1 | 10 694.787 | 27 492.483 | 0.000 | 0.965 | 27 492.483 | 1.000 |
| 高校类型 | 2.594 | 2 | 1.297 | 3.334 | 0.036 | 0.007 | 6.668 | 0.631 |

续表

| 源 | Ⅲ型平方和 | df | 均方 | F | Sig. | 偏 Eta 方 | 非中心参数 | 观测到的幂[b] |
|---|---|---|---|---|---|---|---|---|
| 误差 | 387.063 | 995 | 0.389 | | | | | |
| 总计 | 11 127.256 | 998 | | | | | | |
| 校正的总计 | 389.656 | 997 | | | | | | |

a. R 方＝0.007(调整 R 方＝0.005)
b. 使用 alpha 的计算结果＝0.05

附表 8-18　多个比较

因变量:学习环境

| | 高校类型(I) | 高校类型(J) | 均值差值(I−J) | 标准误差 | Sig. | 95％置信区间 | | 事后比较 |
|---|---|---|---|---|---|---|---|---|
| | | | | | | 下限 | 上限 | |
| Scheffe | 1 | 2 | −0.13* | 0.049 | 0.036 | −0.24 | −0.01 | 1<2 |
| | | 3 | −0.07 | 0.049 | 0.334 | −0.19 | 0.05 | |
| | 2 | 1 | 0.13* | 0.049 | 0.036 | 0.01 | 0.24 | |
| | | 3 | 0.05 | 0.048 | 0.538 | −0.06 | 0.17 | |
| | 3 | 1 | 0.07 | 0.049 | 0.334 | −0.05 | 0.19 | |
| | | 2 | −0.05 | 0.048 | 0.538 | −0.17 | 0.06 | |

基于观测到的均值。
*. 均值差值在 0.05 级别上较显著。

事后比较结果说明,理工类高校在学习环境因素因子上显著落后于师范类高校。关联强度系数为 0.5％,二者属于微弱关系。

（8）大学英语四级考试成绩

附表 8-19　误差方差等同性的 Levene 检验[a]

因变量:大学英语四级考试成绩

| F | df1 | df2 | Sig. |
|---|---|---|---|
| 14.054 | 2 | 995 | 0.000 |

检验零假设,即在所有组中因变量的误差方差均相等。
a. 设计:截距＋高校类型

### 附表 8-20　主体间效应的检验

因变量:大学英语四级考试成绩

| 源 | Ⅲ型平方和 | df | 均方 | F | Sig. | 偏 Eta 方 | 非中心参数 | 观测到的幂[b] |
|---|---|---|---|---|---|---|---|---|
| 校正模型 | 173 488.962[a] | 2 | 86 744.481 | 25.278 | 0.000 | 0.048 | 50.556 | 1.000 |
| 截距 | 259 826 991.046 | 1 | 259 826 991.046 | 75 715.871 | 0.000 | 0.987 | 75 715.871 | 1.000 |
| 高校类型 | 173 488.962 | 2 | 86 744.481 | 25.278 | 0.000 | 0.048 | 50.556 | 1.000 |
| 误差 | 3 414 447.380 | 995 | 3 431.605 | | | | | |
| 总计 | 264 731 705.000 | 998 | | | | | | |
| 校正的总计 | 3 587 936.342 | 997 | | | | | | |

a. $R$ 方=0.048(调整 $R$ 方=0.046)
b. 使用 alpha 的计算结果=0.05

### 附表 8-21　多个比较

因变量:大学英语四级考试成绩

Tamhane

| 高校类型(I) | 高校类型(J) | 均值差值(I-J) | 标准误差 | Sig. | 95%置信区间 下限 | 95%置信区间 上限 | 事后比较 |
|---|---|---|---|---|---|---|---|
| 1 | 2 | -29.65* | 4.427 | 0.000 | -40.26 | -19.05 | 1<2;1<3 |
| 1 | 3 | -27.12* | 4.965 | 0.000 | -39.00 | -15.23 | 1<2;1<3 |
| 2 | 1 | 29.65* | 4.427 | 0.000 | 19.05 | 40.26 | 1<2;1<3 |
| 2 | 3 | 2.54 | 4.321 | 0.913 | -7.81 | 12.88 | 1<2;1<3 |
| 3 | 1 | 27.12* | 4.965 | 0.000 | 15.23 | 39.00 | 1<2;1<3 |
| 3 | 2 | -2.54 | 4.321 | .913 | -12.88 | 7.81 | 1<2;1<3 |

基于观测到的均值。
误差项为均值方(错误)=3 431.605。
*. 均值差值在 0.05 级别上较显著。

事后比较结果可见,理工类高校的英语四级考试成绩显著低于师范类高校和综合类高校。师范类高校和综合类高校的英语四级考试成绩没有显著差异。关联强度属低度相关。

## 二、基于学生生态位层次的方差分析

笔者以学生生态位主要影响因子为因变量,以学生生态位层次为自变量做了单因素单变量方差分析。低分组生态位层次编码为1,中等组编码为2,高分组编码为3。

(1) 因子的方差分析

附表 8-22 误差方差等同性的 Levene 检验[a]

|  | F | df1 | df2 | Sig. |
|---|---|---|---|---|
| 沟通合作能力 | 1.676 | 2 | 995 | 0.188 |
| 信息素养 | 0.685 | 2 | 995 | 0.504 |
| 学习兴趣 | 9.523 | 2 | 995 | 0.000 |
| 其他学习动机 | 1.729 | 2 | 995 | 0.178 |
| 元认知策略能力 | 1.998 | 2 | 995 | 0.136 |
| 学习环境 | 4.099 | 2 | 995 | 0.017 |
| 自我效能及实现途径 | 5.487 | 2 | 995 | 0.004 |

检验零假设,即在所有组中因变量的误差方差均相等。
a. 设计:截距＋grouping

附表 8-23 主体间效应的检验

|  |  | 平方和 | df | 均方 | F | 显著性 | 关联强度 |
|---|---|---|---|---|---|---|---|
| 沟通合作能力 | 组间 | 216.092 | 2 | 108.046 | 554.572 | 0.000 | 52.6% |
|  | 组内 | 193.853 | 995 | 0.195 |  |  |  |
|  | 总数 | 409.945 | 997 |  |  |  |  |
| 信息素养 | 组间 | 178.466 | 2 | 89.233 | 418.906 | 0.000 | 45.6% |
|  | 组内 | 211.949 | 995 | 0.213 |  |  |  |
|  | 总数 | 390.415 | 997 |  |  |  |  |
| 学习兴趣 | 组间 | 201.314 | 2 | 100.657 | 368.728 | 0.000 | 42.5% |
|  | 组内 | 271.620 | 995 | 0.273 |  |  |  |
|  | 总数 | 472.934 | 997 |  |  |  |  |

续表

| | | 平方和 | df | 均方 | F | 显著性 | 关联强度 |
|---|---|---|---|---|---|---|---|
| 其他学习动机 | 组间 | 185.858 | 2 | 92.929 | 258.104 | 0.000 | 34.0% |
| | 组内 | 358.245 | 995 | 0.360 | | | |
| | 总数 | 544.103 | 997 | | | | |
| 元认知策略能力 | 组间 | 184.314 | 2 | 92.157 | 428.667 | 0.000 | 46.2% |
| | 组内 | 213.910 | 995 | 0.215 | | | |
| | 总数 | 398.224 | 997 | | | | |
| 学习环境 | 组间 | 137.865 | 2 | 68.933 | 272.400 | 0.000 | 35.3% |
| | 组内 | 251.791 | 995 | 0.253 | | | |
| | 总数 | 389.656 | 997 | | | | |
| 自我效能及实现途径 | 组间 | 197.596 | 2 | 98.798 | 320.203 | 0.000 | 39.0% |
| | 组内 | 307.006 | 995 | 0.309 | | | |
| | 总数 | 504.603 | 997 | | | | |

附表 8-24 多个比较

| 因变量 | | 生态位层次(I) | 生态位层次(J) | 均值差值(I−J) | 标准误差 | Sig. | 95%置信区间 | | 事后比较 |
|---|---|---|---|---|---|---|---|---|---|
| | | | | | | | 下限 | 上限 | |
| 沟通合作能力 | Scheffe | 1 | 2 | −0.5787* | 0.03372 | 0.000 | −0.6613 | −0.4960 | 1<2<3 |
| | | | 3 | −1.1688* | 0.03509 | 0.000 | −1.2548 | −1.0827 | |
| | | 2 | 1 | 0.5787* | 0.03372 | 0.000 | 0.4960 | 0.6613 | |
| | | | 3 | −0.5901* | 0.03409 | 0.000 | −0.6737 | −0.5065 | |
| | | 3 | 1 | 1.1688* | 0.03509 | 0.000 | 1.0827 | 1.2548 | |
| | | | 2 | 0.5901* | 0.03409 | 0.000 | 0.5065 | 0.6737 | |
| 信息素养 | Scheffe | 1 | 2 | −0.5394* | 0.03526 | 0.000 | −0.6258 | −0.4530 | 1<2<3 |
| | | | 3 | −1.0619* | 0.03670 | 0.000 | −1.1519 | −0.9720 | |
| | | 2 | 1 | 0.5394* | 0.03526 | 0.000 | 0.4530 | 0.6258 | |
| | | | 3 | −0.5225* | 0.03565 | 0.000 | −0.6099 | −0.4351 | |
| | | 3 | 1 | 1.0619* | 0.03670 | 0.000 | 0.9720 | 1.1519 | |
| | | | 2 | 0.5225* | 0.03565 | 0.000 | 0.4351 | 0.6099 | |

续表

| 因变量 | | 生态位层次(I) | 生态位层次(J) | 均值差值(I−J) | 标准误差 | Sig. | 95%置信区间 | | 事后比较 |
|---|---|---|---|---|---|---|---|---|---|
| | | | | | | | 下限 | 上限 | |
| 学习兴趣 | Tamhane | 1 | 2 | −0.615 2* | 0.041 25 | 0.000 | −0.714 0 | −0.516 4 | 1<2<3 |
| | | | 3 | −1.125 5* | 0.043 85 | 0.000 | −1.230 5 | −1.020 5 | |
| | | 2 | 1 | 0.615 2* | 0.041 25 | 0.000 | 0.516 4 | 0.714 0 | |
| | | | 3 | −0.510 3* | 0.037 41 | 0.000 | −0.599 8 | −0.420 7 | |
| | | 3 | 1 | 1.125 5* | 0.043 85 | 0.000 | 1.020 5 | 1.230 5 | |
| | | | 2 | 0.510 3* | 0.037 41 | 0.000 | 0.420 7 | 0.599 8 | |
| 其他学习动机 | Scheffe | 1 | 2 | −0.548 8* | 0.045 84 | 0.000 | −0.661 1 | −0.436 4 | 1<2<3 |
| | | | 3 | −1.083 7* | 0.047 71 | 0.000 | −1.200 7 | −0.966 8 | |
| | | 2 | 1 | 0.548 8* | 0.045 84 | 0.000 | 0.436 4 | 0.661 1 | |
| | | | 3 | −0.535 0* | 0.046 35 | 0.000 | −0.648 6 | −0.421 4 | |
| | | 3 | 1 | 1.083 7* | 0.047 71 | 0.000 | 0.966 8 | 1.200 7 | |
| | | | 2 | | | | | | |
| 元认知策略能力 | Scheffe | 1 | 2 | −0.556 4* | 0.035 42 | 0.000 | −0.643 2 | −0.469 6 | 1<2<3 |
| | | | 3 | −1.078 9* | 0.036 87 | 0.000 | −1.169 3 | −0.988 5 | |
| | | 2 | 1 | 0.556 4* | 0.035 42 | 0.000 | 0.469 6 | 0.643 2 | |
| | | | 3 | −0.522 5* | 0.035 81 | 0.000 | −0.610 3 | −0.434 7 | |
| | | 3 | 1 | 1.078 9* | 0.036 87 | 0.000 | 0.988 5 | 1.169 3 | |
| | | | 2 | 0.522 5* | 0.035 81 | 0.000 | 0.434 7 | 0.610 3 | |
| 学习环境 | Tamhane | 1 | 2 | −0.450 8* | 0.039 16 | 0.000 | −0.544 5 | −0.357 0 | 1<2<3 |
| | | | 3 | −0.933 5* | 0.040 75 | 0.000 | −1.031 1 | −0.836 0 | |
| | | 2 | 1 | 0.450 8* | 0.039 16 | 0.000 | 0.357 0 | 0.544 5 | |
| | | | 3 | −0.482 7* | 0.037 59 | 0.000 | −0.572 7 | −0.392 8 | |
| | | 3 | 1 | 0.933 5* | 0.040 75 | 0.000 | 0.836 0 | 1.031 1 | |
| | | | 2 | 0.482 7* | 0.037 59 | 0.000 | 0.392 8 | 0.572 7 | |

续表

| 因变量 | | 生态位层次(I) | 生态位层次(J) | 均值差值(I-J) | 标准误差 | Sig. | 95%置信区间 下限 | 95%置信区间 上限 | 事后比较 |
|---|---|---|---|---|---|---|---|---|---|
| 自我效能及实现途径 | Tamhane | 1 | 2 | -0.658 0* | 0.044 26 | 0.000 | -0.763 9 | -0.552 0 | 1<2<3 |
| | | 1 | 3 | -1.109 0* | 0.045 47 | 0.000 | -1.217 9 | -1.000 1 | |
| | | 2 | 1 | 0.658 0* | 0.044 26 | 0.000 | 0.552 0 | 0.763 9 | |
| | | 2 | 3 | -0.451 0* | 0.039 99 | 0.000 | -0.546 7 | -0.355 3 | |
| | | 3 | 1 | 1.109 0* | 0.045 47 | 0.000 | 1.000 1 | 1.217 9 | |
| | | 3 | 2 | 0.451 0* | 0.039 99 | 0.000 | 0.355 3 | 0.546 7 | |

基于观测到的均值。

*. 均值差值在 0.05 级别上较显著。

主体间效应检验在所有七个因子上都达到了显著性水平,表示不同生态位层次在各因子层面存在显著差异,需进行事后比较。事后比较中,对违反方差齐性假定的因子选择 Tamhane's T2 方法,对其余因子选择 Scheffe 法。所有这七个因子的事后比较结果都达到了显著性水平,且三个组别的显著差异结果相同,即 1<2<3。生态位总势能越高的学生,在所有因子上的表现也显著高于生态位总势能低的学生。

（2）大学英语四级考试成绩的方差分析

附表 8-25 误差方差等同性的 Levene 检验[a]

因变量:大学英语四级考试成绩

| F | df1 | df2 | Sig. |
|---|---|---|---|
| 5.673 | 2 | 995 | 0.004 |

检验零假设,即在所有组中因变量的误差方差均相等。

a. 设计:截距＋grouping

附表 8-26 主体间效应的检验

因变量:大学英语四级考试成绩

| 源 | Ⅲ型平方和 | df | 均方 | F | Sig. | 偏 Eta 方 | 非中心参数 | 观测到的幂[b] |
|---|---|---|---|---|---|---|---|---|
| 校正模型 | 126 515.670[a] | 2 | 63 257.835 | 18.184 | 0.000 | 0.035 | 36.367 | 1.000 |
| 截距 | 259 905 055.664 | 1 | 259 905 055.664 | 74 710.807 | 0.000 | 0.987 | 74 710.807 | 1.000 |
| 生态位层次 | 126 515.670 | 2 | 63 257.835 | 18.184 | 0.000 | 0.035 | 36.367 | 1.000 |

续表

| 源 | Ⅲ型平方和 | df | 均方 | F | Sig. | 偏Eta方 | 非中心参数 | 观测到的幂[b] |
|---|---|---|---|---|---|---|---|---|
| 误差 | 3 461 420.672 | 995 | 3 478.815 | | | | | |
| 总计 | 264 731 705.000 | 998 | | | | | | |
| 校正的总计 | 3 587 936.342 | 997 | | | | | | |

a. R方＝0.035(调整R方＝0.033)

b. 使用alpha的计算结果＝0.05

### 附表 8-27　多个比较

因变量：大学英语四级考试成绩

| 高校类型(I) | 高校类型(J) | 均值差值(I－J) | 标准误差 | Sig. | 95%置信区间 | | 事后比较 |
|---|---|---|---|---|---|---|---|
| | | | | | 下限 | 上限 | |
| 1 | 2 | −18.86* | 4.638 | 0.000 | −29.97 | −7.76 | 1＜2；1＜3 |
| | 3 | −27.52* | 4.804 | 0.000 | −39.02 | −16.02 | |
| 2 | 1 | 18.86* | 4.638 | 0.000 | 7.76 | 29.97 | |
| | 3 | −8.66 | 4.336 | .133 | −19.04 | 1.72 | |
| 3 | 1 | 27.52* | 4.804 | 0.000 | 16.02 | 39.02 | |
| | 2 | 8.66 | 4.336 | 0.133 | −1.72 | 19.04 | |

基于观测到的均值。

误差项为均值方(错误)＝3 478.815。

*. 均值差值在0.05级别上较显著。

事后比较结果显示，低分组生态位层次的四级考试成绩显著低于中等组和高分组。

# 附录 9

# 课堂观察指标统计

附表 9-1　学生 A 的课堂观察指标统计

| 授课单元 | | 《新大学英语综合教程 4》<br>Unit 7 Dilemmas of Science | | | | | 班级人数 | | 24 | |
|---|---|---|---|---|---|---|---|---|---|---|
| 节次 | 课段 | 时长 | 教师课堂话语时长 | 教师课堂话语时长/课段时长（%） | 话语控制 | 课堂氛围 | 学生 A 参与程度 | 学生 A 话语产出类型 | 语言教学焦点 | 知识深度 |
| 1 | 全班提问与讨论（热身讨论） | 14′30″ | 7′17″ | 50% | 师生共同控制 | 不太活跃 | 专注,发言1次 0′23″ | 持续连贯口头表达 | 语言使用 | 知识与运用 |
| | 座位上的个人活动（带着问题阅读课文） | 5′40″ | 2′01″ | 36% | 教师控制 | 专注 | 专注 | 无 | 语言功能 | 知识与运用 |
| | 小组活动（讨论问题答案） | 10′00″ | 6′03″ | 61% | 学生控制 | 非常活跃 | 积极与同伴讨论约 1′32″后,教师加入讨论,与学生 A 及其同伴讨论约 2′20″ | 持续连贯口头表达 | 语言使用 | 知识与运用 |
| | 学生个人演示（各小组代表依次汇报讨论后的观点） | 15′02″ | 1′56″ | 13% | 学生控制 | 较活跃 | 专注,点头示意同意某些观点 | 无 | 语言使用 | 知识与运用 |

续表

| 授课单元 | 《新大学英语综合教程4》Unit 7 Dilemmas of Science | | | | | | | 班级人数 | 24 | |
|---|---|---|---|---|---|---|---|---|---|---|
| 节次 | 课段 | 时长 | 教师课堂话语时长 | 教师课堂话语时长/课段时长（%） | 话语控制 | 课堂氛围 | 学生A参与程度 | 学生A话语产出类型 | 语言教学焦点 | 知识深度 |
| 2 | 小组演示（课外作业汇报） | 15′19″ | 50″ | 5% | 学生控制 | 小组演示活跃听众专注 | 参与小组演示,并有2分钟的演讲 | 持续连贯口头表达 | 语言使用 | 知识与运用 |
| | 全班提问与讨论（话题讨论） | 13′20″ | 4′52″ | 37% | 教师控制 | 非常活跃期间有三次集体笑声 | 与教师互动表达自己的观点1′30″ | 持续连贯口头表达 | 语言使用 | 知识与运用 |
| | 座位上的个人活动（带着问题阅读课文） | 6′11″ | 1′37″ | 26% | 教师控制 | 专注 | 专注 | 无 | 语言功能 | 知识与运用 |
| | 全班提问与讨论（结合课文回答问题） | 10′12″ | 4′09″ | 41% | 教师控制 | 活跃 | 专注,并主动回答了1个问题25″ | 持续连贯口头表达 | 语言功能 | 知识与运用 |
| 3 | 三话轮互动（核对练习答案） | 8′00″ | 3′36″ | 45% | 教师控制 | 不太活跃 | 专注 | 无 | 语言形式 | 高级概念 |
| | 三话轮互动（教师依次就课文每一部分内容提问,请学生回答） | 35′03″ | 10′23″ | 30% | 教师控制 | 平淡 | 回答了3次问题,其中1次是自己主动要求回答,共计1′03″ | 2次持续连贯口头表达,1次简短口语应答 | 语言功能 | 基本知识、知识与运用 |
| 4 | 配对演示（角色扮演） | 11′27″ | 2′15″ | 20% | 学生控制 | 较活跃 | 积极与同伴练习 | 持续连贯口头表达 | 语言使用 | 知识与运用 |
| | 三话轮互动（教师依次就课文每一部分内容提问,请学生回答） | 32′09″ | 12′15″ | 38% | 教师控制 | 平淡 | 回答了2次问题,其中1次是自己主动要求回答,共计0′37″ | 1次持续连贯口头表达,1次简短口语应答 | 语言形式、语言功能 | 基本知识、知识与运用 |

续表

| 授课单元 | | 《新大学英语综合教程4》Unit 7 Dilemmas of Science | | | | | 班级人数 | | 24 | |
|---|---|---|---|---|---|---|---|---|---|---|
| 节次 | 课段 | 时长 | 教师课堂话语时长 | 教师课堂话语时长/课段时长（%） | 话语控制 | 课堂氛围 | 学生A参与程度 | 学生A话语产出类型 | 语言教学焦点 | 知识深度 |
| 5 | 三话轮互动（核对练习答案） | 7′14″ | 1′32″ | 21% | 教师控制 | 平淡 | 专注 | 无 | 语言功能 | 高级概念 |
| | 小组活动（话题讨论） | 15′03″ | 0′43″ | 46% | 学生控制 | 活跃 | 积极参与讨论 | 持续连贯口头表达 | 语言使用 | 知识与运用 |
| | 独白讲授（写作技能） | 20′17″ | 20′17″ | 100% | 教师控制 | 不太活跃 | 专注 | 无 | 语言使用 | 高级概念 |

附表9-2 学生B的课堂观察指标统计

| 授课单元 | | 《新标准大学英语3》Unit 10 Urban Myths or Urban Legends | | | | | 班级人数 | | 68 | |
|---|---|---|---|---|---|---|---|---|---|---|
| 节次 | 课段 | 时长 | 教师课堂话语时长 | 教师课堂话语时长/课段时长（%） | 话语控制 | 课堂氛围 | 学生B参与程度 | 学生B话语产出类型 | 语言教学焦点 | 知识深度 |
| 1 | 齐声重复朗诵（课文词汇跟读及简短词汇知识讲解） | 9′55′ | 1′31″ | 15% | 师生共同控制 | 专注 | 专注 | 朗读 | 语言形式 | 基本知识 |
| | 座位上的个人活动 | 9′02″ | 0 | 0 | 教师控制 | 专注 | 专注 | 无 | 语言功能 | 知识与运用 |
| | 小组活动（根据视频内容和问题讨论） | 6′40″ | 0′54″ | 14% | 学生控制 | 非常活跃 | 积极参与 | 持续连贯口头表达 | 语言使用 | 知识与运用 |
| | 全班提问与讨论（学生根据刚才的小组活动在全班发表观点） | 6′06″ | 0′54″ | 15% | 教师控制 | 不太活跃 | 专注 | 无 | 语言使用 | 知识与运用 |

续表

| 授课单元 | | 《新标准大学英语3》<br>Unit 10 Urban Myths or Urban Legends | | | | | 班级人数 | | 68 | |
|---|---|---|---|---|---|---|---|---|---|---|
| 节次 | 课段 | 时长 | 教师课堂话语时长 | 教师课堂话语时长/课段时长（%） | 话语控制 | 课堂氛围 | 学生B参与程度 | 学生B话语产出类型 | 语言教学焦点 | 知识深度 |
| 1 | 三话轮互动（学生根据课文回答教师提问） | 6′39″ | 2′19″ | 35％ | 教师控制 | 较专注 | 较专注 | 无 | 语言功能 | 基本知识、知识与运用 |
| | 独白讲授（布置作业等教学安排） | 4′27″ | 4′27″ | 100％ | 教师控制 | 平淡 | 专注 | 无 | 语言功能 | 基本知识 |
| 2 | 学生个人演示（热点新闻汇报） | 12′13″ | 3′43″ | 22％ | 教师控制 | 活跃 | 专注 | 无 | 语言使用 | 知识与运用 |
| | 三话轮互动穿插小组活动（教师针对课文内容提问，请学生回答） | 34′45″ | 33′16″ | 96％ | 教师控制 | 平淡 | 发言1次1′02″ | 持续连贯口头表达 | 语言形式语言功能 | 基本知识、过程知识、知识与运用 |
| 3 | 三话轮互动穿插小组活动（教师针对课文内容提问，请学生回答） | 43′29″ | 30′39″ | 70％ | 教师控制 | 平淡 | 专注 | 无 | 语言形式语言功能 | 基本知识、过程知识、知识与运用 |
| 4 | 学生个人演示（热点新闻汇报） | 24′10″ | 3′52″ | 16％ | 教师控制 | 活跃 | 专注，点头示意赞同教师或同学的观点 | 无 | 语言使用 | 知识与运用 |
| | 三话轮互动（本单元词汇练习） | 19′05″ | 2′15″ | 12％ | 学生控制 | 平淡 | 专注，发言1次 | 口头选择题填空 | 语言功能 | 基本知识、知识与运用 |

续表

| 授课单元 | | 《新标准大学英语3》<br>Unit 10 Urban Myths or Urban Legends | | | | | 班级人数 | | 68 | |
|---|---|---|---|---|---|---|---|---|---|---|
| 节次 | 课段 | 时长 | 教师课堂话语时长 | 教师课堂话语时长/课段时长（%） | 话语控制 | 课堂氛围 | 学生B参与程度 | 学生B话语产出类型 | 语言教学焦点 | 知识深度 |
| 5 | 三话轮互动（核对练习答案） | 11′45″ | 2′01″ | 17% | 教师控制 | 平淡 | 专注 | 无 | 语言功能 | 知识与运用 |
| | 三话轮互动（补充词汇练习，核对答案） | 33′25″ | 3′21″ | 10% | 教师控制 | 平淡 | 开始专注，后半段注意力不是很集中，发言1次 | 简短口语应答 | 语言形式语言功能 | 高级概念 |
| | 学生个人演示（热点新闻汇报） | 24′10″ | 3′52″ | 16% | 教师控制 | 活跃 | 专注，点头示意赞同教师或同学的观点 | 无 | 语言使用 | 知识与运用 |

附表9-3　学生C的课堂观察指标统计

| 授课单元 | | 《新标准大学英语3》<br>Unit 6 Women, Half the Sky | | | | | 班级人数 | | 71 | |
|---|---|---|---|---|---|---|---|---|---|---|
| 节次 | 课段 | 时长 | 教师课堂话语时长 | 教师课堂话语时长/课段时长（%） | 话语控制 | 课堂氛围 | 学生C参与程度 | 学生C话语产出类型 | 语言教学焦点 | 知识深度 |
| 1 | 座位上的个人活动（阅读与课文相关的新闻报道） | 3′30′ | 1′26″ | 41% | 教师控制 | 专注 | 专注 | 无 | 语言功能 | 知识与运用 |
| | 独白讲授（讲解学生刚阅读的新闻报道） | 23′47″ | 23′47″ | 100% | 教师控制 | 专注 | 专注 | 无 | 语言形式语言功能 | 基本知识 |
| | 测试（完成一篇六级阅读理解测试） | 9′12″ | 0′26″ | 5% | 教师控制 | 专注 | 专注 | 无 | 语言功能 | 知识与运用 |

续表

| 授课单元 | 《新标准大学英语3》Unit 6 Women, Half the Sky | | | | | | 班级人数 | | 71 | |
|---|---|---|---|---|---|---|---|---|---|---|
| 节次 | 课段 | 时长 | 教师课堂话语时长 | 教师课堂话语时长/课段时长（%） | 话语控制 | 课堂氛围 | 学生C参与程度 | 学生C话语产出类型 | 语言教学焦点 | 知识深度 |
| 1 | 独白讲授（讲解阅读理解试题） | 8′53″ | 8′53″ | 100% | 教师控制 | 专注 | 专注 | 无 | 语言形式语言功能 | 基本知识 |
| 2 | 全班提问与讨论（话题讨论） | 10′01″ | 8′44″ | 87% | 教师控制 | 平淡 | 专注,发言1次 | 持续连贯口头表达 | 语言使用 | 知识与运用 |
| 2 | 全班提问与讨论（讨论课文主题） | 6′25″ | 4′02″ | 63% | 教师控制 | 不太活跃 | 专注 | 无 | 语言功能 | 知识与运用 |
| 2 | 独白讲授（讲解课文结构和大意） | 28′07″ | 28′07″ | 100% | 教师控制 | 平淡 | 开始专注,后半部分注意力有些不集中 | 无 | 语言形式语言功能 | 基本知识 |
| 3 | 齐声重复朗诵（跟读课文重点词汇） | 5′07″ | 1′20″ | 26% | 教师控制 | 专注 | 专注 | 跟读单词 | 语言形式 | 基本知识 |
| 3 | 独白讲授（讲解课文词汇） | 38′10″ | 38′10″ | 100% | 教师控制 | 平淡 | 专注 | 无 | 语言形式 | 基本知识 |
| 4 | 独白讲授（讲解课文内容和重点句子） | 44′35″ | 44′35″ | 100% | 教师控制 | 平淡 | 注意力有些不集中 | 无 | 语言形式语言功能 | 基本知识 |
| 5 | 三话轮互动（核对补充练习答案） | 13′22″ | 10′01″ | 75% | 教师控制 | 平淡 | 专注,发言1次 | 口头选择题填空 | 语言形式语言功能 | 基本知识 |
| 5 | 独白讲授（讲解课文内容和重点句子） | 32′41″ | 32′41″ | 100% | 教师控制 | 平淡 | 专注 | 无 | 语言形式语言功能 | 基本知识 |

# 致　谢

本专著在我的博士论文基础上修改而成。回顾博士学习经历,是人生难得的一次历练。如果没有老师、同学、同事和家人的理解和帮助,攻读博士学位将是一项无法完成的重任。在本专著即将出版之际,我的感激之情溢于言表!

首先,我要感谢我的恩师陈坚林教授!陈教授治学严谨,学术造诣深厚。他以敏锐的洞察力和强大的思辨力引领着我们的学术研究不断前进。当我在科研中陷入迷茫时,陈教授的指点令我豁然开朗,信心百倍地投入到论文写作当中。陈教授不仅在学术研究上是我的领路人,同时也如慈父般无微不至地关心着我的成长。陈教授的很多至理名言我一直铭记在心。无论对待工作还是生活中的各种事情,都应当审视自己的"态度、意识和勤奋",在这三方面努力做到最好,才能处理好各项事务,实现自然的发展。我从恩师的身上学到了很多,令我终生受益。在此,我要向恩师表达我最由衷的感激和谢意!

其次,我要感谢在上海外国语大学攻读博士学位期间,在课堂上或课外学术活动中给予我指导的教授们。他们是郑新民教授、梅德明教授、邹申教授、束定芳教授和李基安教授等。他们严谨求实的治学态度和孜孜不倦的敬业精神令我感动,是我学习的楷模!

同时,我要感谢恩师带领下的学术团队给予我的无限帮助和温暖。学研共同体中的同学们都把团队当作大家庭,在学习和生活上互相关心、互相帮助。集体的力量是强大的。在撰写博士论文期间,我得到了同学们的鼓励和支持,在此深表感谢！感谢赵蓉博士、黄芳博士、钱耘云博士、彭梅博士、杨港博士、刘芳博士、雷丹博士、冯瑗博士、戴朝晖博士、胡萍萍博士、郭晓梅博士、罗凌博士、王玉山博士等！

然后,我要感谢博士在读期间我所在工作单位的领导和同事们。他们是陈美华院长、马强书记、刘克华副院长、马冬梅副院长、朱善华副院长、汤顶华副书记、朱宏清教授、石玲副教授、戴秀珍副教授、刘萍副教授、李黎副教授、季月副教授、崔军副研究员、王婷老师、吴敏老师、郭锋萍老师、余爱霞老师、李燕老师、梁文艳老师等。为了兼顾学业和工作,我经常在单位和学校之间奔波。领导和同事们的大力支持是我完成博士学业的重要保障。感谢他们对我的关心和照顾！

此外,我要感谢为我的论文数据收集和处理提供了很多帮助的老师和同学。主要包括参与问卷调查的学生、接受访谈的教师和学生以及个案研究对象。他们为我的论文提供了宝贵的研究数据。我要特别感谢为论文数据收集做出大量协调工作的辛斌教授、王永祥教授、郑友奇教授、李四清副教授、宋建清副教授、黄林林副教授、杨春红副教授、胡茶娟副教授、范瑜副教授。他们的热情帮助使我能够顺利完成博士论文的撰写。

最后,我要向我的家人表示深深的感谢。在我求学的日子里,我的妻子生下了我们可爱的女儿。但我却无法经常留在家中照顾她们。她任劳任怨,坚定地支持我完成学业！我的岳父、岳母承担了照顾家庭的重担,让我能够安心在外地求学。我的父亲也尽力为我分担,特别是在我撰写论文期间,对我的日常起居照顾得无微不至。面对家人对我无私的爱和奉献,我除了无限的感激,只能用成绩加以回报！在今后的学术道路上我将更加努力,不辜负大家对我的期望！

李晨于东南大学<br>
2022年3月